语文如花花入心

传统文化视域下『融·悦』教学思与行

陈爱华 ◎ 著

海峡出版发行集团
福建教育出版社

图书在版编目（CIP）数据

语文如花花入心：传统文化视域下"融·悦"教学思与行/陈爱华著. —福州：福建教育出版社，2025.3. —ISBN 978-7-5758-0366-3

Ⅰ．G623.202

中国国家版本馆 CIP 数据核字第 2025YC0377 号

Yuwen Ruhua Huaruxin

语文如花花入心
——传统文化视域下"融·悦"教学思与行
陈爱华　著

出版发行	福建教育出版社
	（福州市梦山路 27 号　邮编：350025　网址：www.fep.com.cn）
	编辑部电话：0591-83726971
	发行部电话：0591-83721876　87115073　010-62024258）
出 版 人	江金辉
印　　刷	福州印团网印刷有限公司
	（福州市仓山区建新镇十字亭路 4 号）
开　　本	710 毫米×1000 毫米　1/16
印　　张	21.5
字　　数	317 千字
插　　页	2
版　　次	2025 年 3 月第 1 版　2025 年 3 月第 1 次印刷
书　　号	ISBN 978-7-5758-0366-3
定　　价	58.00 元

如发现本书印装质量问题，请向本社出版科（电话：0591-83726019）调换。

前　言

朵朵精神叶叶柔

又是一年中秋月圆。想起那年朋友建议我将有关语文教学的思考与实践整理成册，时至今日，竟已相隔十年。这十年间，住了四次医院，动了三次手术，时常晕晕乎乎，以致亲友总是提醒我注意休息。这些年，同伴们习惯呼我"爱校"，我知道其中蕴含着"爱笑"的祝愿。感恩这一路走来的诸多美丽遇见，只是默默地将所有美好珍藏于心。回眸，惊觉许多光阴已蹉跎，心有感触，为一首歌，为一朵花，为一节课，抑或只为一句话。人生如梦，梦醒时分，满脑子萦绕的是感恩、感动——只恐双溪舴艋舟，载不动许多"情"！对一直以来关心、鼓励我的领导、亲友心怀感恩，为这些年来一路相随，在语文的百花园中默默耕耘的同伴心存感动。那些热爱与深情终不可辜负，于是有了这本书的诞生。

在这月圆之夜，一曲《赠我一江月》，让我心光澄明。千江有水千江月。追寻心仪语文课堂的那一段段难忘的光阴，一串串行走的足迹，一幅幅鲜活的画面，都在记忆中。透过一节节课、一行行字，我看到了语文的天空下，在"融·悦"理念的引领下，一树一树花正开。

许是名字与花有关的缘故，信笔涂鸦时总是喜欢以花入题，如《读写之花绽放　语文芬芳飘溢》《恰如榴花照眼明》《让节气之花绽放　让诗文之美流动》《汲语言文字之泉　润核心素养之花》《一春为花忙》等等。

喜欢杜牧的《蔷薇花》这首诗：

朵朵精神叶叶柔，
雨晴香拂醉人头。

石家锦幛依然在，

闲倚狂风夜不收。

《杜牧诗歌赏析》一书中，指出这首诗写出了蔷薇花坚韧洒脱的精神。[1]我想，"朵朵精神"是蔷薇花的神韵气质，也是理想的语文课堂应有的风貌。我所追求的"融·悦"课堂，"融"指整合资源，水乳交融；"悦"指精神滋养，融会贯通。好课如花，"融"与"悦"也可理解成教学的两种状态。"融"为汇聚，"悦"为舒展，呈现的是课堂上收与放的状态，也是生命的状态，意味着蕴蓄与绽放。每个孩子都是一朵含苞待放的花，需要教师用心用情去浇灌。"此花此叶长相映"，愿在中华优秀传统文化滋养下的师生，每一个都如花精神抖擞，似叶温润如玉。

《义务教育语文课程标准（2022年版）》（以下简称"2022年版课标"）"课程目标"部分指出："义务教育语文课程培养的核心素养，是学生在积极的语文实践活动中积累、建构并在真实的语言运用情境中表现出来的，是文化自信和语言运用、思维能力、审美创造的综合体现。"[2]"文化自信是指学生认同中华文化，对中华文化的生命力有坚定信心"。[3]"课程内容"部分对"中华优秀传统文化"进行非常具体的阐释，指出："主要载体为汉字、书法，成语、格言警句，神话传说、寓言故事、历史故事、民间故事、中华民族团结一家亲的故事，古代诗词、古代散文、古典小说、古代文化常识、传统节日、风俗习惯等。"[4] 中华文化源远流长，博大精深，需要我们不断学习、思考、传承。2009年以来，我和团队的老师们始终牢记语文教学培根铸魂、传承文

---

[1] 马玮：《杜牧诗歌赏析》，北京：商务印书馆国际有限公司，2018年1月版，第165页。

[2] 中华人民共和国教育部：《义务教育语文课程标准（2022年版）》，北京：北京师范大学出版社，2022年4月版，第4页。

[3] 中华人民共和国教育部：《义务教育语文课程标准（2022年版）》，北京：北京师范大学出版社，2022年4月版，第4页。

[4] 中华人民共和国教育部：《义务教育语文课程标准（2022年版）》，北京：北京师范大学出版社，2022年4月版，第18页。

化的使命，一起经历了关于"读写结合""资源整合""节气审美""经典素读""教学重构"等省市级课题研究。我们聚焦古代诗文、传统节日、廿四节气、风俗习惯等传统文化的教学，一以贯之的是对中华优秀传统文化的自觉传承，注重学生语言运用能力、思维能力、审美能力的培养，以语文的方式培植文化自信。2022年版课标的颁布，如明灯照亮我们的前行之路，让我和老师们更坚定了传承中华优秀传统文化的信念。

于漪老师说："我们教师就是教苑的耕耘者，应该像农民和园林工人满腔热情地培植五谷、养育花木那样，精心地把学生培养成为四化建设人才。"[1]本书中的教学课例基于课题研究整理而成，每一个课例中有着志同道合者风雨同行的足迹，蕴蓄着深情，氤氲着爱意，充盈着温暖。我们相信，教师在学生心田播下的中华优秀传统文化的种子，终将有朵朵娇艳的花缀满时光的枝头。

在我们的福州市劳模工作室，有一朵镂空状、晶莹剔透、楚楚动人的莲花，这是我们团队成员林丽洪老师为纪念劳模工作室成立表达的一份心意。这朵花的特别之处在于，它是由福建省级非物质文化遗产高楼米线非遗传承人陈国锐老师及其学生共同以小小米粒制作而成。制作高楼米线作品，关键是心要静，有足够的耐心和细心。当我们将这作品作为资源融入语文教学，孩子们都深受感动。

"莲，优雅，高洁，千百年来，她亭亭摇曳于诗词歌赋中。她，温润如玉，质洁且清，高标逸韵。清风徐来处，有暗香浮动；月色皎皎时，若霓裳翩跹。自在光阴且来去，君子风骨犹长存。愿这圣洁的莲花，开在你的心上，也开在我的心上。"曾经在区级经典诵读活动中，我们以这样的话语开场，表达着共同的心声。聚是一池莲，散作满天星。一路行走，默默地爱着这一群莲一般的语文人，因为她们是如此纯粹、如此清澈、如此明媚。曾经向教师们推荐过《为有荷花唤我来：叶嘉莹在南开》这本书，书名出自叶嘉莹先生创作的一首诗，她以这首诗记录了与南开大学马蹄湖的一份情谊，也寄寓着对青年学子

---

[1] 于漪：《点亮生命灯火》，北京：商务印书馆，2020年5月版，第42页。

"莲实有心应不死""千春犹待发华滋"的美好祝愿。

叶嘉莹先生一生多磨难，寸心如水月。读着关于她的书，为这位"诗词的女儿，风雅的先生"一生只做一件事——向世人展现古诗词之美的深厚情怀所深深感动。从她身上，我们可以真切地感受到古诗词的力量。于是，坚定传承中华优秀传统文化的信心，以诗为炬，照亮前路。愿修得静定之心传承文化，通过经典的滋润，文化的熏染，孩子们的内心可以变得宁静、美丽而和谐。

在《诗经·桃夭》课堂上，以"我心中的桃花源"为题的小练笔中，有学生写下这样的文字："我心中的桃花源是家中安静的小书房。那一本本书上的字符，犹如一朵朵盛放的桃花，散发着芳香，将我带入'世外桃源'之境……"字如桃花，多么让人欣喜地表达！由此，我们见证了经典的魅力。我们也希望通过资源的融合运用，带学生走进语文的桃花源，细嗅文化的芬芳。

本书从四个部分进行表述。第一部分从整体上讲"融·悦"教学实践的架构。第二部分依照研究顺序，梳理"融·悦"教学实践的"前世今生"。第三部分对从一百多节原创课例中精选的15节课例进行品析，每个课例从"教学构思、教学感悟、教学评析"三个方面来表述，其中教学构思从"目标设定、教学设想、作业设计、板书设计"四个方面来阐释，目标设定从"融情于读、融思于写"两个方面来说明，体现我们一以贯之的追求：积累运用，以文化人，实现工具性与人文性的和谐统一。作业设计从"悦读、悦写"两个方面体现我们坚持读写融合，双管齐下，提升核心素养的理念。第四部分结合8节课的教学资源的融合运用，展现节气文化的魅力，其中有诵读经典、阅读书籍、游读自然的资源整合运用，课里课外，读课读人。学生的课后感是一面镜子，可以照见课堂的模样，所以本书中部分章节引用学生的课后感，从学生的视角来体现教学效果。

2018年4月，我们成立了小学教师读书会，教师们读书、读课、读自然，自生长，共生长。师生的一些关于教学与阅读的感悟在我们的微信公众号"融美悦心"中分享，因此有了更好的交流平台。

"花枝不断四时春。"这是明朝才子杨慎对四季如春的昆明的赞誉。书香不断四时春，秋分将至，心有深情，秋日胜春朝。有人说心是一棵会开花的树，相信只要我们有着执着的信念、平和的心态，就能凭借一缕心香，穿越风雨，从容抵达语文教学的幸福彼岸。

望月许下心愿：愿这一生有幸遇见的每个人都心随花开，花开自在，自在欢喜。愿有缘遇见的你，年年岁岁都能于眉间展一弯浅笑，于心上开一树繁花。

陈爱华

2024年9月17日甲辰年中秋

目　录

第一章　"融·悦"教学实践之整体架构 …… 1
　第一节　"融·悦"教学理论支撑 …… 3
　第二节　"融·悦"教学价值追求 …… 12
　第三节　"融·悦"教学基本原则 …… 16
　第四节　"融·悦"教学实施策略 …… 20

第二章　"融·悦"教学实践之研究追溯 …… 25
　第一节　启"融·悦"教学之思 …… 27
　第二节　立"融·悦"教学之根 …… 32
　　融于读写结合，激发学习生机——凸显言语性 …… 32
　第三节　舒"融·悦"教学之枝 …… 44
　　融于资源整合，构建学习生态——追求幸福感 …… 44
　　融于节日传承，彰显学习生趣——涵养家国情 …… 61
　　融于节气审美，促进学生生长——提升审美力 …… 68
　第四节　绽"融·悦"教学之花 …… 79
　　融于经典素读，滋养学生生命——赓续文化脉 …… 79
　　融于教学重构，回归学生生活——抵达圆融美 …… 89

第三章　"融·悦"教学实践之诗书涵泳 …… 103
　第一节　以立人为本，醉心于课例切磋 …… 105
　第二节　以唐诗为翼，蹁跹于唯美晴空 …… 110

融于唐诗品馨香 ································· 110
　　唐诗璀璨情韵长——《读唐诗》构·悟·评 ············· 113
　　心随诗韵自在飞——《暮江吟》构·悟·评 ············· 125
　　绵绵好雨润千年——《春夜喜雨》构·悟·评 ············ 137
　　情融冬日化诗行——《邯郸冬至夜思家》构·悟·评 ······· 147
　　邀约之中蕴深情——《问刘十九》构·悟·评 ············ 159

　第三节　以宋词为舟，缱绻于真情天地 ··················· 169
　　融于宋词品幽芳 ································· 169
　　一词一景总关情——《清平乐·村居》构·悟·评 ········· 172
　　夏至已至梦未央——《西江月·夜行黄沙道中》构·悟·评 ·· 182
　　酒意诗情谁与共——《声声慢》构·悟·评 ············· 196
　　天容海色本澄清——《定风波》构·悟·评 ············· 207
　　铿锵之声荡心间——《满江红》构·悟·评 ············· 219

　第四节　以绘本为桥，徜徉于阅读世界 ··················· 231
　　融于绘本品清芬 ································· 231
　　春醒之时万物明——《清明节》构·悟·评 ············· 235
　　小舟轻驾向彼岸——《端午节》构·悟·评 ············· 247
　　月在青天月在心——《中秋节》构·悟·评 ············· 260
　　布谷声中时节美——《春山布谷》构·悟·评 ············ 268
　　此心安处莲花开——《安的种子》构·悟·评 ············ 280

第四章　"融·悦"教学实践之节气行吟 ················· 293

　第一节　与时偕行，共生共长 ······················· 295

　第二节　春日寻芳，心醉旖旎 ······················· 298
　　立春，与春同醒——《立春正月节》课里课外 ·········· 298
　　春分，听燕呢喃——《春分二月中》课里课外 ·········· 303

　第三节　夏日弦歌，心怀热爱 ······················· 307
　　立夏，葳蕤生香——《初夏即事》课里课外 ············ 307

芒种，满目葱茏——《六月·芒种》课里课外 …………… 310
　第四节　秋日抒怀，心沐清辉 ……………………………………… 314
　　立秋，融情于诗——《立秋七月节》课里课外 ……………… 314
　　白露，逐梦而行——《诗经·蒹葭》课里课外 ……………… 318
　第五节　冬日待春，心向明媚 ……………………………………… 322
　　小寒，与梅有约——《卜算子·咏梅》课里课外 …………… 322
　　大寒，静待春归——《大寒十二月中》课里课外 …………… 325

后记　为有馨香萦心间 …………………………………………… 329

第一章

"融·悦"教学实践之整体架构

第一节 "融·悦"教学理论支撑

"博学之，审问之，慎思之，明辨之，笃行之"，我们始终以清醒的姿态前行，坚持做到带着思考进行学科教学研究。如，我和教师们一起思考"语文课堂如何有效进行读写结合，提高学生语用能力""小学语文教学如何与素读经典自然融合，传承中华优秀传统文化""如何让课标理念落地，提高学生审美能力，促进学生和谐发展"等问题。我们以深入的思考，拓宽教育航道，向青草更青处漫溯；以扎实的行动，助力教学改革，抵达教学的诗与远方。

在日常教学调研中，我们发现有关传统文化的教学存在以下几个主要问题。

1. 资源融合不到位，缺乏统整性，以文化人欠广度

教师没有真正落实以人为本的理念，学生学习的幸福指数不高。教学止步于教材，内容比较单一，课堂容量不足，学生学习兴趣不浓。

2. 拓展延伸不到位，缺乏多维性，以文化人欠深度

教学止步于课堂，没有向课前与课后打开，学生自主探究、实践运用不深入。教学没有与生活密切关联，学生对节气文化缺乏切身体验，不能充分感受节气文化的魅力。

3. 关注发展不到位，缺乏圆融性，以文化人欠温度

课堂教学评价偏向比高低，没有真正着眼于人的长远发展，对师生课堂状态与教师教学风格的形成关注不够。

为了改变现状，引导教师注重资源融合，激活学生学习内驱力，让学生充分感受中华优秀传统文化的魅力，在学习中汲取营养，幸福成长，我们进行了多年的探索，开展了"融·悦"教学实践。

"融·悦"教学实践，指在语文教学中追寻"融"与"悦"的两大特征。

"融"在《现代汉语词典（第7版）》中有"融合""融通"之义，有"水乳交融""融会贯通"之说。主要指教学资源运用方面，将中华优秀传统文化、生活资源、自然资源等有机融入教学，各种资源水乳交融，体现融情、融文、融美的教学特点，彰显以文化人的育人导向。"悦"在《现代汉语词典（第7版）》中有"高兴""使愉快"之义，有"和颜悦色""赏心悦目"之说。主要指教学目标达成方面，追求工具性与人文性的和谐统一，立足于核心素养的培养，教学中，文化自信、语言运用、思维能力、审美创造四个方面既有所侧重，又融为一体。在和谐的氛围中，引导学生进行听说读写实践，达成悦读、悦思、悦写的目标。

在教学中，我们以"融"为出发点，加强资源运用；以统整的思维筛选、重组教学资源，开发、优化资源，使课程资源由单一走向多元，由封闭走向开放，让课程回归生活、回归自然、回归本色，让师生在语文教学中获得幸福体验。以"悦"为落脚点，加强语文实践；通过课例研讨活动，师生与美共舞，展示美的风采；立足课堂教学，培养学生的语感和美感，触发学生灵感，丰富学生精神世界，培养学生审美情趣；开展相关的读写实践活动，给

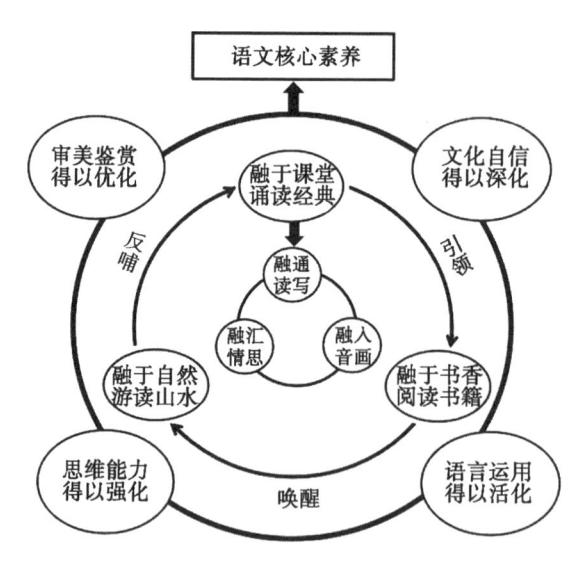

"三融又三融"，"四化"共从容——"融·悦"教学实践架构图

学生提供更多想象与创造的空间，引导学生在诵读积累的基础上，进行审美表达，提高审美能力。

2022年版课标指出："义务教育语文课程培养的核心素养，是学生在积极的语文实践活动中积累、建构并在真实的语言运用情境中表现出来的，是文化自信和语言运用、思维能力、审美创造的综合体现。"[①] "核心素养的四个方面是一个整体。"[②] 我们以提升语文核心素养为旨归，进行以"融"为关键的语文教学实践，让文化自信、语言运用、思维能力、审美鉴赏四个方面协同发展。"文化自信得以深化"是指让学生在学习中，更深入地感受中华优秀传统文化的魅力，坚定文化自信；"语言运用得以活化"是指让学生在语言实践中学习，学会灵活运用语言文字进行表达与交流；"思维能力得以强化"是指让学生在学习中积极思考，加强思维能力培养；"审美鉴赏得以优化"是指让学生在学习中，在优质资源的熏陶下提高审美能力，更好地运用语言文字进行审美表达。

"融·悦"教学实践的基本路径是"三融"策略。课程实施方面的"三融"是指"融于课堂、融于书香、融于自然"，在课堂交流、课外阅读、亲近自然中学习。课堂教学方面的"三融"是指"融汇情思、融入音画、融通读写"，以音画创设情境，营造和谐氛围，促进情智发展，提升语用品质。

2022年版课标中关于"课程目标"部分强调："热爱国家通用语言文字，感受语言文字及作品的独特价值，认识中华文化的丰厚博大，汲取智慧，弘扬社会主义先进文化、革命文化、中华优秀传统文化，建立文化自信。"[③] 语文课程承载着价值引领、文化传承等使命。因此，语文教学应根据教材与学生特点，采用恰切的方法，为学生打开一扇窗，通过吟唱、观赏、悟化等形

---

① 中华人民共和国教育部：《义务教育语文课程标准（2022年版）》，北京：北京师范大学出版社，2022年4月版，第4页。
② 中华人民共和国教育部：《义务教育语文课程标准（2022年版）》，北京：北京师范大学出版社，2022年4月版，第5页。
③ 中华人民共和国教育部：《义务教育语文课程标准（2022年版）》，北京：北京师范大学出版社，2022年4月版，第6页。

式，让传统文化入耳、入目、入心。教师应引领学生划楫撑篙，入得传统文化的藕花深处，感受中华文化的丰赡与渊博。让学生在母语的浸润濡染中，汲取中国智慧，感受中国美学，拥有中国情怀。

王崧舟老师强调："语文课程要落实立德树人，必须以语文的方式，必须以隐性、自然、融合的方式。"[①] 我们正是以融合的方式，润物无声地达成立人目标。博大精深的中华优秀传统文化是我们教学的有力支撑。以下结合教师设计的"融·悦"教学Logo略作说明。

主要元素：图标主要由"融"与"悦"二字的汉语拼音首字母大写"R"与"Y"和三条波浪线构成。水波上左边字母"R"的第一笔构成古琴图形，"R"的右上方构成小鸟的图形，右下方构成翻开的书的图形。三条波浪线代表水。

图形寓意：左琴右书，琴棋书画，琴为首，寓意传统文化的融入，教学中注重音乐的有效运用。翻开的书，寓意教学中书香的融入，倡导阅读，浸润书香，"乐琴书以消忧"。飞翔的小鸟，寓意学生在课堂学习中情思得以飞扬，个性得以发展，素养得以提升。

"学习"的"习"，繁体字是"習"。"习"的本意是鸟儿振动翅膀，反复地练习，试着飞行。元稹《小暑六月节》一诗中有诗句"鹰鹯新习学"，其中"习"正是这个意思。

三条波浪线指"三融"教学策略，即融汇情思、融入音画、融通读写。分别指情思如水涌动，音画如水润泽，读写如水流淌。水润万物，寓意课堂

---

① 王崧舟：《王崧舟观课十讲》，上海：上海教育出版社，2022年1月版，第25页。

如水滋养，如春雨润花，和乐自在，其乐融融。

色彩运用：图标主要运用了红、橙、蓝、绿、紫五种色彩，体现了我们追求的五色课堂教学评价。圆形外框是红色的，古琴部分是紫色的，小鸟是绿色的，书是橙色的，水波是蓝色的。红色寓意激情熠然，橙色寓意温暖怡然，蓝色寓意开阔澹然，绿色寓意生机盎然，紫色寓意诗意悠然。在充盈着音乐与书香的课堂，学生进行语言实践，得到和谐生长。

王崧舟老师说："每一个中国人都应该延续我们祖先的文化血脉。只有这样，你才能够在文化意义上面成为一个真正的、大写的、顶天立地的中国人。"[①]"融·悦"教学实践，是在中华优秀传统文化滋养中开出的语文之花。《论语》《大学》《文心雕龙》等经典给了我们启示，孔子、苏轼、王阳明等先贤给了我们指引，传统文化之光照亮我们前行之路。我们从国学经典中汲取养料，领悟为人、为学之道。在教学中，我们始终以中华优秀传统文化思想为指导，让语文教学充盈文化韵味。

1. 君子务本——把握根本，读写融通

《论语》云："君子务本，本立而道生。"李泽厚先生译为："君子在根本上下工夫，根本建立好了，人道也就生发出来。"[②] 世间万物，只有立足根本才能生长；一切事情，只有把握规律才能成功。在语文教学中，要抓住根本，才能达到事半功倍的效果。2022年版课标强调，"语文课程是一门学习国家通用语言文字运用的综合性、实践性课程。工具性与人文性的统一，是语文课程的基本特点。"[③] 从2011年版课标到2022年版课标，语文课程性质的定位没有改变。

语文教学的根本任务就是让学生学会语言文字的运用。教育的终极目标

---

① 王崧舟：《美其所美：王崧舟讲语文课怎么上》，上海：上海教育出版社，2019年10月版，第160页。

② 李泽厚：《论语今读》，北京：世界图书出版有限公司北京分公司，2023年1月版，第6页。

③ 中华人民共和国教育部：《义务教育语文课程标准（2022年版）》，北京：北京师范大学出版社，2022年4月版，第1页。

是为了人的发展，我们进行以中华优秀传统文化为载体的小学语文"融·悦"教学实践，以整合教学资源为途径，以继承与发扬传统文化为目标，以提高学生能力为旨归，引导学生在大量经典的浸润下，感受中华文化的魅力，领悟中华经典的精髓，汲取古诗文中的真善美元素，增强民族自豪感，提高文化修养。立足课堂，以教材资源为载体，通过课堂教学策略的研究，提高阅读教学的针对性和有效性，同时开展相应的活动，为学生搭建幸福成长的平台，有效提高学生的语文实践能力。

陆游诗句"纸上得来终觉浅，绝知此事要躬行"启示我们在教学中要注重引导学生实践，课内学习中加强语言文字的品析、积累、运用，同时引导学生在生活实践中运用语言文字。教学不仅注重语言材料积累，还要注重语文实践性，将学习向课外延展，引导学生进行学习实践、生活实践。通过课堂内外的合力，丰厚学生的文化积淀，提升核心素养。

2. 天人合一——观照整体，和谐共融

季羡林先生在谈论东西方文化时，指出东方文化与西方文化的根本区别在于思维模式、思维方式的不同。西方文化注重分析，一分为二；而东方文化注重综合，合二为一。东方思维方式从整体以及事物之间的联系着眼，"天人合一"正是东方综合思维模式最完整的体现。"'天人合一'就是人与大自然要合一，要和平共处。"[①]"在他（黎锦熙）眼里，语文教学内容从来就是一个开放的整体：阡陌交织，四通八达，来去自由，殊途同归。"[②] 在教学实践中，我们注重资源的整体把握，营造和谐的氛围，让学生在读写相融中提高素养。教师在把握文本时从整体观照，领悟主旨。课内文本，从单元"人文主题"和"语文要素"整体入手，培养学生积累运用能力。课外文本，从"读写结合"和"以文化人"整体入手，引导阅读表达，提高核心素养。文本是一个完整的艺术品，具有其独特的结构，存在独特的"文本意义"。研读文本是一个亲近和发现的过程，也是一个领悟和建构的过程。教师不但要借助

---

① 季羡林：《传统文化之美》，北京：大有书局，2020年12月版，第213—312页。

② 潘新和：《语文：回望与沉思——走近大师》，福建人民出版社，2012年8月版，第123页。

文本"进入"作者的内心世界，还要通过了解作者创作的背景等来揣摩文本所表达的意义。优秀的文学作品内涵丰富，向我们传递的信息也很多，我们立足文本的整体把握，抓住本质的东西，避免"只见树木，不见森林"。"乐者，天地之和也；礼者，天地之序也。和，故百物皆化；序，故群物皆别。"乐使天地间的事物互相协和，礼使天地间的事物井然有序。因为互相协和，所以万物都融洽共处；因为井然有序，所以万物又都有所区别。① 在整体观照的基础上，我们以音画资源营造情境，让学生在和谐的情境中，身心愉悦地投入学习。追求天地人和之境，注重延展性学习，通过课堂引导、作业设计，将学生导向课外，让学生在贴近生活、亲近自然中，增强学习体验，提高核心素养。

3. 顺应天性——遵循规律，融洽生长

王阳明先生强调："大抵童子之情，乐嬉游而惮拘检，如草木之始萌芽，舒畅之则条达，摧挠之则衰痿。今教童子，必使其趋向鼓舞，中心喜悦，则其进自不能已。譬之时雨春风，沾被卉木，莫不萌动发越，自然日长月化；若冰霜剥落，则生意萧索，日就枯槁矣。"② 我们在教学中顺应儿童天性，依据学生身心发展规律，运用适当的资源，以学生喜闻乐见的方式，引导学生融入其中，学有所得，学有所乐。

韩愈指出："养其根而俟其实，加其膏而希其光，根之茂者其实遂，膏之沃者其光晔，仁义之人，其言蔼如也。""立言"重在根本的养护和培育。③ 我们在教学实践中，融入经典，引导学生以舒展的状态投入诵读，夯实学习根基。潘新和老师强调："当孩子的言语冲动和欲求的萌芽初露时，最重要的是去顺应它们、养护它们，给予和煦的阳光和温润的雨露，使它们蓬勃地生长。在生长过程中，孩子们会体验到读、写的快乐，享受到心灵的花朵自由绽放

---

① 蔡仲德.《〈礼记·乐记〉〈声无哀乐论〉注译与研究》，武汉：崇文书局，2023年7月版，第52—54页。
② 陆永胜、译注：《传习录》，北京：中华书局，2024年2月版，第390页。
③ 潘新和：《语文：表现与存在》（下卷），福州：福建人民出版社，2006年10月版，第1219页。

的愉悦，从而对读、写愈加喜欢和热爱。"① 教师顺应学生的天性，让学生在经典的滋养下，启智增慧，幸福成长。

4. 熟读深思——读思结合，情理相融

"旧书不厌百回读，熟读深思子自知。"苏轼告诉我们两种学习方法，一种是熟读，一种是深思。在语文教学中，我们注重情思相融，熟读成诵，深思明义。引导学生在多种形式的读中体会情感，同时以主问题为任务驱动，引导学生思考，培养学生思维能力。注重在发展学生语言能力的同时，发展思维能力，激发想象力和创造潜能，将诵读、想象、表达能力的培养融为一体，落到实处。

5. 情动辞发——引导表达，融入审美

刘勰在《文心雕龙》中说："夫缀文者情动而辞发，观文者披文以入情，沿波讨源，虽幽必显。"语文教学中，我们注重引导学生深入字里行间，体会情感。2022年版课标中"文学阅读与创意表达"任务群强调："引导学生在语文实践活动中，通过整体感知、联想想象，感受文学语言和形象的独特魅力，获得个性化的审美体验；了解文学作品的基本特点，欣赏和评价语言文字作品，提高审美品位；观察、感受自然与社会，表达自己独特的体验与思考，尝试创作文学作品。"② 注重学科融合，以音乐营造氛围，激发学生情感。以教师范文引路，打开学生思维。通过资源融合运用，让学生达到"悦"的学习状态，获得学习的高峰体验，即善于表达、乐于表达、勤于表达。

子曰："学而时习之，不亦说乎？有朋自远方来，不亦乐乎？人不知，而不愠，不亦君子乎？"其中，"学而时习之，不亦说乎"告诉我们学习而经常实践是一件愉快的事。李泽厚先生认为以儒学为骨干的中国文化精神是"乐感文化"，体现为"实用理性"和"情感本体"。作为儒学根本，首章揭示的"悦""乐"，"学习'为人'以及学习知识技能而实践之，当有益于人、于世、

---

① 潘新和：《语文：表现与存在》（下卷），福州：福建人民出版社，2006年10月版，第841页。

② 中华人民共和国教育部：《义务教育语文课程标准（2022年版）》，北京：北京师范大学出版社，2022年4月版，第26页。

于己，于是心中悦之，一种有所收获的成长快乐"。① 这就启示我们在教学中，通过资源的融合，支架的搭建，让学生在语言文字运用中获得学习的成就感与愉悦感。

6. 止于至善——以文化人，达成圆融

《大学》云："大学之道，在明明德，在亲民，在止于至善。"对此，于漪老师的解读是："学习的目的，在于彰明内心美善的德性，在于使人自新，使人处于最美善的道德境界。"②《中庸》云："君子之道，辟如行远必自迩，辟如登高必自卑。"我们慎思笃行，为了让语文教学臻于至美，止于至善。于漪老师说："我们对'教人成人'的看法是：无论是'成人者'，抑或是'受教者'，都在教育实践中履行着不同的'知'与'觉'；无论是'成人之道'，还是教育过程中的'成己修为'，最终都以'止于至善'为目的。教育，是一个充满生命力的温暖的词汇，它记录着人类'求好的历程与结果'。"③ 我们在语文教学中彰显中华优秀传统文化特点，努力以文化人。以语文实践活动为途径，以整合教学资源为辅助，以提高语用能力为旨归，引导学生深入探索传统文化的精髓，力求做到：整合教学资源，品析语言文字，培养核心素养；积累经典读物，汲取文化精髓，厚实文化根基；创意解读教材，引导语文实践，促进和谐发展。语文教学以立人为重点，引领学生学文明理，抵达和谐境界。把中华优秀传统文化研究与课堂教学、家国情怀培养结合起来，增强文化传承意识，使中华优秀传统文化通过教学渗透的方式贯注到学生的心灵血脉之中，对学生起到潜移默化的熏陶作用，引领学生向美而行，向阳而生。

---

① 李泽厚：《论语今读》，北京：世界图书出版有限公司北京分公司，2023年4月版，第3—4页。
② 于漪：《点亮生命灯火》，北京：商务印书馆，2020年5月版，第16页。
③ 于漪、黄音，《穿行于基础教育森林：教育实践沉思对话录》，上海：华东师范大学出版社，2020年9月版，第16页。

第二节 "融·悦"教学价值追求

于漪老师说:"中华文化宝库硕大无比,其中精品琳琅满目,美不胜收。只要怀着进深山探宝的心情去寻觅,去阅读,浓浓的民族情思就会扑面而来,至圣先贤的深邃思想、精辟见解就会如清泉喷涌到你的心田,使你心窍顿开。"[①] 我们以立人为根本,坚持以中华优秀传统文化润泽学生心灵,让学生在和谐愉悦的氛围中全情投入学习,打开生命,获得学习的高峰体验。教师找准每节课的立言点、立人点,指向学生的发展与成长,成全生命。

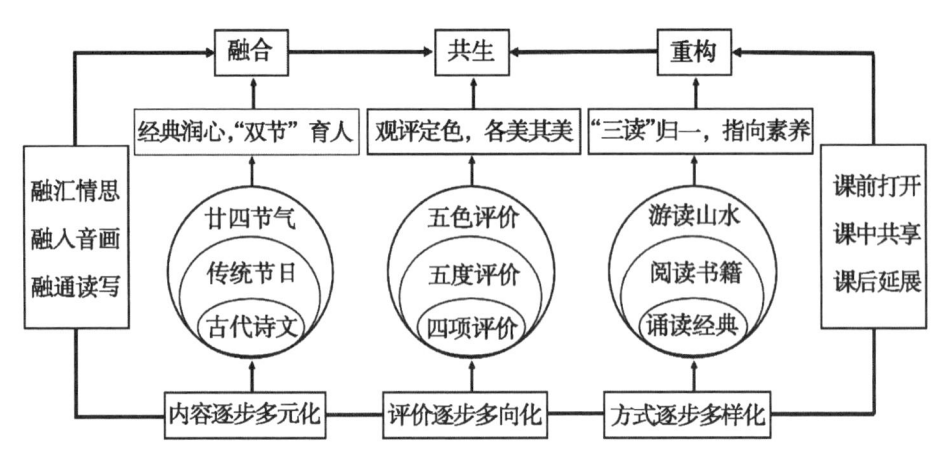

小学语文"相融相契,以文化人"总体思路

2022年版课标明确了中华优秀传统文化主要载体为"汉字、书法,成语、格言警句,神话传说、寓言故事、历史故事、民间故事、中华民族团结一家亲的故事,古代诗词、古代散文、古典小说,古代文化常识、传统节日、风

---

① 于漪:《教育的姿态》,太原:山西教育出版社,2020年7月版,第322页。

俗习惯等"。① 在教学内容的选择上，我们坚持以"立人"为根本，聚焦"古代诗文、传统节日、廿四节气"三种载体，落实新课标理念，真正做到以学为中心，通过传统文化资源的融合，让学生产生兴趣，确立信心，发展个性。尽力打通语文的学习边界，优化课内学习的深度，拓宽课外学习的广度，丰富学习资源，培养核心素养。注重融汇情思、融入音画、融通读写，以经典润心，以节日与节气"双节"文化育人。在教学方式上，做到诵读经典、阅读书籍、游读山水，"三读"归一，实现内外互融、师生互动、情理互通、读写互促。教学中做到"课前打开—课中共享—课后延展"，让学生在语言文字运用中，提高审美能力，增强文化自信。通过读写教学实践，以传统文化唤醒学生深情，自觉地融入优秀文化，让身心得以滋养。在教学评价上，从"目标、内容、策略、效果"四项评价发展到从"清晰度、舒展度、适切度、达成度、生长度"五个方面进行评价，再发展到运用"红、橙、蓝、绿、紫"五色评价，各美其美，促进师生和谐发展。评价不只是论高低，而是尊重师生个性，展现教学魅力，让教学呈现百花齐放的局面。

教育的终极目标是为了人的发展，我们进行以中华优秀传统文化为载体的"融·悦"教学实践，秉持"以文化之、以美和之"的初心，引导学生汲取传统文化中的真、善、美元素，做有根有魂、有家国情怀、有悲悯之心的中国人。

---

① 中华人民共和国教育部：《义务教育语文课程标准（2022年版）》，北京：北京师范大学出版社，2022年4月版，第18页。

在以文化人的内容选择上，我们坚持以经典古诗文润泽学生心灵。于漪老师说："学文言诗文，当今的学生与几百年乃至两千年前的古人相遇，读者与作者相逢，相通。或许我们的阅读理解与他们创作初衷不尽相同，更不能丝丝入扣。但我们倾听了，琢磨了，捕捉到他们闪光的智慧结晶，用以照亮今日的路程。"① 的确，隔着千百年的光阴，我们在进行唐诗宋词教学设计时，也许不能完全理解诗人的创作初衷，但我们总是尽可能地去走近、去倾听，去撷取精华，化作融入真善美的光，照亮学生前行之路。我们以"融"为基本策略，抵达不散、不滞、不隔的教学境界。

1. 融则不散——整合教学资源，提高审美品味

注重教学资源的整体性把握，让教学聚焦点更加明晰。提高教师的审美意识，以审美的眼光精心筛选展示自然美、社会美、艺术美的教学资源，体现教学的丰富之美、变化之美、和谐之美。根据教材的特点、学段的特点，体现地域特点，把握课程资源开发的多样性、适切性，让资源的运用更好地促进学生思维与能力的发展。古诗词教学中，教师抓住诵读、想象的根本之法外，立足于积累与运用，自然融入课内外资源，引导学生将视觉、听觉、嗅觉打通，让体验更深刻，让教学更灵动。在积累的基础上，引导学生用自己的语言进行表达，实现积累与运用的有机融合，提高审美情趣。

2. 融则不滞——注重听说读写，促进整体发展

叶嘉莹先生说："我始终认为，中国的古典诗词是不会灭亡的，因为诗词中有中国古代诗人们全部的思想、情感、智慧、品格、襟怀，有他们全部的身世经历、人生体验、理想意志，有他们全部的生命激情和心灵感动。这种兴发感动的生命力，是生生不息的。"② 我们注重古诗词教学，通过资源融合，教学重构，让古诗词之美在课堂流动。让学生沉醉课堂，在听说读写的实践中，得到生生不息的精神滋养。在教学中，我们注重以"融"为支点，让诗

---

① 于漪、黄音：《穿行于基础教育森林：教育实践沉思对话录》，上海：华东师范大学出版社，2020 年 9 月版，第 180 页。

② 沈立岩：《为有荷花唤我来：叶嘉莹在南开》，北京：中国大百科全书出版社，2022 年 1 月版，第 75 页。

韵流转。根据学情适度引入资源，融通读写，让课堂诗意弥漫，诗韵飞扬。资源的融合运用，能更好地传承诗教，弘扬中华优秀传统文化。

3. 融则不隔——落实课标要求，增强文化自信

王崧舟老师说："语文的出发点是人，语文的归宿是人，语文的过程显现一样离不开人。这样理解语文，就是王国维所讲的'不隔'的境界。"[①] 我们让课标理念有效落地，培养学生审美情趣，促进学生和谐发展；将传统文化元素有机地融入语文课堂，使之水乳交融，润物无声。活用语文教材，引导学生从传统文化中汲取营养，以文化人，以德润心。

于漪老师说，新世纪语文课程改革的基本理念来源于千年积淀。中国传统教育重视"诗教"，以诗为教，以文化人。[②] 古诗词是中华优秀传统文化的一种主要载体，蕴藏着跨越千年的深情与哲思。我们加强古诗词教学，发挥经典的熏陶感染作用，引导学生抵达真善美的和谐境界。

教学注重向课前打开，向课后延伸，教师对教材内容进行重构，融合经典素读，灵活运用资源，让教学化线性为立体，引导学生多方位感悟人物形象，实现经典润心，以文化人的目的，实现立言与立人和谐统一。

我们坚持在教学中做到情理相融、音画相融、读写相融。于是，经典诗词从历史深处款款走来，走进了学生的心里，成为学生生命历程中不可或缺的精神营养。在经典的世界里，学生深刻体悟身为华夏子民的荣光与责任，情系文化，心怀家国。

听完《读唐诗》一课，学生写下这样的心声：用心读唐诗，你会发现每一首唐诗里都有别样景致，都是祖先的深情诉说。唐诗就像天空中的星星，在历史长河中闪闪发亮，每一颗星星都不一样，每一首诗也都不一样，它们饱含着诗人不同的情感，或苦，或甘，或喜，或悲。文字是不朽的，千年后的我们吟诵或歌唱这些唐诗，依然唇齿留香，心醉神驰。

[①] 王崧舟、林志芳：《诗意语文课堂实录与品悟》，上海：华东师范大学出版社，2022年11月版，第4页。

[②] 丁漪、黄音.《穿行于基础教育森林：教育实践沉思对话录》，上海：华东师范大学出版社，2020年9月版，第126页。

听完《满江红》一课，学生写下这样的心声：岳飞的《满江红》无愧千古绝唱！岳飞，他的一颗赤子之心透过时间的尘埃熠熠发光，不仅激励着当时保家卫国的将士，也同样在今天激励着千千万万的中华儿女守卫着祖国疆土。"少年强，则国强"，爱国之心，壮国之志，早已扎根在我心中！"莫等闲，白了少年头，空悲切。"读词即读人，我们以岳飞的爱国之情激励自己。

听完《蒹葭》一课，学生写下这样的心声："溯洄从之，溯游从之"的吟诵声在我的耳畔回响，我会斗志昂扬地去迎接学习的挑战，勇攀高峰。"学海无涯苦作舟"，学习的路上有艰辛，还有停滞不前的苦闷，但我依然会迷恋于文字的美好……"路漫漫其修远兮，吾将上下而求索"，我执着地追寻着心中的"伊人"。

我们有理由相信，教师在学生心田播下的诗经楚辞、唐诗宋词这些经典的种子，必将随着时光流转，开出朵朵美的花，结出颗颗善的果。

第三节 "融·悦"教学基本原则

我们从"学习目标、学习资源、学习状态、学习方法"四个方面把握语文教学的原则。

1. 学习目标上做到读写兼达

教学中注重品析，但不止于品析。我们倡导读思结合、读写结合，引导学生在想象中提高思维能力，在语言运用中提高表达能力，在经典诵读中提高思想认识，增强文化自信。

如《梅花魂》一课教学中，教师不仅引导学生积累关于梅花、关于表达民族气节的诗词，还引导学生进行内化运用。

师：通过学习，我们知道了外祖父挚爱梅花的脉脉深情，也知道了外祖父数次落泪的赤子之心。此时，你觉得课题"梅花魂"包含着哪些更深的含义？请联系课文内容，结合课堂上拓展的诗词或印象深刻的人物，写一写你的体会和理解。

冬去冬又来，又忆梅花魂。_____

_____

生：冬去冬又来，又忆梅花魂。外祖父不仅赞美梅花不畏严寒、傲然怒放的精神品质，更是借物喻人，赞美中华民族充满气节的人物。陶渊明不为五斗米折腰，文天祥宁死不投降，还慷慨激昂地写道："人生自古谁无死，留取丹心照汗青。"他们都像梅花一样，不管历经多少磨难，不管受到怎样的欺凌，从来都是顶天立地，不肯低头折节。我更读懂了外祖父的赤子之心和对莺儿的深切期望。

读写相融，入乎其内，学生读懂了外祖父的心；出乎其外，学生表达了自己的感悟，语言和精神协同发展。

2. 学习资源上做到内外兼备

基于教材，但不止于教材。依托教材，超越教材，指向核心素养。在教学中，恰当地引入资源，穿插运用，让教学内容更丰富。课内外结合，丰富文化积淀，提升语文素养。通过眼、心、脑并用的整合式学习，引导学生赏析、表达，在学习中经历体验美、思考美、创造美的过程。教师充分挖掘教材中的文化因素，利用音乐、图画、信息技术等手段，创设富有文化气息的课堂情境，让学生在学习中受到文化熏陶。

如《丁香结》一课教学中，教师围绕赏花与悟花两个方面展开教学，紧扣单元语文要素，引导学生从文字中想开去，从诗句中想开去，从生活中想开去。课堂不仅有与美术学科的巧妙融合，更有与心健元素的勾连，让学生在提升审美品位的同时，学会保持乐观的人生态度。学生写下这样的课后感悟：

古人用"芭蕉不展丁香结""丁香空结雨中愁"描写丁香的愁怨，而作者却借丁香结来表达自己乐观向上的人生态度："结，是解不完的；人生中的问题也是解不完的，不然岂不平淡无味了吗？"作者乐观地面对人生中的问题，用积极的态度去解决问题。学到这，丁香之韵入了我的心。

教师有心引导学生赏丁香花、品丁香韵，课内外资源的融合运用，打开了学生思维，增强了审美体验。

3. 学习状态上做到心眼兼到

学生在学习中，不仅要眼到，而且要心到，通过教学资源的融合运用，让学生悦目悦心。教师注重前置性与延展性学习，由课堂导向生活，实现教学的延伸。张九龄《感遇十二首·其一》中有诗句"闻风坐相悦"，隐居山林的人，闻到阵阵芬芳，因而满怀喜悦。语文教学中，要让学生沉入词句，如入花香之境，心生愉悦。柳宗元《晨诣超师院读禅经》中有诗句"悟悦心自足"，悟出佛理，内心畅快满足。语文教学应该给学生自主学习的空间，让学生在柳暗花明中，感受到学习的愉悦。

4. 学习方法上做到情理兼顾

情思兼顾，搭建实践平台，展示个性风采。教学中，注重勾连已知，唤醒学生经验，把握情感基调。引导学生比较品析，激活思维，积淀语言经验。整合联结资源，引导学生感受汉语的节奏感、韵律感，感受语言文字的魅力。既注重情感的激发，又加强思辨能力的培养，情思并重，促进学生和谐发展。

"融·悦"教学课堂的基本特征是"实、趣、美、化"，着眼于学生的发展，着力于资源的融合。

"实"，是指品析感悟，实而有韵。抓住学生记忆的黄金时期，引导学生熟读经典，夯实根基，厚积薄发。

"趣"，是指顺应童心，趣味盎然。顺应学生身心发展特点，教学有情趣。通过创设情境和节奏诵读，激发学生学习兴趣，让学生在学习中获得乐趣。

"美"，是指融合资源，美美与共。通过音乐、图画等资源的恰当运用，引导学生体会经典文化中的音韵美、意蕴美、思想美。

"化"，是指读写导行，化入生命。创设语言文字运用的情境，引导学生学以致用，将中华优秀传统文化内化于心，外化于行。

我们以"融资源入课堂，导情思以悦心"为重点，以教材资源为载体，注重语言积累运用，提高教学的针对性和有效性。以"课前铺垫—课中统整—课后延展"构成教学主脉，让学生在多维的时空中进行语言积累与运用。引导学生调动多种感官进行敞开式学习，在全方位的学习中增强审美体验，获得学习的愉悦感。

以下以统编版小学语文五年级《古人谈读书》一课为例进行说明。

《古人谈读书》一课所在的单元人文主题是"好书不厌百回读，熟读深思子自知"。这是苏轼的读书名言，提倡经典常读常新的读书理念。教师引导学生从中提炼"熟读""深思"这两种学习方法。

1. 在资源运用上既有课内资源，也有课外资源

课伊始，教师出示一至四年级语文教材"日积月累"中的《论语》名句，引导学生诵读，加强新旧知识之间的联系，在温故知新中拉开学习的序幕。有心运用本单元语文园地"书写板块"中欧阳询的楷书作品，引导学生欣赏背诵，在积累的同时增强审美力培养。巧妙链接"韦编三绝"的故事及相关资料，以佐证孔子"好古"的读书志趣以及"敏以求之者也"的刻苦好学。适时引用《三字经》名句"昔仲尼，师项橐，古圣贤，尚勤学"，互文理解，加强学生对大思想家孔子的了解。课内课外资源有机整合，让经典学习更具厚度。

2. 在学习方法上既有情的激发，也有智的启迪

适时链接资源，以讲故事的方式引导学生理解《论语》，在熟读深思中明圣贤之理。在关于孔子的故事的相关资料阅读中，学生受到思想的启迪与情感的熏陶，实现以文化人的目标。教师以钟声和古琴音乐营造孔子杏坛讲学的氛围，引导学生在情境中读出韵味，读出古人治学的生活情趣，萌发对中华优秀传统文化的喜爱之情。

3. 在学习状态上既重视听效果，也重内心熏陶

孔子是中华文化的先行者，业精于勤、学而不厌，给我们留下了博大精深的文化经典和儒家思想，而这种忘我的读书境界本身就是我们的一种精神

追求。教师创设了"孔子杏坛讲学"的情境，引导学生穿越两千多年前，来到孔子的故乡山东曲阜，来到孔子讲学的地方杏坛，感受夫子讲学的情景，杏坛的钟声悠悠响起，古韵盎然，如临其境。教师以诵读唤醒学生亲近《论语》的情感。

4. 在目标达成上既重读的积累，也重写的融入

紧扣单元主题导入新课，引导学生诵读孔子关于学习态度和学习方法的六句名言。在诵读积累的基础上，教师引导学生以孔子为师，选一句作为座右铭，动笔写一写：我把_____这句话送给自己。我想告诉自己：_____。

有的学生这样表达：我把"知之为知之，不知为不知，是知也"这句话送给自己。我想告诉自己：没有谁无所不知，只有实事求是，对知识心怀敬畏，才能更虚心地学习，这是增长智慧的开始。

有的学生这样表达：我把"我非生而知之者，好古，敏以求之者也"这句话送给自己。我想告诉自己：中华民族五千年文明生生不息，是因为我们拥有一大批像孔子这样的"仁人志士"，他们是中华文化的传承者、保护者、再造者。我们记住这些光辉的名字，继承他们的理想，勤奋学习，不断进取，做一个有益于国家和社会的人。

语文教学不仅重积累，还注重内化运用。读写自然融合，立言立人的目标水到渠成，增强了学生对传统文化的认同和自信。

第四节　"融·悦"教学实施策略

"一心三融"，资源赋能，促进发展。2022年版课标强调："义务教育语文课程围绕立德树人根本任务，充分发挥其独特的育人功能和奠基作用，以促进学生核心素养发展为目的，以识字与写字、阅读与鉴赏、表达与交流、梳

理与探究等语文实践活动为主线，综合构建素养型课程目标体系；面向全体学生，突出基础性，使学生初步学会运用国家通用语言文字进行交流沟通，吸收古今中外优秀文化成果，提升思想文化修养，建立文化自信，德智体美劳得到全面发展"。[①] 我们以立人为中心，在教学中做到：融情——以情感人，融文——以文化人，融美——以美育人，追求教学资源的情感性、文化性、审美性，以资源赋能，促进学生和谐发展。

"融情"，指联系实际，融入生活资源，引发情感共鸣；"融文"，指相机融入整本书阅读的有关要求，共享文质兼美的内容；"融美"，指融入音乐、美术、节气等元素，师生与美同行，共生共长。

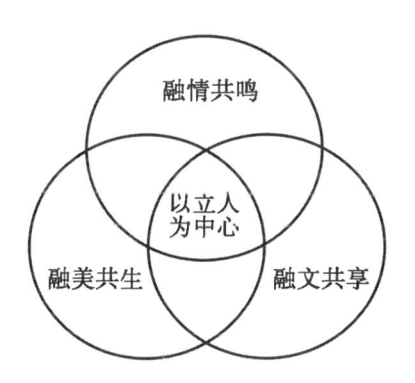

融情共鸣　融美共生　以立人为中心　融文共享

"一本三悦"，注重实践，提升素养。语文教学的根本即培养学生语言运用能力，我们以语用为根本，追求悦读、悦思、悦写，引导学生在和谐的氛围中，身心愉悦地投入阅读、思考、书写，获得高峰体验，让美的情感、美的思想内化于心，外化于行。

在课堂教学中，我们采用"三融"教学策略，实施以核心素养为导向的教学，促进学生和谐发展。

[①] 中华人民共和国教育部：《义务教育语文课程标准（2022年版）》，北京：北京师范大学出版社，2022年4月版，第2页。

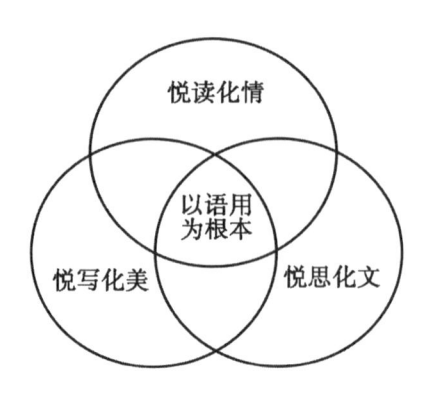

[图示：三个交叠圆，分别为"悦读化情""悦写化美""悦思化文"，中心为"以语用为根本"]

1. 以音画的融入滋养学生的心灵

音画融入，有声有色。引导学生化文字为画面，让想象与品味相映成趣；引导学生依旋律入意境，让鉴赏与感悟相得益彰。在教学中适时适度融入音乐、美术、信息技术等元素，呈现语文教学的和谐之美，让学生在美的意境中得到美的熏陶，学会美的鉴赏，学会美的表达。教师引导学生用心发现美，知道"美在此处"，同时，用心创造美，学会"美其所美"。读写自然融合，素养自然提升。

如《论语（节选）》教学中，教师以《幽兰操》音乐与杏坛钟声创设情境，引导学生进行浸润式学习，在诵读经典中，感悟君子之品。"中国的兰生幽谷，倒影自照，孤芳自赏，虽感空寂，却有春风微笑相伴，一呼一吸，宇宙息息相关，悦怿风神，悠然自足。"《幽兰操》的旋律如水在课堂流淌，如水润泽学生心灵。经典如兰香萦绕心间，有学子写下这样的课后感：千百年后的今天，我们在课堂上吟诵孔子的语录，如同空谷幽兰，那阵阵芳香弥漫在心房……"君子如兰，修身治学要回到经典，寻找重要的精神滋养。"陈老师亲切的话语再次在耳畔响起。孔子兰花般的品质，已经扎根在我的心中。

一节课，一部经典；一首歌，一种情怀。教师润物无声地让学生的生命与至圣先师的生命结缘。美妙的语文课气韵生动，如兰香缕缕沁入听者之心，久久不散。正如年轻教师烨雯在听课感中所言：君子之守，似那兰花独自绽放于幽谷，坚守品格，不为外物所动；子孙之昌，如兰之芬芳，生生不息，传承着先人的智慧和美德。

2. 以情理的融汇陶养学生的性情

情思融汇，入脑入心。注重勾连已知，唤醒经验，把握情感基调。引导学生比较品析，激活思维，积淀语言经验。整合联结资源，引导学生感受汉语的节奏感、韵律感，感受语言文字的魅力。

《论语（节选）》教学中，教师引导学生熟读成诵，深思明义。采用自读、师生合作读、在欣赏书法作品中猜着读、伴着古琴曲入境读、打起节奏快乐地读等多种形式，让经典如水浸润心灵。在学生熟读的基础上，教师引导学生借助注释、读《孔子的故事》相关章节、观看2008年北京奥运会开幕式视频、联系生活实际等多种方法理解"学而时习之，不亦说乎""有朋自远方来，不亦乐乎""人不知而不愠，不亦君子乎""敏而好学，不耻下问""我非生而知之者，好古，敏以求之者也"等名句的意思。有了这些支架，经典入脑入心，让学生真正得到精神滋养。

3. 以读写的融通培养学生的能力

读写融通，共生共长。引导学生切己涵泳，在体验与书写中抒发内心情感；导向生活，引导学生在阅读与观察中丰富语料积累。教学注重向课前打开，向课后延伸，通过资源整合、作业设计等实现有效重构，引导学生在更广阔的空间品味与运用语言文字。在语言文字的感悟、积累、运用实践中，学生的听说读写能力在提高。在读写融合中，展现语言之美、思维之美、文化之美，激发学生热爱自然、传承文化的情感，追寻天人合一的和谐境界，实现语文教育引导生命向善、求真、审美的目标。

教学王冕的《白梅》，教师引导学生抓住关键词品析白梅的特点，体会诗人托物言志的写法。欣赏《红梅赞》歌曲，学生仿照歌词完成课堂练笔。

白梅赞

冰雪中白梅开，
皑皑白雪无所惧。
与世无争立寒冬，
心中无私绽光彩，绽光彩。

>白梅花儿开，
>一片冰心在，
>枝头绽放花万朵。
>香飘满乾坤，
>唤醒百花齐迎春，
>高歌欢唱幸福来！幸福来！

叶圣陶先生指出，诗歌的学习"不但要分析地研究，还得要综合感受。所谓感受，就是读者的心与诗人的心起了共鸣，仿佛诗人说的正是读者自己的话，诗人宣泄的正是读者自己的情感似的。阅读诗歌的最大受用在此。通常说诗歌足以陶冶性情，就因为深美玄妙的诗歌能使读者与诗人同其怀抱"。[①] 听歌赏词，读诗悟情。音画融入，读写融通，在语言文字运用中，学生有了情感共鸣，进一步体会到白梅的冰清玉洁和不畏严寒，从而更深入地理解诗人的高洁情操。

教学王维的《送元二使安西》，教师围绕"知题中义，想诗中画，悟诗中情，表心中情"四个学习任务展开，引导学生抓住"柳""酒"的意象，进行赏析、比较、运用，再现王维送别元二的场景，将审美表达落到实处，提升学生核心素养。教师在学生诵读的基础上，抓住"柳"的意象，借助2022年北京冬奥会闭幕式上舞者手持柳枝惜别国际友人的视频，引导学生了解折柳寄情的文化习俗，体会诗人的情感。引入李叔同创作的《送别》，引导学生聚焦歌词，与《送元二使安西》进行比较阅读。学生紧扣歌词"晚风拂柳笛声残""一壶浊酒尽余欢"中的"柳"与"酒"，进一步体会作者依依惜别的情感。最后，引导学生紧扣"柳"和"酒"，写一段王维送别元二的场景。歌曲资源的引入，互文参读，渲染了诗意，学生走进了诗人的内心，在练笔中表达真情。

[①] 叶圣陶著，杨斌选编：《新编叶圣陶论语文教育》，福州：福建教育出版社，2024年8月版，第118页。

第二章

"融·悦"教学实践之研究追溯

第二章 "融·悦"教学实践之研究追溯

第一节 启"融·悦"教学之思

多年来，始终与教育有心人一起怀一份深情，坚持"广阅读、深思考、真研究"的初心，以"读、思、研"为引，入教育佳境，悟教育真谛，赏教育繁花，成全学生，也成全自己。

回望来时路，我们始终紧扣语文课程的性质和特点，以语言文字的积累与运用为基础，以中华优秀传统文化的传承为主脉，扎实开展研究，在语文园地种下一棵关于"融·悦"教学的"研究之树"。"融·悦"教学实践的一个出发点是"读写结合"，三个支撑点是"幸福感""家国情""审美力"，一个生长点是"教学重构"。

一、"融·悦"教学实践起于读写结合

2009年，我们开始关于"读写结合"的省级课题研究，这是"融·悦"教学实践的扎根萌芽期，唤醒了教师读写结合的意识。教师们在阅读教学中，自觉地渗透习作意识，给学生搭建练笔的平台，提高学生习作能力。牢固树立训练意识，依据课程标准的学段目标，充分挖掘教材中的语言文字训练因素，采取灵活多样的方法，引导学生积极主动地参加到读写结合的实践活动中。教师们努力以学生发展为本，以教材为例，精心设计课堂练笔，引导学生读中学写，提高学生观察、思考、表达的能力。

通过研究，改变了阅读教学与习作教学相互割裂的状态，教师将阅读与习作真正有机地结合起来，建构阅读与习作相融合的形式。教师立足课内教学，紧扣训练点，有效培养习作能力；结合课外阅读，捕捉训练点，扎实提高习作能力。教师将传统和现代的学习方式进行优化组合，达到促进学生和谐发展的目的。

充分利用课内外资源，找准读写结合点，尽力挖掘教材的隐性功能，解决小学生习作"无米之炊"和"有米难炊"的"瓶颈"。在各学段语文教学中，多角度、多元化地进行解读，引导学生感悟文本、内化文本，使学生思维得到开发，情感得到熏陶。

我们坚守语文教学本真，扎实地用好教材，指导学生有效地读、写，让学生学习有关的方法策略，并且渐渐内化成适合自己的读法、写法，提高学习力。在语文教学中科学地实施读写结合策略，提高学生的阅读理解能力和书面表达能力，促进学生语文素养的全面提高，从阅读中找出规律性的习作知识，比较自如地运用于书面表达中。结合一些发散思维的训练，举一反三，融会贯通，把所学得的方法运用到习作与评改中，把所阅读的文章变成"源头活水"。

二、"融·悦"教学实践承于资源整合

2014年，我们在读写结合课题研究的基础上，进一步开展有关"资源整合"的研究，这是"融·悦"教学实践的开枝散叶期。我们依据系统论关联性、整体性、开放性等特点，以统整的思维筛选、整合教学资源，开发、优化资源，形成了"整合教学资源，构建幸福课堂"的"三本"策略，打造和谐课堂，让课堂生意盎然、情意悠长、诗意飞扬。

1. 基于文本，整合资源，让课堂生意盎然

在认真研读教材的基础上，对资源进行整合，突出学习主题，引导学生积极投入学习。遵循温故知新、读写结合的原则，形成"读—写—读"的教学框架。加强知识勾连，实现学科内资源有机整合，既注重"整体观照，有效铺陈，让课堂增量"，又注重"细节聚焦，合理穿插，让课堂增趣"。

2. 立足生本，盘活资源，让课堂情意悠长

在语文教学中适时适度融入音乐、美术、信息技术等元素，体现课程结构的均衡性、综合性，为课堂注入一潭活水，实现学科间资源整合，呈现语文教学的和谐之美。如，构建"语文＋音乐"的教学模式，以音乐为辅助，盘活教学资源，唤醒学生生命，激发学生潜能，获得学习的高峰体验。

3. 依托校本，发掘资源，让课堂诗意飞扬

从学校实际出发，开发校本资源，在教学中自然融入经典诗词等传统文化资源，拓宽文化视野，夯实文化底蕴。有效链接课外资源，在充满书香和诗意的教学中，将传统文化的种子播在学生心田，实现以文化人的目标。

引导学生阅读经典读物，注重优秀传统文化对学生的熏染，提高学生综合素养。在传统文化的视野下进行教学，使学生更好地汲取中华优秀传统文化精髓，在获取知识的过程中，激发学生的民族自豪感，为完善学生的人格奠定基础。引导学生从传统文化中汲取营养，受到精神上的感染，树立行为上的榜样，从而让内心世界更充实，增强文化底蕴。

三、"融·悦"教学实践转于节气审美

2019年以来，我们开展了福建省级课题研究——"基于二十四节气读写的审美力培养的研究"，"融·悦"教学实践进入拔节生长期。老祖宗在仰观俯察，长期实践中总结的经验、沉淀的智慧，隔着千年光阴，依然可以成为我们生活的指南。我们从物候的变化中感受到每个节气的特点，感悟到"生活远比想象的美好"，这便是中华优秀传统文化带给我们的自信。

教师以二十四节气资源为依托，开展阅读与习作活动，让学生在感受母语之美、自然之美的同时，学会运用语言文字表达美，从美出发，回到美。教师发挥学生审美主体作用，给学生搭建展示的平台，展现语言之美、思维之美，实现语文教育引导生命向善、求真、审美的目标。我们以二十四节气读写活动为途径，以培养学生的审美能力为旨归，引导学生在读写活动中，传承节气文化，培养审美能力。

二十四节气是中华优秀传统文化的重要组成部分，是语文教学中培养学生审美情趣、提高表达能力、增强文化自信的重要载体。我们以时节为经，以读写为纬，构建一幅美丽的教育图景，和学生一起聆听自然的节奏，感受生命的律动。

二十四节气蕴含着人与自然和谐相处的智慧及丰富的审美元素。教师作为引领者，以二十四节气为素材，注重学生审美力的培养。在实践中不但注

重读的引导，还要开发与写有关的资源，引导学生进行积极的语言文字运用的实践活动。指导学生进行小练笔，从而提高学生的审美表达能力。

导之以读，唤醒诗意之心。引导学生读古今有关节气的诗文，如，白居易的《邯郸冬至夜思家》、欧阳修的《五绝·小满》、林清玄的《六月·芒种》等。师生应时而读，和着光阴的节拍低吟浅唱，从字里行间感受母语之美，感受时节之美。读有关节气的绘本，如，谷雨时节读《春山布谷》，从图文合奏的绘本中感受传统文化之美。由课内读诗文导向课外读自然，如，师生共读《诗经·蒹葭》，链接白露时节教师游读闽江河口湿地公园，赏芦苇、诵经典的视频，以诗教的方式引导学生亲近自然，感受天人合一的和谐之美。将经典诵读与生活联结，引导学生怀揣一颗诗心，拥抱美好生活。

导之以思，引发节气之悟。引导学生从节气的特征中，得到生活的启示。依照自然的节奏，行走于农历的天空下，以天地万物为师，汲取人生智慧。例如，引导学生思考何为"芒种"。"时可种有芒之谷，过此即失效，故曰芒种。"芒种，忙种。学生在《六月·芒种》的美文阅读中，感受芒种时节的忙碌，联系作家林清玄笔耕不辍的一生，思考"芒种，是为光芒植根"的含义，明白"一分耕耘，一分收获"的道理。再如，教学曾几的《大暑》，引导学生走进"诗"与"思"的对话。创设问题情境，体会诗人如何表达大暑时节的天气特点，感受古人消暑的乐趣，联系生活，分享教师大暑时节读书、赏荷的消暑方式，激发学生珍惜光阴的情感。教学中渗透"心静自然凉"的哲思，以经典滋养学生心灵。

导之以写，展现节气之美。让节气阅读与随堂练笔自然衔接，引导学生学会运用语言文字表达美。如，清明时节，读吴惟信的《苏堤清明即事》，引导学生了解清明的花信风、习俗等，结合集邮校本课程，以完成邮票设计说明为任务驱动，实现读写有机结合。引入著名漫画家丰子恺爷爷童年记忆中的清明，以一系列漫画为学生搭建学习支架，让思维训练与审美表达自然融合，提升核心素养。

二十四节气是一本读不尽的时间之书。我们引导学生读有字之书，也读无字之书。养一颗诗意、细腻之心，从节气变化中发现美、感受美、表达美。

在学生心田播下节气文化的种子，让学生在读写相融中拔节生长，赓续节气文化之脉。

四、"融·悦"教学实践合于教学重构

2021年，我们开始关于"教学重构"的省级课题研究，"融·悦"教学实践进入绽花结果期。在语文教学中，我们以传承文化润泽生命为旨归，力求将学习资源系统融合，优化组合，形成一个有机整体，让课堂处于圆润融通的状态，呈现出摇曳多姿的和谐之美。找准基点，开掘资源，拓展语言学习和运用的外延，深化语文教学的内涵。植根语用，构建多元的、动态的，融听说读写于一体的教学模式，让语文学习在多维实践中回归本真，彰显独特的教学魅力。

在充实丰美的情境中，引领学生品味传统文化的琼浆与醍醐，让内心更丰盈，精神更明亮。通过资源融合与教学重构，让学生的情感得以唤醒，体验得以丰富，品位得以提升，从而实现教学的增值。

关注学情，让教学状态融洽无间。《菜根谭》中有言："文章做到极处，无有他奇，只是恰好。"教学重构从学情出发，讲究实效，恰到好处。在教学中链接相关资源，满足学生学习需求。引导学生诵读、积累、运用，以经典诗文陶冶学生的情操，丰厚学生心灵的沃土，引导学生幸福成长。

突出主题，让教学资源水乳交融。教师认真研读教材，把握情感基调，引导学生在学习的基础上，融入适宜的资源为课堂教学锦上添花。盘活学生的积累，拈出与主题相关的资源，整合运用，水乳交融。紧扣意象，一线串珠，体现教学的丰富之美、变化之美。

把握节奏，让教学效果圆融自然。根据教材特点、学段特点，体现地域特点，注重资源开发的多样性、适切性，更好地促进学生的语言与思维同生共长。把握好课堂节奏，适时引入资源，让教学活色生香。

第二节 立"融·悦"教学之根

融于读写结合，激发学习生机——凸显言语性

叶圣陶先生指出："国文教学自有它独当其任的任，那就是阅读与写作的训练。"[1] 学语文的秘诀就是多读多写。《论语·学而》中指出："君子务本，本立而道生。"语文学习之本在于积累，在于运用。2022年版课标指出："在语文课程中，学生的思维能力、审美创造、文化自信都以语言运用为基础，并在学生个体语言经验发展过程中得以实现。"[2] "言语是人们运用语言工具的实践活动，即个体运用语言并以语言自身形式存在的言语实践。"[3] "融·悦"教学实践的基本点是读写结合，解决读写教学脱节的问题。"融"指基于教材，融通读写，通过课堂练笔，引导学生进行语言文字运用。"悦"指读写结合，让学生消除对习作的畏难感，有话可说，有情可抒。

【慎思之】"读写结合"研究的思考

一、教师层面：如何把握阅读与习作的结合点，设计练笔，实现读写互促？

在教研过程中，我们发现一些语文课堂教学中，阅读和习作教学未能紧

---

[1] 叶圣陶著，杨斌选编：《新编叶圣陶论语文教育》，福州：福建教育出版社，2024年8月版，第60页。

[2] 中华人民共和国教育部：《义务教育语文课程标准（2022年版）》，北京：北京师范大学出版社，2022年4月版，第5页。

[3] 刘仁增：《重塑语用品质》，福州：福建教育出版社，2018年12月版，第1页。

密结合。教师重视阅读教学，对习作教学不够重视，割裂二者之间的联系。不注重对课堂练笔的设计，没有为学生搭建语言文字运用的平台。一些有关习作的方法，学生不能内化，不能学以致用。课内阅读大多注重对文章内容的分析，对习作方法的渗透却不多，教师没有引导学生将在阅读中习得的方法，通过感悟、内化为自己的表达能力。我们在课堂教学中，精心设计练笔，引导学生进行语言文字运用，提高核心素养。

二、学生层面：如何把握积累与运用的生长点，主动表达，实现读写共进？

小学生的习作出现了两极分化现象。一些学生习作能力提高较快，但也有一部分学生作文言语贫乏，内容空洞。学语文，最终是为了更好地运用语言文字。读和写是相辅相成的，智慧地把两者结合起来，才能达到提高学生综合素养的目标。语文教学中，要在阅读与习作之间搭建一座桥梁，使学生的读与写有机地结合起来。

叶圣陶先生说："阅读是吸收，写作是倾吐，倾吐能否合乎法度，显然与吸收有密切的关系。"[①] 阅读是习作的基础，阅读好像蜜蜂采花，作文好像蜜蜂酿蜜。在实践中，如何加强积累运用的引导？紧扣练笔点，引导学生表达交流，培养学生的语文能力，促进学生发展，使小学语文教学中的读写达到和谐统一，激发学生习作兴趣，提高习作能力。

【笃行之】"读写结合"实践的策略

读写结合，让学生拥有飞翔的双翼。教师充分重视母语课程的价值，重视指导学生在读中感悟，在读中积累，以读悟写，以读促写，充分挖掘教材中读与写的结合点，让学生得法于课内，得益于课外，加强课外阅读，有目的地对学生加以指导与训练，培养学生良好的读写能力。

[①] 叶圣陶著，杨斌选编：《新编叶圣陶论语文教育》，福州：福建教育出版社，2024年8月版，第61页。

在语文教学中，教师立足课堂，以教材资源为主要载体，找准阅读教学和习作教学的结合点，在阅读教学中渗透方法指导，提高阅读教学的针对性和有效性，开展相应的练笔，切实提高学生的读写能力。延伸课外，以实践活动为主要平台，拓宽学生的阅读面，有效提高学生的习作能力。

一、紧扣"一枝红杏"，想象"满园春色"——品读中领悟方法

叶圣陶先生指出："语言文字的学习，就理解方面说，是得到一种知识；就运用方面说，是养成一种习惯。这两方面必须连成一贯；就是说，理解是必要的，但是理解之后必须能够运用；知识是必要的，但是这种知识必须成为习惯。"[①] 提高学生理解和运用祖国语言文字的能力，这是语文教学之本。教学中，教师依据教材特点，紧扣学段目标，捕捉练习点，促进文本言语的"增值"，让学生的"语用"能力在实践中提升。用好教材这个例子，调好"语用"这根弦，让课堂奏出和谐的乐章。

（一）把握关键点——剪裁妙处非刀尺

1. 以丰富语言库存为指向，引导吸纳

教师抓住每一篇教材中有特色的字词句段，引领学生进入语言的藕花深处，透过字词句，探寻语文的奥妙。教学中，教师强化识字教学，让学生联系生活试着说句子，达到在用中体会、积累的目的。在此基础上，回归课文，引导学生在语境中理解词义，从字里行间读懂词语所承载的情感与意义，并渗透正确的价值观的引导。聚焦语段，以词句为桥梁，勾连课堂，达到一线串珠的效果，展现"据言得意、由言表意"的教学过程。在教师的引导下，学生积极地吸纳、内化语言，语言库存必将日渐丰富。

2. 以培养语文意识为鹄的，引导咀嚼

教师以唤醒学生的语文意识为目的，引导学生自觉关注语言文字，注意文章的表达形式。从标点、词语、句子中构建学生的言语世界，让学生在揣

[①] 叶圣陶著，杨斌选编：《新编叶圣陶论语文教育》，福州：福建教育出版社，2024年8月版，第67页。

摩、品味、积累、运用中，将语言、情感内化为生命的一部分。教师有心培养学生丰富、敏锐的语感，学会用心灵的耳朵细细聆听语言的声音，发现字里行间的情感。引导学生在习作中正确地运用语言文字，更好地表情达意。

立足篇章，整体感悟，积累习作方法。如《梅花魂》一课教学中，教师紧扣课题引发学生思考：如果把课题《梅花魂》改成《梅花情》，你觉得好不好？为什么？写下你的理解。

> 生：我觉得用《梅花情》做课题，只是在表达对梅花的喜爱之情。而"梅花魂"三个字，不仅仅在赞美梅花坚强不屈的精神品质，更是在赞美中国人不屈不挠、不肯低头折节的民族气节。两者相比，《梅花魂》更有文化内涵。
>
> 生：《梅花情》指的是对梅花的一种感情，而"梅花魂"的"魂"，包含着梅花不畏风雪、凌寒怒放的精神，也包含着外祖父眷恋祖国的赤子情怀，更寄托着外祖父对外孙女的期望，期望她无论在怎样的境遇里，都能拥有梅花的秉性。这种期望深深地印在了莺儿的心中，让她难以忘怀。所以，我觉得用《梅花魂》做题目更好。

"梅花魂"与"梅花情"一字之差，意蕴不同。基于对全文所记叙之事与所表达之情的体会，教师引导学生交流对题目的理解，不仅搭建了平台，让学生进行个性化表达，同时让学生更深入地体会梅花意象，梅花所承载的文化意蕴，学会了在习作中如何拟题。

3. 以加强语言运用为旨归，引导倾吐

教学中，教师为学生搭建运用词语的平台，让学生所积累的词语成为"积极词汇"。引导学生及时运用积累的词语，融入自己的情感进行书面表达。学生在语境中理解运用词语，实现语言的内化重组，达到读与写有机融合的目的。

"人文原在语文中"。学生在遣词用句中，表达自己的情感，语文教学的工具性与人文性水乳交融，相得益彰。在引导吸纳与倾吐的同时，教师把文化的种子悄然种在学生心田，相信美的语言与美的情感终将伴随学生走过缤纷的童年，拥有美好的人生。

（二）找准切入点——一字一词总关情

要实现语文课堂读写的有效结合，要找准教与学的着眼点。教师要巧妙地解读文本，善于聚焦关键字词，发现潜藏在字里行间的曼妙之处，尽力凸显词语的张力，体现有效教学。引导学生走进细节，感悟语言文字背后蕴含的情感，体会语言的特色。在教师的有心引导下，学生对文本不仅"知其然"，亦"知其所以然"，为有效习作打下良好的基础。

《春夜喜雨》教学中，教师引导学生紧扣"知""潜""润""细""重"等关键词品读。透过"润"字，想象雨润大地，万物勃发的画面；透过"细"字，体会诗人看到雨轻轻柔柔地下着，无声地滋润着万物时的欣喜之情。抓关键词品读，学生发现这首诗字字都在表达着喜之意。引导学生紧扣诗眼进行思辨，品读想象，感悟字里行间洋溢着的喜意。联系《杜甫传》有关内容，引导学生品悟文字背后所承载的情感，体会诗人对安宁生活的向往与忧国忧民的赤子情怀。诗人在经过一段时间流离转徙的生活后来到四川成都定居，开始了较为安定的生活。此时的他有感于春雨的滋养之情，于是写下了这首诗。知人论世，结合背景资料，学生读懂了诗人的心，紧扣"生、声、明、城"等韵字，深入体会诗人的喜悦之情。在此基础上，联系生活，化用经典名句，抒写"润物细无声"的美好画面与绵柔爱意，便水到渠成了。教学从字词出发，引导学生品析，积累名句，并学会运用，环环相扣，水到渠成。"一字一词总关情"，学生不仅体会到诗人的情感，而且在语言运用中感受到生活中的温情，美好的画面如春雨随风潜入夜，润物细无声地镌刻在学生的心田，成为美好的回忆。

（三）捕捉训练点——借得金针度与人

教师要让学生透过文字表层读懂文章的意蕴和意境，触摸作者的内心，体会作品的表达特点，学会遣词用句，布局谋篇。

《江南春》一课教学中，教师引导学生抓住景物，感受江南春天的明艳动人。学生默读诗句，想象画面，思考杜牧抓住哪些景物写出江南春天的特点。

学生从黄莺感受到江南春天的勃勃生机，从青山感受到江南春天的明朗青翠，从烟雨感受到江南春天的朦胧神秘，从酒旗感受到江南春天的热闹繁华。教师引导学生归纳并运用"串景成诗"的方法。

师：面对江南春景，杜牧串景成诗，有了这一首流传千古的名诗。老师抓住杜牧笔下的景物，写成了一首现代小诗。
（教师出示下水文，学生朗读）
师：我抓住了景物，展现出一片绚丽多姿的春色，你们也像老师这样，当一回小诗人吧。
（出示：春无处不在。在你们心中，春在哪儿，又是怎样的呢？你们也来串景成诗吧）
生：春在花间
春姑娘施起了魔法，看啊——
迎春花张开了淡黄的花瓣；
桃花露出了粉红的脸蛋；
海棠展开了娇嫩的面颊。
鲜花朵朵，争奇斗艳，
点缀着如诗如画的春之江南。

走进古诗，展开想象，体会诗人如何描绘江南春景，欣赏教师下水文。走出古诗，联系生活，学生用诗意的语言写下了自己心中的春天。如此，教师带领学生读春天，悟春天，写春天，课堂诗意飞扬，富有美感。

二、透过"万里桐花"，倾听"雏凤新声"——书写中传递真情

王崧舟老师认为："阅读的最终目的是写。只有真正把心中所想表达出

来，把它写出来，阅读才有了它终极的意义和价值。"[1] 阅读与习作犹如鸟之双翼，不可或缺。因此，阅读教学要以提高学生的读写能力为旨归，立足文本，寻找读与写的支点，引导学生进入习作之堂奥。

（一）无痕对接，彰显学段特点，促有板有眼地写

寻觅读写的支点，要关注学段特点。在读与写之间行走，应依据各个学段的训练点，循序渐进地进行指导，方不偏离肯綮，从而实现读写相融，渐臻内容与形式和谐统一的佳境。

1. 第一学段以识字写字为依托，实现读写结合

2022年版课标第一学段目标中关于"表达与交流"部分指出："在写话中乐于运用阅读和生活中学到的词语。"[2] 第一学段教学以识字写字为侧重点，教师应根据学情与文本特点，将写字融入课堂的整体设计中，而不是孤立地、随意地写几个字。

例如《端午粽》一课教学中，课伊始，教师紧扣端午节话题，创设外婆来信，让"我"端午节来外婆家吃粽子的情境，导入教学。课末，回应课初的信，创设给外婆写回信的情境，将学习中要书写的"午"和"节"两个字，嵌入信中：

亲爱的外婆：
  您好！我和爸爸妈妈端（午）（节）会去您那儿吃您包的粽子。提前祝您端（午）（节）安康！

爱您的宝贝
2024 年 3 月 21 日

"午"和"节"两个字组成"端午节"，引导学生在语境中积累并学会运

---

[1] 王崧舟：《美在此处：王崧舟讲语文课上什么》，上海：上海教育出版社，2019年10月版，第170页。

[2] 中华人民共和国教育部：《义务教育语文课程标准（2022年版）》，北京：北京师范大学出版社，2022年4月版，第8页。

用词语，同时自然传承节日文化。低年级学生规范的语言习得主要来自阅读。字、词、句是文章的骨架，因此，教师要合理设定识字写字教学的课时目标，针对所应写的生字的特点，精心设计，引导学生建立词语的概念，逐渐学会运用词语进行有条理地表达。

2. 第二学段以语料化用为抓手，实现读写结合

2022年版课标第二学段目标中关于"表达与交流"部分指出："观察周围世界，能不拘形式地写下自己的见闻、感受和想象，注意把自己觉得新奇有趣或印象最深、最受感动的内容写清楚……尝试在习作中运用自己平时积累的语言材料，特别是有新鲜感的词句。"[①] 教学中，要引导学生咂摸语言，丰富语料储备，并逐渐内化运用。

教学刘禹锡的《望洞庭》，教师引导学生抓住景物想象画面，出示词语宝盒，让学生运用优美的词语把月光下洞庭湖的朦胧之美说生动。学生不仅积累了词语，还提升了表达能力。教师引导学生结合诗句，联系生活体会表达的妙处，诗人巧用比喻，抓住形状、颜色，写出了洞庭湖的秀美。教师总结方法后，引导学生进行写法迁移，以"望（　　）"为题，写写身边的一处美景。课前，教师布置学生利用周末到家乡的长山湖、洞江湖游玩，课堂播放视频，再现美景，学生练笔，学以致用，从而感受美、表达美，培养了学生留心观察生活的意识，激发了学生热爱大自然的情感。

3. 第三学段以提炼拓展为取向，实现读写结合

2022年版课标第三学段目标中关于"表达与交流"部分指出："懂得写作是为了自我表达和与人交流。养成留心观察周围事物的习惯，有意识地丰富自己的见闻，珍视个人的独特感受，积累习作素材。"[②] 第三学段的阅读教学，不能仅仅停留在词句的品析上，应追求整体效应，着力引导学生领悟布局谋篇的特点，并学会将阅读中破译的语篇因素，转换为写作运思中的行为因素。

[①] 中华人民共和国教育部：《义务教育语文课程标准（2022年版）》，北京：北京师范大学出版社，2022年4月版，第10页。

[②] 中华人民共和国教育部：《义务教育语文课程标准（2022年版）》，北京：北京师范大学出版社，2022年4月版，第13页。

如《北京的春节》一文的教学，教师引导学生从字里行间体会北京春节的喜庆，咀嚼其中丰富的文化内涵，同时引导学生揣摩作者的表达特点，分清内容的主次，体会详略安排的好处。

师：北京的春节历时一个多月，老舍先生详写腊八、初一和元宵。这样写有什么好处？

生：这样能突出北京春节的特点，北京春节的风俗习惯在我们脑海中留下深刻的印象。

生：全部详写显得啰嗦，都略写又让人觉得乏味。详略得当，才会印象深刻。

师：我们要感谢老舍先生，他按时间顺序，有详有略地写。这样，关于北京的春节，无论是忙碌的腊八还是悠闲的初一，无论是热闹的除夕还是红火的元宵，都给我们留下深刻的印象。"百里不同风，千里不同俗。"我们班有来自湖北、四川、江西及福建各地的同学，请你们结合自己积累的素材，学习老舍先生的表达方法，写一写自己家乡春节的情景，与同学交流。

不论是由读到写还是由写到读，都要靠系统的知识支撑，使知识与实践对接。第三学段的阅读教学中，教师应引导学生提炼表达的特点，体会表达的妙处，及时梳理、运用习作知识。《北京的春节》教学中，教师有意识地对详略得当这一写作特点进行归纳，引导学生布局谋篇时，或泼墨如云，或惜墨如金，从而条理清楚、富有节奏地表达自己的独特感受。如此，基于文本，读中悟法，联系生活，迁移运用。读写巧妙融合，读写能力在潜移默化中同生共长。

（二）适时链接，凸显文本张力，促有情有意地写

不同体裁的文本蕴含着不同的训练重点。教师要练就一双慧眼，去发现文本的秘妙，去寻找读写的支点，拓展想象空间，激起言说的欲求，提升书写的质感。尤其在古诗词教学中，课堂练笔的设计应展现意象特点，搭建平台，引入诗境，打开学生的思维。

《忆江南》这首词是白居易在洛阳怀念杭州时写的，为了让学生感受江南山水的自然美以及诗人的一片深情，教师用唯美的语言，把学生带进诗的意境。如，"风景旧曾谙，在诗人的记忆深处，江南有哪些他熟悉的风景呢？""小桥流水，田园村舍，在诗人的笔下各有特色，在苏轼的眼中，在张志和的笔下，在白居易的记忆中，江南是一种怎样的画面呢？"在教师的引领下，学生动情地诵读着描写江南的经典诗句，感受着江南的景致与情韵。"人人尽说江南好，游人只合江南老。江南的美，美在江南的水，江南的水哺育了如水的江南，作家王本道笔下的江南又是怎样的呢？"随着这些话语，教师适时链接王本道《水性江南》中的精彩片段，让学生在阅读中进一步体会江南的美。"江南水乡，花的明艳，水的柔美让诗人魂牵梦绕，漫步白堤时，他发自内心地感叹——日出江花红胜火，春来江水绿如蓝；荡舟西湖时，他情不自禁地吟诵——日出江花红胜火，春来江水绿如蓝；身居洛阳时，他满怀深情地吟诵——日出江花红胜火，春来江水绿如蓝。"在诵读的基础上，教师让学生以"几度梦回江南，那江南的美景总是挥之不去……"为开头写一写。教师适时链接相关画面，为学生搭建了言语实践的平台。于是，"心入于境，情会于物"，诗意在学生的笔尖流淌，读写的张力得以彰显。

"读写结合"历来是我国语文传统经验宝库中的精粹，以"读"为"写"的基础，以"写"为"读"的深化，可谓相得益彰。在阅读教学中，教师用心觅得读与写的支点，必然架起学生诗心飞扬的桥梁，顺利抵达习作的彼岸。读与写不离不弃，读与写互动互促，这是语文教学的立身之本。学生将从字里行间触摸到的言语形式与心中摇曳的诗意融入课堂，定会流淌出纯净唯美的韵致。

（三）自然衔接，借助教学媒体，促有声有色地写

教师要善于营造写的氛围，让学生做一只"恰恰啼"的"自在娇莺"穿行于繁花似锦的语言丛林中，尽情地表达自己的情感。利用视觉效果，情因景发。以画面触动学生写作灵感。利用听觉效果，思随音动。以音乐勾起学生无限情思。恰到好处的音乐引发了学生的个性化感悟，激发了学生表达的主动性。朱光潜先生说："节奏是宇宙中自然现象的一个基本原则……我们知觉外物时需要精力与注意力的饱满凝聚，所以常不知不觉地希求自然界的节奏和内心的节奏相和谐。"教师要善于调控课堂节奏，引起学生情感共鸣，实现有效读写，让学生获得审美体验。

三、巧借"一夜春风"，催开"万树梨花"——交流中共享共进

教师的语言对学生起着潜移默化的引导作用，所以教师要锤炼自己的教学语言，注重课堂理答，以生动的语言引领学生感受阅读之旅的诗情画意。教师不仅要重视学生的写，还要重视写后的评价指导。要让语文课堂的读写之花绽放得更艳丽，出现"千树万树梨花开"的盛景，教师应让读与写形影相随，巧妙结合。"三分文章七分读"，教师要借助写后交流的平台，引导学生声情并茂地读自己的作品，读出形象，读出情感，在读中培养语感，提高语言表达能力。

教学杜牧的《山行》，教师播放视频，引导学生欣赏秋天的枫林美景。在此基础上，引导学生完成小练笔。

漫步在深秋的山路，我看到了（　　　）的枫叶，它比（　　　）还（　　　），比（　　　）还（　　　）。它的样子也好看，就像（　　　　　）。

生₁：漫步在深秋的山路，我看到了被霜打过的枫叶，它比二月花还红，比玫瑰花还红。它的样子也好看，就像一个小巴掌。

师：你真是一个小作家，能将霜叶跟玫瑰花相比。

生₂：漫步在深秋的山路，我看到了火红的枫叶，它比牡丹花还红，比玫瑰花还红。它的样子也好看，就像一枚枚邮票。

师：这么一比呀，你笔下的枫叶更美啦！

生₃：漫步在深秋的山路，我看到了火红的枫叶，它比玫瑰花还红，比熊熊火焰还红。它的样子也好看，就像一枚枚邮票。

师：老师很佩服你的想象力，为你的表达点赞！

生₄：漫步在深秋的山路，我看到了满树火红的枫叶，它比火焰还

红，比月季花还鲜艳。它的样子也好看，就像一个个红色的小手掌。

师：你这么一写，让我们感受到枫叶真是太美了！

生₅：漫步在深秋的山路，我看到了火红火红的枫叶，它比二月花还红，比红彤彤的柿子还红。它的样子也好看，就像红色的小巴掌。

师：你能把刚才观察到的用起来，真棒！你们都能抓住色彩、形态来写出霜叶的美，在你们笔下，你们比出了枫叶的红、比出了枫叶的美。

教师对学生能抓住色彩、形态特点，用上比喻写出霜叶的美表示赞赏。相机出示儿童文学作家金波的《火红的枫叶》片段，引导学生品读。

合：啊，我终于找到了一片最红最红的枫叶！

男：它比朝霞还红，

女：比玫瑰还红。

男：它的样子也好看，

女：就像我的小小手掌。

师：你们发现了吗？在刚才的展示中，同学们也能像金波爷爷这位大作家一样，将枫叶跟玫瑰相比，将枫叶比作手掌，真了不起！大家都有一双发现美的眼睛，我们平时应该多留心观察，认真倾听，用心感受，去捕捉生活中的美。

教师的语言如春雨之润花，如清渠之溉稻，让学生有了自主表达的成就感，有了美好的学习体验。同时，教师还强调观察、倾听、捕捉，这为学生留心生活、积累日记素材指明方向。教师的评价引导自然地形成了语言的磁场，情感的触发点。学生不知不觉地被带入情境，感受诗人的情感。教师的话语犹如阳光，让学习之途更敞亮，让学习之旅更温暖。

教师的话语如"一夜春风"催开学生心扉。教师的评价让学生有了成就感，无形中培植了学生的习作信心，真是"润物细无声"。泰戈尔说："不是锤的打击，而是水的载歌载舞，才使鹅卵石臻于完美。"教师真诚的充满激励的评价，如温柔的春雨滋润学生的心田，如和煦的春风拂过课堂，让学生得到成功的体验，增强了学习的自信心。

"操千曲而后晓声，观千剑而后识器。"要提高学生的语文能力，必定要引导学生多读多写，教师要着力研究如何用好资源，尽力挖掘教材的隐性功能，让学生不仅明白课文写什么，还知道该怎么写。"咬定青山不放松。"教师要坚守语文教学之根，引导学生进行语言文字积累与运用，让读写之花悄然绽放于学生心中，让语文的芬芳溢满课堂！

第三节　舒"融·悦"教学之枝

融于资源整合，构建学习生态——追求幸福感

语文教学中，以读写结合为根本任务，提高学生积累与运用能力。在教师们对此达成共识并一以贯之进行实施后，"融·悦"教学实践的着力点是资源整合，解决教学资源单一的问题。"融"，指内外结合，盘活资源，不仅关注课内教材，还注重运用课外资源，开发校本资源。"悦"，指学生在多元的资源运用的课堂中，感受语文学习的幸福。教师不仅关注读写结合，还要从学生学习状态进行考虑，让学生因资源整合而悦目悦心。

【慎思之】"资源整合"研究的思考

在日常的教学调研中，我们发现小学语文课堂教学中存在教学资源单一、没有充分落实以人为本的理念，学生幸福指数不高，课堂学习效果不佳的现象。幸福教育就是在教育中创生丰富的资源，引领学生在学习中汲取营养，提升素养。

一、可以整合哪些教学资源？

教学资源包括原生资源即课内资源的利用，生成资源即课外资源的开发。我们运用的主要教学资源有：①文本资源。即语文教材，包括语段、插图、生字表等信息。②师本资源。基于教师个人阅读经验，与学生分享的资源。同时还包括教师社会生活方面的资源。③生本资源。学生通过观察、阅读、思考、网络检索等途径搜集、整理的学习资源。④校本资源。立足学校特色开发的教学资源。整合就是要有所取舍，优化资源配置，获得整体的最优。用整体的、联系的、辩证的观点来认识、研究各种教学资源之间的关系。对不同来源、不同层次的资源进行识别与选择、汲取与配置、激活和有机融合，使其更具条理性、系统性。整合教学资源，促进师生和谐发展，给师生带来幸福的学习体验，让语文课堂呈现生意盎然、情意悠长、诗意飞扬的特色。

二、如何有效统整教学资源？

语文教学资源无处不有，置身信息时代，我们不缺少教学资源，缺少的是思考。如何以统整的思维筛选、整合教学资源，开发、优化资源，打造幸福的语文课堂？这是我们应着力解决的问题。课堂是教学改革的主渠道，因此我们要聚焦资源整合，构建幸福课堂。有效整合语文教学资源，改变语文教学现状，激发学生学习兴趣，达到促进学生幸福成长的目的。

我们的思考：一是重组资源，实现学科内整合。立足课堂，用好教材资源，引导学生读写，促进有效学习。根据本地学生实际，在认真研读教材的基础上，对资源进行整合，突出学习主题。二是盘活资源，实现学科间整合。在语文教学中适时适度融入音乐、美术、信息技术等元素，体现课程结构的均衡性、综合性，呈现语文教学的融合之美，让学生在不同内容和方法的相互交叉、渗透和整合中开阔视野。三是发掘资源，实现课内外整合。在信息技术的支持下，充分利用网络资源，为学生搭建学习平台，拓展学习空间，提高学生语文能力。

三、如何呈现教学和谐之美？

以整合教学资源为途径，以构建幸福课堂为旨归，立足课堂，以教材资源为主要载体，提高阅读教学的针对性和有效性，同时开展相应的活动，为学生搭建幸福成长的平台，充分利用有关资源，拓宽学生的阅读面，有效提高学生的语文实践能力。

（一）整合资源以悦目，点燃兴趣之火

语文课堂是充满生机与乐趣的课堂，教师努力让语文课堂焕发生命活力，创设情境，丰富学生的视觉体验，激发学生学习兴趣，增强学习感受。绘本《纸马》教学中，教师以极具中国传统文化特色的剪纸艺术展示入题，引导学生看画面，以猜读的形式入手，结合绘本文字，在故事中训练学生想象和表达能力。教师抓住"爱"这一主题和图画中的纸马颜色——中国红的变化展开教学，板书的剪纸纸马和结尾的歌曲《天之大》更是整堂课的点睛之笔。教学带给学生的是中国式的温暖，中国式的馨香和中国式的感动。

（二）整合资源以悦耳，拨动情感之弦

"问渠那得清如许，为有源头活水来。"在语文教学中适时适度融入音乐、美术、信息技术等元素，为课堂注入一潭活水，呈现语文教学的和谐之美。古诗《游园不值》教学中，教师围绕"春"，链接有关春天的古诗、朱自清的散文《春》、歌曲《春天在哪里》等课内外资源，诗文互补，引领学生在春景春语春情中走进古诗涵泳推敲。课始春生，课中春浓，课终春常在。教师巧用资源，为学生的古诗学习创设了广阔而自由的环境，拓展了教学时空，让语文课堂教学变得灵动有生机。

（三）整合资源以悦心，绽放和谐之花

"和谐产生美，美在和谐中。"《现代汉语词典》中，"和谐"意为"配合得适当和匀称"。和谐是一切美好事物的共同特征。在语文教学中，有效整合资源，引领学生经历曼妙的情感之旅，让教师与学生珠联璧合，让语言和精神同构共生，达到"落霞与孤鹜齐飞，秋水共长天一色"的和谐境界。引导学生在与文本、与教师、与同学的多元对话中进行有效的学习，让课堂展现

出和谐之美。

1. 高起点，体现教学的生命化

和谐在于全面、多元、均衡。《清平乐·村居》的教学，教师以整合的视角，多角度解读教材，合理利用教学资源，巧妙融入传统文化，努力实现语文课堂的和谐与幸福。

2. 多形式，体现教学的生动性

如《江南》的教学，紧扣"在读中品江南之美"主题，以读为桥，传承经典。教师以诗歌《江南》为基点，从江南的花、江南的水、江南的人三个角度链接相关诗文，引领学生在琅琅的诵读声中品悟江南文化之美。

3. 大容量，体现教学的生长感

教学刘禹锡的《杨柳枝词》，教师以古诗的诵读为主，在学生有了一定的古诗词积累与经典诵读的基础上进行大容量教学。引用的诗词资源丰富，诵读形式多样化。一节课中涉及的古诗词有九首，其中有学过的《满江红》《夏日绝句》《雪梅》《墨梅》《梅花绝句》《塞卜听吹笛》《乌衣巷》《题画梅》等。根据学生的特点，教学定位不在诗词的分析，而在于合理利用相关诗词。"在经典中浸润，在诗海中徜徉"，引领学生从小诵读古诗词，得到中华经典的滋养。正是由于对教学资源的整合利用，课堂更为和谐，更具活力，师生有了幸福的美妙体验。

"阳和次第发，桃李更芳菲。"和谐的语文课堂如甘醇的酒，让人回味无穷；如美妙的画，让人赏心悦目。教师运用教学艺术，合理利用教学资源，有效整合教学方式，让课堂尽显和谐之美，师生徜徉其中，尽享语文教学的乐趣。

【笃行之】"资源整合"实践的策略

一、运用"三本"资源，丰富课堂学习

幸福的语文课堂是崇尚自然、追求圆融、充满和谐的课堂，它以润泽生命，促进发展，享受幸福为价值追求。这就要求教师要善于用好"文本、生

本、校本"这"三本"资源，用心打造生态学习场，实现教学的增值。

（一）基于文本，整合资源，开启悦读之门

立足课堂，用好教材资源，引导学生读写，促进有效学习。根据学生实际，在认真研读教材的基础上，对资源进行整合，突出学习主题，为学生打开通向幸福之门。

从整体入手，根据教材特点，合理运用教学资源，使语文课堂教学显得丰富多彩。《梅花魂》的教学，教师以"梅花魂"为主线，整合课内外资源，升华民族魂、爱国心、思乡情，丰富学生的文化底蕴。教师引导学生品经霜傲雪、凌寒怒放的梅花精神，感顶天立地、坚强不屈的民族气节，悟外祖父的拳拳爱国心、浓浓思乡情，习借物喻人、首尾呼应的写作特色。教师还巧妙地链接诗词《卜算子·咏梅》《望大陆》，歌曲《我的中国心》，梅花怒放等微视频，丰厚文本内涵，丰润学生情感。课堂音文相融、图文相映、动静相宜，焕发艺术之美，展现和谐之美。

（二）立足生本，盘活资源，开掘悦读之泉

生本资源，是来自学生用之于学生的资源。了解学情，关注学习起点，关注学生的学习需求，挖掘和利用生本资源，让课堂教学更具实效。《诗经·月出》这首诗生僻字多，学生读起来晦涩难懂。正如学生所说："'僚、懰、燎'这三个字读起来舌头会打架，'窈纠、忧受、夭绍'这三个词又很容易读错。"针对这一学情，教师鼓励学生借助注音，先把诗读通顺，然后通过不同形式地读，把诗读得有节奏、有韵味。接着，引导学生借助注释、借助偏旁、联系上下文等方式理解诗意。在学生对诗有了整体感知的基础上，启发学生通过对比读三个章节，发现重章叠句的表现手法，感受月夜的意境之美，诗歌的意蕴之美。正因为教师关注了学生学习难点，基于学情，盘活资源，进行有针对性的教学，所以学生说："我越来越喜欢读《诗经》中的这首诗了。""我多想穿越千年，与诗中的古人交友，和他们一起唱响这古老优美的歌韵。"由一首诗的教学，为学生打开《诗经》的诵读之门，教学富有实效。

（三）依托校本，发掘资源，开启悦读之旅

以课标理念为指导，链接课外资源，通过教与学的互动，进行有效的阅读指导，引导学生踏上幸福的阅读之旅。在教学吴惟信《苏堤清明即事》这首诗时，教师引导学生读古诗、谈习俗、学设计等，学生从多样朗读到想象画面，从品析诗词到邮票设计，课堂读思相融，读写结合，充满浓浓的语文味。教师把古诗教学与校本课程——邮票设计联系在一起，实现教学活动从课内到课外的延伸。教师以《苏堤清明即事》为主，以杜牧的《清明》为辅，引导学生诵读、想象、表达。自然呈现清明的双重价值：清明是一个生机盎然的节气，又是一个充满思念的节日。

师：清明节在中国已有两千多年的历史，清明这天，人们会做些什么呢？

生：放风筝。

生：插柳。

生：扫墓。

生：踏青。

生：人们还会去植树。

师：看，这是著名漫画家丰子恺爷爷童年记忆中的清明，人们在——

生：扫墓、在踏青、在插柳，小朋友在放风筝。

师：丰子恺爷爷用漫画来记录清明，我们学校集邮特色校本课程已经开设十几年了，这期间涌现出许多小小邮票设计者。今天，我们也来当小小设计师，结合清明风俗、诗歌等，设计一枚清明邮票，写出邮票设计说明。

生：我设计的邮票主题是"清明放风筝"。邮票以蓝天白云为背景。几个小朋友拿着风筝和大人去郊外踏青。大人席地而坐，边赏梨花边聊天，而小朋友们把风筝放上蓝天。看到这一幕，我不禁想到诗句："梨花风起正清明，游子寻春半出城。"

师：你的邮票设计以"清明放风筝"为主题，还借用诗句表现出清明踏青、放风筝的情景，真是一个小小设计师！

依托校本课程，融入传统元素，夯实文化底蕴。教师紧扣诗中景物，引导学生从听觉、视觉两方面品味景物，想象画面，感悟潜藏在文字背后的情感。出示著名漫画家丰子恺爷爷童年记忆中的清明，以一系列漫画为学生邮票构图搭建学习支架，让学习体验与文化传承相融合。

二、体现"三化"特点，提升学生素养

整合视域下的古诗教学，注重学习目标的嵌合，学习资源的聚合，学习策略的组合。体现"化单一为多维、化线性为立体、化静态为动态"的教学特点。力求将学习要素系统融合，优化组合，形成一个有机整体，从而提升学生素养、陶冶学生情操。以吕岩《牧童》一诗教学为例，谈古诗教学中资源的整合运用。

（一）目标设定上，化单一为多维，显性与隐性水乳交融

王荣生教授认为"教什么比怎么教更重要"。作为"定篇"的古诗，如何确定教学目标呢？在知识和能力，过程和方法，情感、态度、价值观三个维度中，如果说知识、技能是显性目标，那么学习中潜在的因素，如情感、习惯等则可视为隐性目标。我们确定教学目标，应兼顾知识、技能、方法、习惯、情感、态度等，将之融入一张有机的整体的网，使之相辅相成，共生共长。

预设的教学目标为：

1. 借助注释，查阅资料，自主理解诗句的意思。
2. 诵读品味，感受古诗的韵律，体会童年生活的纯真和美好。
3. 想象画面，体味牧童这一意象的文化意蕴。
4. 比较赏析，体会诗人用词的生动传神，感受中华语言的精妙。

《牧童》这首诗生动地描写了牧童放牧晚归后那种安然与恬淡、闲适与惬意的生活。教师在确定教学目标时，既注重联系整体语境，又注意凸显古诗特点。不仅引导学生了解诗的意思、体会诗的意象，还注重在诵读、想象、探究、体验的过程中培养学生鉴赏诗歌的能力。在显性目标达成的过程中，

关注情感、习惯等隐性目标的实现。教学过程将显性目标与隐性目标融为一体，锚定目标，渐次铺展，培植学生热爱祖国语言文字的情感，培养语文学习的自信心和良好习惯。

（二）资源利用上，化线性为立体，文内与文外交相辉映

古诗教学中，教师注重用活教材，以多种形式呈现教学内容。对教材进行优化整合，同时引进相关的教学资源，让不同的资源形成一个兼容的整体。引导学生对学习资料进行选择、建构，扎实有效地进行学习，实现教学增值。

1. 有心关注文本资源——天机云锦用在我

文本中的生字表、注释、插图、资料袋等都是可用的教学资源，教师应合理取舍，有效运用。注释是学生学习古诗的一根拐棍，初读环节，教师让学生借助注释疏通意思，同桌交流诗意，体现了自主、合作学习的理念。教师引导学生结合注释与插图理解字义，联系已知，加深理解。

教学中，教师适时出示插图，紧扣"卧"一词，引导学生想象牧童卧在草地上的情景，并说说从"卧"字体会到什么。学生结合插图观察、想象，在个性化的品读中，体会到与清风明月相伴的牧童是那么的无忧无虑、无拘无束、悠然自得、轻松惬意。在品味、诵读中，感悟诗人心无挂碍，对远离喧嚣、安然自在的生活状态的向往之情。

2. 有效链接课外资源——开窗放入大江来

首先是音像资料的适度运用。教师借助多媒体课件与音乐来创设情境，使学生在多向互动的情境中感悟意境。运用画面再现情境，调动学生的知识储备，结合《草原》一课的有关词句直观地感悟"铺"的内涵，感受草场的辽阔。教师不仅给学生视觉的冲击，还适时播放笛子曲，给学生以听觉的享受。笛声时而高，时而低，时而长，时而短，时而慢，时而快，时而有，时而无。学生品出了"弄"的情趣。一幅由草场、笛声、月夜、牧童构成的恬淡的水墨画在学生眼前徐徐展开。在美妙的音乐声中，学生仿佛走进一片美丽的原野，和牧童一起快乐嬉戏。

信息时代，图片资源俯拾即是，关键在于根据教学需要有所取舍，凸显主题而无堆砌之感。吕岩的《牧童》生动地描写了牧童放牧晚归后那种安然与恬淡、闲散与惬意的生活。教学中，教师选取著名画家李可染先生的牧牛图让学生欣赏，如《榕荫放牧图》《牧牛看山图》《归牧图》等。"人说江南风景好，牧童牛背画中行。"课件呈现的画面中，那些稚气的牧童悠然自得，在牛背上或趴或坐，或伏或骑，或观景，或引吭。憨态可掬的牧童形象吸引了学生的目光，此时，教师结合插图引导学生复习读过的古诗《所见》《牧竖》等，自然地聚焦画中、诗中的牧童意象，点燃学生学习新知的兴趣。从已知到未知，通过同一主题的诗歌整合，建构起一个互相联系、互相延拓的立体课堂。透过诗中的牧童、短笛组成的清新悠闲的画面，学生逐渐读懂"不脱蓑衣卧月明"的那份安然自在。

其次是背景资料的适时补充。诗人的人生经历、性格特点会在他的诗歌中留下印记。为更好地引导学生感悟诗意，教师适时呈现诗人的相关资料。

相对于李白、白居易这些诗人，学生对吕岩比较陌生，三言两语的简介揭开了诗人神秘的面纱，学生得以简要了解作者的生平，进一步了解诗中所体现的淡泊、宁静，"饥来即食，困来即眠"，与世无争的超脱情趣，彰显出道家的"清净"意味。

(三) 策略选择上，化静态为动态，感性与理性相得益彰

有效的学习策略能够唤醒潜能，开启心智，激发情愫。古诗教学中，学生以感性学习为主，如诵读、体验，辅以理性思考，质疑解疑，合作探究。朱光潜先生说："作诗和读诗都必须用思考，都必起联想，甚至于思考愈周密，诗的境界愈深刻，联想愈丰富，诗的境界愈完美。"采用自主、合作、探究的学习方式，情理交融，学生自主建构与教师有效指导相得益彰，从而感受诗人心灵深处的追求。

1. 口诵心惟，回旋复沓——最喜渔歌声欸乃

在《牧童》这首诗的教学中，教师用诗化的语言引导学生诵读。

师：置身在这辽阔的原野，我们也想低吟一首美妙的小诗，让我们轻轻地诵读这首诗——

师：绿草茵茵，清风柔柔，明月皎皎，笛声悠悠，这一切多么让人

陶醉，让我们美美地读这首诗——

师：听着优美的曲子，想着美妙的画面，让我们和牧童一起融入这诗情画意中，声情并茂地读这首诗——

古诗语言具有极强的音乐性，在教学中，教师让学生反复朗读，读出古诗的情感味、音乐味，古诗优美的韵律自然地定格在学生的记忆中。

2. 比较品评，感悟意韵——雪却输梅一段香

古诗用字考究，用语洗练，教师紧扣关键词引导学生比较感悟，让学生在对语言的感悟和情感的熏陶中，提高欣赏能力和审美情趣。如品"卧"字，教师引导学生把"卧"换成"坐"或者"躺""睡"，放到诗句中读一读，咀嚼一番。这样，抓住重点字词品味其精妙之处，让学生感受到祖国语言文字的魅力。

3. 切己体察，沉入意境——个中着我添图画

这首诗的特点是叙事抒情，情景交融。诗中有景、有情、有人、有声，这生动的一幕由远及近出现在我们的视野里。为了让学生融入这美妙的意境中，教师引导学生体验，驰骋想象：闭上你们的眼睛，展开想象，眼前绿草茵茵，耳畔牧笛声声，夜晚清风习习，高空明月朗朗。此时此刻，假如你是这位躺在草地上的牧童，你会想些什么？

学生想象着以地为床，以天为帐的情景，体验躺在柔柔的草地上，闻着青草的芳香，望着天上的明月，享受着晚风轻抚的那份无牵无挂，自由自在。学生在品读中飞扬想象，闪现灵性，内化语感图式，实现语言和精神的协同发展。于是，这幅有声有色的牧童休憩图，由于学生的介入，更显灵动。

4. 迁移运用，活化语言——文章自得方为贵

教师把握住古诗"精炼、跳跃"的特点，让学生通过语言运用完成对古诗的体验、感悟，激发情感，提高活用语言的能力。品"卧"之妙后，教师出示著名画家李可染先生的牧牛图，引导学生用上恰切的动词描摹牧童的各种情态。如此，学科整合，读写结合，融观察与表达为一体，提升了学生鉴赏的能力与语言运用能力。

5. 解读意象，探骊得珠——白鸥飞处带诗来

意象是客观物象经过创作主体独特的情感活动而创造出来的一种具体可感的艺术形象。"古诗之妙，专求意象。"对诗中的某些意象进行重点解读，可以引领学生抵达古诗意境，破译其内在的思想内涵。诗中的牧童、短笛、老牛，三者完美地组成了一幅清新悠闲的画面。纯朴率真、无忧无虑的牧童，成了诗人理想的化身，成了诗人追忆快乐童年和憧憬美好未来的寄托，成了一个有着特定含义的文学意象。教师紧扣意象，引领学生透过古诗，读懂诗人心灵深处的一种追求。教师这样导入——

师：同学们，童年是一首动听的歌，是一幅美丽的画，也是一首美妙的诗，打开我们记忆的匣子，感受诗人笔下童年的快乐吧！

（课件出示《小儿垂钓》《村居》《所见》。学生诵读）

师：从这些诗句中，我们看到了一群活泼可爱的儿童。今天，我们穿越时空，跟随诗人去认识一位牧童。

课前，教师盘活学生的积累，拈出一串与儿童有关的古诗进行诵读，诗中钓童、学童、牧童的形象生动地展现在学生眼前。课中，紧扣意象，一线串珠，由笛声引出牧童，再紧扣"弄""卧"等动词，感受牧童"日出而作，日落而息"的生活的安然与恬静。教师引领学生进行一次美妙的文化之旅，触摸诗人的情感。走进诗人内心，体会诗人对世外桃源生活的向往之情。课末，相机链接《村晚》等相关主题的古诗，使学生对主题的内涵形成比较完整的认识，与诗人的心灵产生了共鸣。通过同一主题的诗歌整合，建构起一个互相联系的立体课堂。

在古诗教学中，我们以传承文化，润泽生命为旨归，通过多维目标的确定，多元资源的粘连，多样策略的运用，引领学生漫步古诗苑，让学生的心灵随着古诗曼妙的韵律轻舞飞扬。

三、打造"三场"课堂，促使教学增值

在阅读教学中，教师根据文本特点，相机链接原著，适时引入音乐，恰当运用语言，如同为植物生长提供充足的水分、空气和阳光，让课堂变成充满自然气息的生态学习场、生态交流场、生态开发场。在幸福的阅读空间，师生共徜徉，共成长。

（一）借助音乐，营建生态学习场，唤醒阅读情感

中国古圣先贤的教育经验告诉我们，环境教育是最高明的教育，是最有效的教育。学校管理重视境教，就是安排良好的学习情境，让学生置身其中，达到潜移默化的功效。民主的教师、灵动的学生、丰富的资源、和谐的环境，是构成生态语文课堂的主要元素。在阅读教学中，教师要把课堂看成一个生态系统，为学生提供一个水分、空气、阳光充足的生态园区，尊重学生的独特体验，呵护学生的学习情感，让课堂充盈灵气，焕发活力。

"融·悦"教学实践，在资源整合阶段，其中一个亮点是注重音乐资源的融入。有人说，"文学是语言化的音乐，音乐是音符化的文学"。音乐与文学都具有博大而丰富的包容性，语文教学应努力让音乐语言与文学语言产生化学反应，让真情在课堂自由流淌，让语文课在音乐中摇曳生姿。

有关音乐的名言不胜枚举，许多名人都强调了音乐在开启智慧、净化心灵方面的作用。作家赵丽宏认为音乐可以把人带入美妙的境界，"当无形的音符在冥冥之中翩然起舞，汇成激动人心的旋律把你包围、把你笼罩、把你淹没时，你会忘记世间的烦恼。"[1] 我们的语文课堂上音乐是重要的元素。教师有心让音乐旋律流溢课堂，运用音乐元素巧妙地为课堂增辉添色。音乐与语文相互融合，无缝对接，可以激起学生情感的涟漪，迸出思维的火花。因此，教师要善于引导学生把握文学的脉搏，聆听音乐的心跳，让课堂"吐纳珠玉之声，卷舒风云之色"。

"夫声乐之入人也深，其化人也速。"音乐对人的影响很深，对人的感化

---

[1] 赵丽宏：《音乐的翅膀》，武汉：长江文艺出版社，2023年1月版，第104页。

很快。[①] 文学与音乐同根共源，音乐与文学有许多相似之处。诗言志，歌咏声，好的音乐与美的文字，殊途同归，都能以情动人。教师如果能把握音乐与语文的契合点，让音乐在语文课堂静静流淌，让文字在学生耳畔轻轻回响，那么语文课堂将展现出别样的风姿。有效地运用音乐辅助教学，课堂将充满情趣，富有张力。音乐注入语文课堂，如盐入水，水乳交融，从而呈现出"落霞与孤鹜齐飞，秋水共长天一色"的景象。

1. 音乐为媒，拨动心弦——创境伴读，文乐辉映

教师以音乐为媒介，渲染情境，拨动心弦，让学生的思绪随音乐飞扬。当那些美妙动人的节奏，跌宕起伏的旋律萦绕在耳边时，学生很容易产生情感的共鸣。朗读教学中，如果能辅以适宜的背景音乐，就可以让作者、教者、听者和谐共振。学生在文字与乐曲交汇的海洋中徜徉，心随文动，情伴乐生。

《敕勒歌》一课教学中，课前，教师清唱歌曲《美丽的草原我的家》，在优美的旋律中导入古诗学习，让学生从歌词中体会草原的美丽富饶；课中，教师引导学生模仿音乐节奏，将"川、苍、茫"等韵字读音拉长，让文字的音韵和音乐的节奏同频共振；课末，教师借助音乐指导学生吟唱《敕勒歌》，学生在音乐的带动下，且歌且舞，全身心投入学习，感受学习的愉悦。

翁卷《乡村四月》这首诗寥寥几笔勾勒出江南乡村风光以及农民繁忙的景象，乡村景美，人也美。教学中，教师配上古曲《望江南》，引导学生入情入境，在诵读中感悟诗情画意。优美、舒缓的乐曲声中，学生有滋有味地诵读，文字所蕴含的江南乡村旖旎风光的画卷伴着琴韵徐徐展开。课堂上乐音氤氲，声韵动人，学生耳听音乐，目视文字，对乡村生活的热爱之情也随着琴音诗韵在心田漾开去。语文课堂上，学生伴着音乐低吟浅唱的姿态是迷人的。

2. 音乐为钥，洞开心扉——引发思考，增强实效

在优美的音乐中，学生张开翅膀，在想象的天空自由翱翔。音乐如同一

[①] 蔡仲德：《〈礼记·乐记〉〈声无哀乐论〉注译与研究》，武汉：崇文书局，2023年7月版，第101页。

把神奇的钥匙，轻轻地开启学生的心扉，唤醒学生沉睡的悟性与审美感觉。《风娃娃》一课教学中，教师根据低年级学生的心理特点，用音乐进行调控，达到劳逸结合、张弛有度的目的。教师引导学生诵读李峤古诗《风》，温故导入，在读中感受风之柔情与强悍。在引导学生熟读课文，了解风娃娃所做的好事以及帮倒忙的几件事后，教师依据学生熟知的《泥娃娃》旋律，将课文主要内容编成歌词。课堂上，教师带着学生演唱，师生一起随着音乐律动，不仅回顾了课文的主要内容，还能让学生疲劳的身体得以放松。适时调控后，学生以饱满的精神投入到下阶段的学习，提高了学习效率。语文课堂上，学生伴着音乐专注学习的姿态是喜人的。

3. 音乐为桥，穿越心海——巧妙链接，互文参读

语文教学中，借助音乐链接相关学习资源，文本之间相互接纳，相互融合，教学更显丰盈灵动。张籍的《秋思》看似寻常最奇崛，诗人寓情于事，撷取寄家书时"行人临发又开封"这个细节，细腻地表达了身在他乡的游子对家乡亲人的深切怀念。在引导学生品读"欲作家书意万重"时，教师让学生展开想象：诗人会对谁说些什么？为引导学生走进诗人的内心，体会诗人欲作家书，却千言万语，一时不知从何说起的那份游子情怀，课堂上适时播放费玉清深情演绎的歌曲《乡愁》。伴随着深情的旋律，歌词缓缓呈现在学生眼前："为何挥不去，为何抹不走，怀念故乡情，怀念故人愁。千里远，万里遥，何时能聚首。星光下，夕阳里，天边月如钩。啊，乡愁，啊，乡愁，占满我心头。"歌词如诗，歌声动人，也许这首歌学生并不熟悉，但借助直观呈现的歌词，学生不难读懂诗人那挥不去的故乡情，抹不走的故人愁。萧萧秋风唤起了诗人的思乡梦，诗句与音乐激起了学生的情感共鸣。《乡愁》歌词成为一个互文阅读的资源，学生更好地体会诗人身在异乡、心在故园的情结。音乐架起了一座桥梁，跨越了时间与空间，于是，今人与古人的情感得以交融。语文课堂上，学生伴着音乐品诗悟情的姿态是动人的。

4. 音乐为泉，润泽心田——相机调控，友善用脑

教师要善于营造轻松和谐的氛围，让学生在书写过程中陶冶性情，培养审美情趣。音乐是镇静剂，舒缓的背景音乐可以调节学生的精神状态，引领

学生进入心灵宁静祥和的境界，从而提高学习效率。

新西兰教育家克里斯蒂提出了"友善用脑"的理论，启示我们要遵循学生认知规律，积极创造条件，为学生有效学习服务。教师要善于用音乐打开学生神经通路，让学生感受学习的快乐。借助柔和的音乐，营造意境。低年级的教学更要关注学生身心特点，适时播放音乐，让学生紧张的神经得以舒展，缓解压力，集中注意力。在指导学生写字时，教师可以选择一些古琴曲，如《秋水》《碧涧流泉》《莲心不染》等。音乐如一泓清泉，洗去学生心头的浮躁，学生静静地沉浸在专注写字的氛围中，从而提高书写效率。

写字教学中借助媒体，营造美的意境，让学生获得视觉与听觉的享受。运用舒缓的背景音乐和生动的画面，调节学生的精神状态，让优美的画面留驻眼前，让优美的音乐萦绕心间。《荷叶圆圆》一文教学中，教师借助轻柔的音乐把学生带入静与美的意境，欣赏荷塘美景。音乐在课堂静静流淌，学生在安静的氛围中，心态平和，神情专注。美的音乐、美的画面让学生获得美的享受。在此基础上，教师让学生美美地写一写"美"字，于是，在美的氛围中，学生享受着书写的情趣。语文课堂上，学生伴着音乐认真书写的姿态是感人的。

（二）顺应天性，构建生态交流场，丰富阅读体验

刘勰《文心雕龙·情采》中指出："故情者，文之经；辞者，理之纬；经正而后纬成，理定而后辞畅，此立文之本源也。""情"乃文章的核心、灵魂、命脉。因此，语文学习应基于感性，抓住情之根本。

语文学习要顺应学生的心理特点，在课堂上形成一个充满磁性的"情感场"，以文本之情、教师之情唤醒学生之情，让学生与作者一起倾诉，一起呼唤。让学生沉浸于文本，如鱼得水，喜则见笑意，悲则闻颤音。在引导学生感知文本的基础上，采用感性学习策略，拨动学生的心弦。顺应学生纯真、善良的天性，唤醒学生与生俱来的感性，点燃学生的情感。

1. 互文比较，激活阅读潜能

文本之间彼此勾连，形成一个开放的学习网络。教师应灵活地链接同一主题的不同文本，引导学生进行比较阅读，激活学生的阅读潜能，彰显学生的阅读个性。教学张籍的《秋思》时，教师在引导学生体会萧萧秋风唤起了诗人的思乡情的基础上，链接范仲淹的《渔家傲·秋思》与马致远的《天净沙·秋思》，让学生在比较中阅读，体会唐诗、宋词、元曲中的乡情，感受中华经典文化的魅力。在自主品味的基础上，引导学生互动交流，进一步感受诗词曲的异同，体会寓情于事与寓情于景的表达特点。这样，阅读教学显得更有韵味，更具张力。

2. 入境想象，积淀阅读方法

于漪老师说："想象力强，能通过无声的文字展现立体的图景，观古今于须臾，抚四海于一瞬，获得深切的感受。各类课文，只要认真琢磨，都有可激发想象的地方。"想象画面是阅读教学中一种重要的学习方法，教师要引导学生读文字想画面，让阅读因想象的介入而变得丰满，有生命力。有了想象，学生的思维就像彩虹绽放出美丽的色彩。有了想象，诗歌的学习成了快乐的体验。学生在阅读中领略想象的妙处，提升想象的能力。

3. 迁移运用，促进阅读感悟

教师要顺乎自然，遵循生长的规律，为学生构建一个阅读交流场，让学生自由地分享阅读感受，倾听学生的阅读收获。给学生搭建积累、运用语言的平台，提升学生的读写能力。阅读教学中，教师要增强语用意识，引导学生进行语言的内化与建构。读写相得益彰，让学生拥有飞翔的双翼。

（三）关注成长，创建生态开发场，提升阅读品位

教师应倡导生命在场的阅读，为学生提供丰富的阅读资源，让学生在书香弥漫的课堂，享受丰盛的精神食粮，为破茧成蝶积蓄能量。

1. 从课内教学引向课外阅读，点燃热情，促进自生长

教师要结合阅读教学，适时推荐阅读资源，促进学生幸福成长。激发学生的阅读期待，潜移默化地培养学生自主阅读的习惯，引领学生在充满趣味的阅读中，自然地接受情感的熏陶。

《桂花雨》是一篇饱含深情的散文，作者琦君是一个深受中华传统文化熏陶的作家，她的文学精神根植于故乡的泥土里，她的情感体验和情感表达刻上传统文化的印记。远离故乡的生活境遇，让她对故乡充满眷恋和怀念。在

教学中，紧扣散文的特点，引导学生品读桂花香的句子，感受桂花香中所蕴藏着的游子的思乡情怀，拓展琦君生平及作品，链接歌曲《桂花开了》，学习"一线穿珠"的写作方法。从聚焦、感悟到最终的内化，淡雅清香的桂花和浓浓的思乡情深深地定格在学生的心上，香满课堂，情融心间。在学生情感被点燃后，教师向学生推荐阅读《琦君散文精选》，整本书阅读的引导水到渠成。

2. 将课外读物引入课内教学，注重互动，促进共生长

课外阅读课内化，教师将优秀的课外读物引进课堂，使之在课堂生根发芽。合理搭建阅读平台，实现课内外阅读的衔接，让学生在自由自在地阅读中，健康快乐地成长。

《杨氏之子》教学中，教师先通过多种形式的朗读，让学生在精炼的文字中品味小古文特有的节奏韵味；接着抓住"甚聪惠"一词层层剖析人物，体会杨氏之子应答得体巧妙、思维敏捷、委婉有礼；最后拓展阅读《钟氏之子》，感受《世说新语》中"甚聪惠"的孩子形象。从一篇古文到整本书阅读，孩子们浸润在中华优秀传统文化之中，教学有深度，也有广度。

学生写下这样的课后感言：

> 课堂上，老师还带着我们学习了《世说新语》中的钟氏之子的故事，这不但激发了我对文言文的学习兴趣，还让我对《世说新语》这本书有了兴趣。课后，我又阅读了《世说新语》里面的几个故事，如《徐孺子赏月》《孔融巧答陈题》等。故事虽然篇幅短小，但却蕴含着许多智慧和道理，让我受益匪浅。

阅读教学过程是一个生态式的"孕育"过程。教师应关注学生成长，创造和谐的阅读氛围，让学生充满精气神；提供鲜活的阅读资源，让学生追求真善美。在生态语文课堂上，阅读教学真正成为美妙的生命历程，师生在阅读之旅中探幽访胜，采珠撷宝，共享恰到好处的幸福。文质兼美的作品，如同温煦的阳光照亮了童年，如同丰富的营养品滋养着生命。

融于节日传承，彰显学习生趣——涵养家国情

在注重资源整合的总体思路下，"融·悦"教学实践聚焦传统节日资源的运用，更好地实现以文化人的育人目标。"融"指节日文化的有机融入，"悦"指通过融入传统节日资源，激发学生学习兴趣，涵养家国情。正如《国家》这首歌的歌词所言："家是最小国，国是千万家。"家国两相依，"家国情怀"熔铸在传统文化的基因和民族的灵魂里，展现个体对国家、民族的深情大爱。中国博大精深的优秀传统文化是中华民族之魂，蕴涵着中华人文精神的基因，是中国人永恒的精神财富，是现代人所必备的精神底蕴。我们充分挖掘、利用传统节日文化资源，寓思想教育于语文教学之中，晓之以理，动之以情，导之以行，使中华民族的传统美德得到继承、发扬、光大。

【慎思之】"节日传承"研究的思考

如何唤醒学生节日文化传承意识，培育家国情怀？

中华传统节日凝结着中华民族的民族精神和民族情感，承载着中华民族的文化和思想精华，是维系国家统一、民族团结和社会和谐的精神纽带，是对学生进行思想道德教育的宝贵资源。我们挖掘传统节日内涵，让传统节日文化点亮语文课堂，汲取传统节日清泉，涵育莘莘学子心灵。我们引导学生以传统节日为契机，结合生活实际体味传统文化内涵。激发学生对中华传统文化的热爱之情，坚定自觉传承中华美德的信念。丰富春节、元宵节、清明节、端午节、中秋节、重阳节等传统节日文化内涵，引导学生弘扬中华民族优秀传统文化，努力做民族文化的传承人。

引导学生深入了解中国传统节日，在传统节日活动中，赞天地之化育，念祖先之恩德，感先贤之圣德，报亲人之恩情。充分发挥中华优秀传统文化的化育功能，增强民族历史文化传承和国家认同感，增强文化自信。通过课堂上有意识的引导，激发学生阅读有关传统节日经典的浓厚兴趣，在大量经典的浸润下，培养崇尚真、善、美的意识。

【笃行之】"节日传承"实践的策略

王开岭先生认为："语文的使命，主要是帮孩子完成三个方面的奠基：一是语言系统；二是美学系统；三是价值观系统。"2022年版课标指出要引导学生"热爱国家通用语言文字，感受语言文字及作品的独特价值，认识中华文化的丰厚博大，汲取智慧，弘扬社会主义先进文化、革命文化、中华优秀传统文化，建立文化自信"。[①] 中华传统节日承载着中华民族的文化和思想精华，是涵养中国心，培育家国情的宝贵资源。我们依托传统节日文化资源，滋养学生心灵，为学生成长打下亮丽的底色。我们注重植根传统文化土壤，充分利用传统节日绘本与经典诗文，为学生搭建读与写的平台，在引导语言积累与运用的同时，把传统文化的种子播在学生心里，培养有根有魂的中国人。

一、阅读节日绘本，点燃兴趣蔓发之火

中国传统节日内容丰富，形式多样。每一个传统节日都蕴含着深沉的家国情感和深厚的文化内涵。我们引导学生阅读传统节日绘本，打开中国记忆，彰显节日意义，让节日绘本成为星星之火，点燃学生对传统文化的兴趣，并成燎原之势。

（一）精选版本，凸显节日主题

不同版本的节日绘本对节日的由来等有不同的呈现方式，我们根据不同的节日选用不同的版本引导学生阅读，紧扣节日主题，厚植家国基因，促进幸福成长。比如，引导学生读郑勤砚主编的《清明节》绘本，慎终追远，念先人之恩德；读李丰绫创作的《端午节》绘本，走近屈原，感先贤之馨德；读王晓鹏编绘的《重阳节》绘本，推己及人，传孝老之善德。走进这些原创的中国节日绘本，传统节日这道"记忆长空中远远闪烁的星光"照亮了学生精神世界。

---

① 中华人民共和国教育部：《义务教育语文课程标准（2022年版）》，北京：北京师范大学出版社，2022年4月版，第6页。

（二）追根溯源，汲取节日养分

教学实践中，我们依托节日绘本，围绕"溯源头，知由来，读故事，悟情感"的主线，引导学生关注画面、聚焦文字、留意细节、展开想象，讲述节日故事，师生一起划楫撑篙，入得传统节日文化的藕花深处，以故事触动学生心灵最柔软的地方，让情感得以熏陶。

1. 清明寄思，念祖先之恩德

指导学生阅读《清明节》绘本，教师借助绘本，引导学生了解清明节的来历，挖掘传统文化的内涵，培养学生的概括能力和表达能力。图文结合，让语用落到实处；读写结合，让文化根植心间。链接介子推的血书，紧扣"柳"这个文化意象，挖掘清明节的文化内涵，渗透鲜花祭祖、文明祭扫的时代新观念。传统节日，家国深情，是融入我们血脉的"文化基因"。由一个节日到一个故事，学生在阅读中了解我们民族的文化之源、精神之根。在这个春天的节日里，师生们在诗词中追忆，在共读中缅怀，表达对先贤先烈的敬意。教师在阅读引导中，让优秀传统文化浸润童心，薪火相传。

2. 端午抒怀，感先贤之馨德

指导学生阅读《端午节》绘本，进行节日的溯源、文化的追寻，由一个节日，走近一位伟人，感受一种情怀。学生走进绘本，关注文字，关注画面，拟小标题。在教师的引领下，学生了解了端午节的由来，感悟屈原"亦余心之所善兮，虽九死其犹未悔"的爱国精神。吟诵专家徐健顺老师说："端午节的核心意义是血脉不断，斯文长存！"端午节的故事口口相传，端午节中蕴含的爱国精神也将代代相传。

我们引导学生在绘本阅读中，走近中国历史文化名人，感受他们的拳拳赤子心，深深中华情。感悟古圣先贤的家国情怀，获得前行的力量，实现文化润德、以德润心的育人目的。相机引导学生诵读屈原的作品《橘颂》，感悟屈原托物言志，借橘树表达自己"苏世独立，横而不流"的高洁情操。引导学生诵读经典名篇《离骚》，领悟屈原为理想上下求索，正道直行的情怀。

馨德共天长。在绘本阅读中，学生对"世界四大文化名人之一——屈原"的文学成就和爱国精神有了深入了解，在心中立起了屈原的不朽形象，得到了传统文化的熏陶。

3. 重阳传情，扬孝老之善德

重阳佳节，我们指导学生阅读王晓鹏编绘的《重阳节》绘本，引导学生观察封面，概括两个对比鲜明的场景，捕捉图文信息，梳理绘本内容，讲述传说故事，培养学生观察与表达能力。通过填写表格，了解节日习俗和寓意，培养学生提炼信息的能力。在阅读中，学生明白了重阳节习俗中承载的意义：登高望远是希望强身健体、陶冶情操；赏菊饮酒蕴含祛灾祈福之意；吃重阳糕意寓步步高升、百事皆高……同时引导学生读懂重阳节所蕴含的尊老敬老、祝福健康长寿的含义，润物无声地进行"守忠孝、敬尊长"的传统美德的熏陶，在学生心中播下传统文化的种子。

"尊老敬老仁之本，和谐社会孝当先。"教师引导学生在阅读中明理，养一颗善良的心，自觉传承孝道，关心身边的老人，由家及国，让社会更和谐，生活更幸福。

二、品味节日诗词，拨动情感共鸣之弦

"每逢佳节倍思亲"，古往今来，文人雅士、诗人墨客，为传统节日谱写了许多流传千古的诗篇。这些脍炙人口的诗词，使传统节日渗透出深厚的文化底蕴。为激发学生情感，让中华经典诗文中承载的精神绵延不绝，生生不已，我们引导学生诵读节日诗词，以经典的价值理念和道德规范引领学生向上向善。在悠悠琴韵中，在琅琅书声中，引领学生静心倾听来自祖先的诉说，用心感受中华文化的魅力。

（一）在意象赏析中，领悟节日诗词的意蕴

中国传统节日诗词是诗人们对节日的诗意表达，充分彰显了传统文化之美，美在意蕴、美在音韵、美在诗中流露出的深情。教师引导学生品味节日诗词，紧扣诗词意象，让学生在赏析中读懂其中的文化意蕴，从而引发情感共鸣。

中秋节，引导学生诵读有关明月的古诗词，体会明月所承载的情感，领悟节日的意蕴。沿着历史的河流上溯，悠游而行，从《诗经·陈风·月出》

开始一场关于明月的诗词歌赋之旅，悠悠的古诗词犹如涓涓细流，流淌进学生的心田。

（二）在低吟浅唱中，欣赏节日诗词的韵味

节日诗词中安放着诗人的情感，学生声情并茂地诵读，则是对传统文化的一种诗意守护与自觉传承。在低吟浅唱中，古诗词的声音得以复活，学生与作者的情感律动相应，自觉汲取蕴含于古诗词中的真善美元素，学会做有根有魂、有家国情怀的中国人。

《端午节》一课教学中，教师引导学生诵读有关端午节的古诗，如《端午》《五月五日》《和端午》《橘颂》《离骚》等，在琅琅书声中，感悟屈原这位伟大诗人九死不悔、正道直行的爱国精神。

三、抒写节日感言，倾听思想拔节之声

教育的要义在于"唤醒"，唤醒学生心中对真、善、美的不懈追求。结合传统节日绘本阅读及节日诗词诵读，让学生自然地浸润于传统文化中，情动而辞发，学会用美丽的母语表达内心的情感，也学会在生活中用心传承传统文化。

（一）走近文化名人，获取精神力量

历史的天空星光灿烂，历史的舞台贤人辈出。我们引导学生在节日绘本阅读中，走近中国文化名人，感受他们的拳拳赤子心，深深中华情。学习先贤百折不挠的精神，感悟他们的家国情怀，获得前行的精神力量。

求索精神是屈原思想的主体，也是中华民族赖以生存和发展的精神支柱，我们的责任是引导学生赓续中华精神，让"心正而后身修，身修而后家齐，家齐而后国治"的家国情怀深植心间。

（二）聚焦传统习俗，注重知行合一

每个传统节日都有各自的节日习俗，教师不仅引导学生了解传统节日的内涵、习俗，还注重唤醒传统美德的记忆，引导学生回归生活，联系实际践行传承。重阳节又称"敬老节"，在《重阳节》绘本学习中，教师通过创设情境，引导学生串讲故事，了解重阳节的传说。交流重阳节登高望远、观赏菊

花、遍插茱萸、吃重阳糕、饮菊花酒等习俗，让传统文化根植于学生心田。师生同吟重阳诗句，齐诵重阳童谣，共赏重阳歌曲，体会传统节日所承载的"守忠孝、敬尊长"的美好情感。在此基础上，让学生结合习俗写写怎么陪家人过重阳节。有的学生这样写出自己的想法："又是一年九月九，我要和爸爸妈妈一起陪爷爷奶奶登家乡的南山，在美丽的栈道上散步，让老人心情愉悦。"有的学生表示："又是一年九月九，我要送外公外婆重阳糕，祝他们健康幸福，寿比南山。""老吾老以及人之老"，尊老敬老是中华民族的传统美德。教师营造了浓厚的尊老孝亲的文化氛围，引导学生将尊老敬老的意识化作行动，和家人一起过有意义的重阳节。知行合一，有效地实现明理导行的育人目标。

"传统节日既是民族精神的载体，又是培育民族精神的沃土"，我们力求植根传统节日文化土壤，在绘本阅读中，引导学生讲述中国故事，理解节日意义；在诗词诵读中，传播中国声音，彰显文化之美；在节日书写中，表达中国情怀，唤醒民族记忆。总之，通过读与写的实践，让传统节日文化化作涵育学生心灵的一泓清泉，滋润学生的精神家园，促进学生幸福成长。

在传承节日文化研究中，我们还进行了基于同一主题的教学研讨，盘活资源，以文化人。围绕"清明，以诗文致敬"主题，进行体现"融·悦"教学理念的四种教学实践。一样的清明，别样的思考；一样的情思，别样的表达。

案例一：以体现"校本诵读"为重点。以杜牧的《清明》这首节日诗为基础，整合古诗资源，传承清明文化。用学生喜闻乐见的讲故事的方式，通过浅显易懂的语言、生动形象的图片，让学生直观地理解"重耳和介子推"之间令人感动的故事，了解清明节的来历以及清明节的相关习俗。教师带着学生学习了《清明》《寒食》两首新诗，还自然地链接资源，复习了校本课上学习过的六首古诗。教师在教后有这样的感言："听着琅琅的读书声，看着孩子们脸上专注的神情，那高高举起的小手，一副跃跃欲试的样子，我明白孩子们已经在不知不觉中爱上古诗，爱上经典，感受着诵读带来的快乐！"

案例二：以彰显"家国情怀"为主脉。引导学生读绘本《清明节》，基于校本课程，引导学生重温经典古诗词，了解清明节的特点和习俗。通过想象画面，品悟情感，感受春日里节气所特有的生机，品味杜牧《清明》这首诗的艺术魅力。借助绘本，引导学生了解清明节的来历，挖掘传统文化的内涵，培养学生的核心素养。通过联系生活，读写结合，培养家国情怀，传承传统文化。"诵读诗词，赏析节气特点；借助绘本，品读节日来历；读写结合，缅怀先人恩情；和诗以歌，传承传统文化。"四个教学板块徐徐打开，师生一起漫步在农历的天空下，以诗歌的名义，以清明的名义，看杏花春雨，赏春光烂漫，品节日内涵，悟家国情怀。大容量、快节奏的教学，让《清明节》这节绘本阅读课，给听者留下难忘的印象。

案例二：以引导"课外阅读"为导向。教学杜牧的《清明》，将绘本《我们的骄傲：中国传统节日故事》嵌入教学中，让学生在阅读中了解清明节的由来、习俗等，达到文学与文化的融合，课内与课外的呼应。课初，教师出示绘本，引导学生了解中国传统节日；课中，教师通过视频与绘本的结合，让学生了解"重耳和介子推"之间令人感动的故事，知道清明节的来历，体会清明节蕴含的深刻意义；课末，推荐学生阅读整本书，了解更多的中国传统节日，真正将整本书阅读落到实处。教师还以自己的下水文为支架打开学生的习作思路，播下阅读种子的同时，激发学生的写作兴趣，为弘扬中华优秀传统文化打下厚实的基础。

案例四：以融入"音画资源"为特色。教学元稹的《清明三月节》，教师引导学生找诗中景物，说画面，了解诗意；巧用教学范文，明确方向，指导练笔。链接诵读杜牧的《清明》，拓展名画《千里江山图》和《清明上河图》，带领学生在画中感受清明时节的特点。通过欣赏名画，拓宽了学生学习的维度，也提高了学生的审美能力。

古诗是祖先在向我们诉说，师生在诵读中一起聆听祖先的诉说。春草年年绿，每一年清明节到来时，我们都会深情地读起"清明时节雨纷纷"，也会自然地读起"梨花风起正清明"。早年读"清明"，因了杜牧感时伤事的"清明时节雨纷纷，路上行人欲断魂"而心生感慨；而今读"清明"，因了吴惟信的"梨花风起正清明，游子寻春半出城"而觉春光美好。风清景明，心清则明，清生命之惑，明生命之理。

四节有关清明的研讨课，有不同的侧重点，各美其美，美美与共。注重"资源的合理利用，支架的适时搭建，文化的无痕融入"。种种有情，种种可爱。"千淘万漉虽辛苦，吹尽狂沙始到金。"教学路漫漫，需要有心人不断求索，需要有情人不断切磋，唯有"为伊消得人憔悴"的执着，才有"天光云影共徘徊"的和谐。

融于节气审美，促进学生生长——提升审美力

2011年版课标在"教学建议"部分指出："阅读教学应引导学生钻研文本，在主动积极的思维和情感活动中，加深理解和体验，有所感悟和思考，受到情感熏陶，获得思想启迪，享受审美乐趣。"[①] 2022年版课标指出："审美创造是指学生通过感受、理解、欣赏、评价语言文字及作品，获得较为丰富的审美经验，具有初步的感受美、发现美和运用语言文字表现美、创造美的能力；涵养高雅情趣，具备健康的审美意识和正确的审美观念。"[②] 可见，审美教育是小学语文教学一个不可忽视的目标。

语文教学承担着弘扬中华优秀传统文化的使命。统编版小学语文教材充分凸显中华优秀传统文化的地位，增加了不少传统文化元素。语文教学应注重培养学生审美能力，激发学生对于美的内在追求，在内心深处真正树立文化自信。在依托传统节日文化，培养家国情怀的研究基础上，"融·悦"教学实践聚焦二十四节气文化，培养学生审美能力。"融"，指在教学中融入节气文化元素，丰富语文教学；"悦"，指在教学中注重培养学生审美情趣，增强文化自信。

---

① 中华人民共和国教育部：《义务教育语文课程标准（2011年版）》，北京：北京师范大学出版社，2014年6月版，第22页。

② 中华人民共和国教育部：《义务教育语文课程标准（2022年版）》，北京：北京师范大学出版社，2022年4月版，第5页。

【慎思之】"节气审美"研究的思考

2016年11月30日，中国"二十四节气"正式列入联合国教科文组织人类非物质文化遗产名录，在国际气象界，这有着千年历史的时间认知体系被誉为"中国第五大发明"。2022年2月4日，立春，北京冬奥会开幕式倒计时短片中，二十四节气与古诗词以及充满生机的当代中国影像融为一体，向世界传递中国浪漫、中国气韵，这就是文化自信。节气文化凝聚着祖先的智慧，开展节气文化教学实践，有着重要的现实意义。

二十四节气是中华民族劳动人民长期经验的积累成果和智慧结晶，是中华优秀传统文化的重要组成部分，与每个人的具体生活直接相关。统编版小学语文教材二年级下册"日积月累"中编排了《二十四节气歌》，但是，当下的学生对二十四节气了解不多，教师只是让学生背诵《二十四节气歌》，认识二十四节气的名称、顺序等，没有引领学生了解节气文化的博大精深，从审美的角度引导学生进行学习，学会欣赏美、表达美。

中华优秀传统文化蕴含的哲学思想、人文精神、教育思想等历久弥新，至今闪耀着恒久的思想光芒。孔子认为教育和人格塑造，是一个"兴于诗，立于礼，成于乐"的过程，高度评价了美育在整体教育中的作用。蒋勋先生认为：美，是看不见的竞争力。可见，审美力培养在生命成长中的重要性。

如何依托二十四节气资源，指导学生读写，在实践中培养学生的审美能力？我们的主要思路如下。

一、在二十四节气阅读活动中，培养学生的审美感知力

以二十四节气为主线，以审美的视角解读教材，厘清脉络，发现练点，引导读写，培养审美力。跟随二十四节气，引导学生阅读有关文章，感受语言文字的魅力，培养学生对母语的热爱之情。引导学生亲近自然，在观察、倾听中感受美。

二、在二十四节气诵读活动中，培养学生的审美鉴赏力

依时而读，注重优秀传统文化对学生的熏染作用，指导学生在二十四节气诗词诵读中展开想象，品味意象，感悟形象，培养美的鉴赏能力。结合二十四节气特点，遴选有关的绘本及古诗词，在指导学生品读的同时，指导练笔，在美的资源的熏陶下，得到美的体验，学会美的鉴赏。

三、在二十四节气读写活动中，培养学生的审美创造力

挖掘教材中隐藏着的二十四节气元素，链接教学资源，指导学生读写。搭建课外实践平台，创造性地开展与二十四节气读写有关的语文活动，提高学生语文实践能力的同时，培养学生的审美能力。围绕二十四节气主题，开展相关的读写实践活动，给学生提供更多想象与创造的空间，引导学生在诵读积累的基础上，进行审美表达，提高审美能力。充分挖掘语文教材中的审美元素，整合课内外教学资源，辅以现代信息技术，实现语文审美教育。通过课内外有意识地引导、渗透，激发学生审美意识，借助节气文化，提高审美情趣，促进和谐发展。在审美陶冶中实现以美启真、以美导善、以美化人的教育目的。

【笃行之】"节气审美"实践的策略

我们找到审美教学的切入点，引导学生从美学、诗词等不同角度寻找二十四节气的丰富内涵，感受文化的魅力，得到思想的熏陶、精神的提升，丰盈人文精神和审美情趣。让学生在诵读中浸染诗情，潜移默化间烙上中华优秀传统文化印记。

一、厘清"三力"学习目标，明确审美力培养的基本内涵

聚焦"如何发现美、如何欣赏美、如何创造美"等问题，在听说读写思的实践活动中，引导学生经历"寻美—悟美—创美"的过程，从而实现培养学生审美感知力、审美鉴赏力、审美创造力的目标。审美感知力是指客观事

物通过感觉器官产生的一种审美愉悦；审美鉴赏力指"对审美对象的鉴别与评价的能力"；审美创造力指表现美、创造美的能力。我们实践的聚焦点如下图。

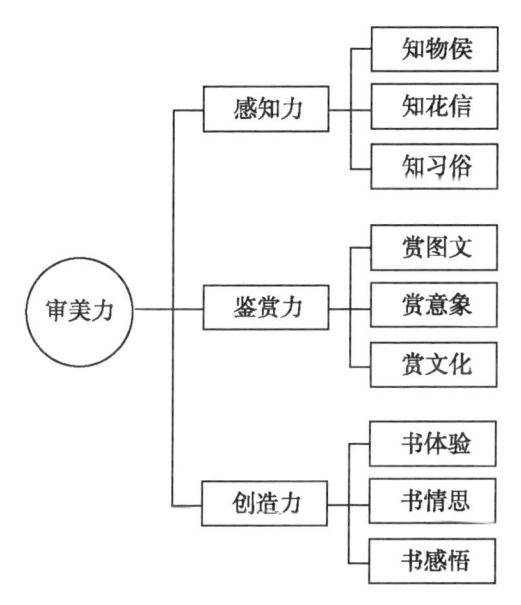

```
                    ┌─ 感知力 ─┬─ 知物候
                    │          ├─ 知花信
                    │          └─ 知习俗
                    │
        审美力 ─────┼─ 鉴赏力 ─┬─ 赏图文
                    │          ├─ 赏意象
                    │          └─ 赏文化
                    │
                    └─ 创造力 ─┬─ 书体验
                               ├─ 书情思
                               └─ 书感悟
```

（一）寻美：注重审美感知力的培养

教师有心选择读的内容，如唐诗宋词、绘本美文等，引导学生读懂节气之美。有效指导读的方法，如图文结合读绘本、运用比较读唐诗、调动感官读宋词等多种方法，加深学生审美体验。

引导学生循着生命的节奏投入阅读与实践活动，从字里行间，从物候、花信、习俗中感知节气之美。依节气读绘本、读诗词、读美文，让学生在美的熏陶感染中，涵养诗性、滋养灵性、培养智性。2019 年，我们编写了校本教材《诗话节气——廿四节气诵读古诗词》，每个节气做到"一诗一词皆精彩，一字一曲总关情"。即一个节气读一首唐诗，一阕宋词，确定一个"飞花令"主题词，唱一首歌，引导学生踏着节气的节拍，与祖先的情感同频共振。依托校本教材，引导学生诵读，在经典诗词的熏陶中重拾民族记忆，感悟节气中所蕴含的诗情画意与人生哲思。如，小寒吹来花信风，教师引导学生读有关梅花的诗词，读崔道融的《梅花》，品"香中别有韵，清极不知寒"的高洁。读陆游的《卜算子·咏梅》,感受词人坚贞不渝的品格,以"梅"为飞花令主题词,读陆游其他有关梅的诗词。听一曲《一剪梅》,进一步感知陆游的心中所爱,体会陆游的爱国深情。

(二)悟美:注重审美鉴赏力的培养

宋英杰先生在《二十四节气志》中说:"品读古人关于节气的文字,品味今人以节气为时序的生活,对于我来说,就是诗和远方。"[①] 我们在课内引导学生品读诗文的基础上,结合节气开展实践活动,引导学生亲身体验,与生活体验结合起来,让学生对节气文化的认识更深刻。将节气融入日常生活,让学生深刻感知二十四节气就在我们身边,学会尊重自然,与自然和谐相处。

二十四节气承载着丰厚的文化,通过诵读活动,为学生开启走进中国传统、感受祖国璀璨文化的一扇窗。教师以美的语言、美的情感拨动学生的心弦,在诗词的熏陶中与中华优秀传统文化之美同频共振,领略中国传统文化的魅力。

(三)创美:注重审美创造力的培养

教师依据学生特点与节气特点,在教学中,自然融入节气、读写、审美的研究元素,整体把握课堂教学节奏,增强教学实效。引导学生在阅读中调动已有经验,引起情感共鸣,学会赏析诗文之美,积淀方法,为学生搭建平台,引导他们学会审美表达。

总之,在实践中,我们引导学生在关于二十四节气的绘本与诗文阅读中,感知七十二候、二十四番花信风、二十四节气风俗之美,从而培养学生的审美感知力。引导学生从绘本的图文、诗词的意象等入手鉴赏二十四节气之美,培养学生的审美鉴赏力。在阅读欣赏的基础上,引导学生发现文本的内容与形式之美,学会运用,在表达中培养审美创造力。如,寒露节气,教师带领学生学习元稹的《寒露九月节》,抓住古诗描写的景物展开想象,描绘画面,理解诗意。结合诗句了解"寒露三候",引导学生感悟诗人独爱"菊有黄华"的心境。借助白露、寒露、雨水三幅动图讲述雁南飞的常识,运用视频趣识

---

① 宋英杰:《二十四节气志》,北京:中信出版社,2017年10月版,第9页。

"雀化为蛤",突破难点,在学生心中播下二十四节气文化的种子。谷雨节气,教师执教《七言诗》,引导学生在反复的朗读中,品读意象,感知意境,体会诗人的风骨和情怀。通过学习,学生了解了谷雨的花信——牡丹,还知道了谷雨赏牡丹、喝谷雨茶等习俗。教师融节气文化、风俗故事于一体,用谷雨清茶浸润学生心田,让学生感受节气文化之美。

在二十四节气阅读活动中,我们引导学生感受汉语的节奏感、韵律感的审美表现力,培养高尚的道德情操和审美情趣。在表达自己的体验、情思、感悟中提高审美创造力。学生行走在农历的天空下,用独特的观察视角发现节气的内涵之美,用手中灵动之笔再现传统文化的魅力。

二、注重"三互"有序推进,构建审美力培养的基本路径

2011年版课标"课程基本理念"部分指出:"语文课程还应通过优秀文化的熏陶感染,促进学生和谐发展,使他们提高思想道德修养和审美情趣,逐步形成良好的个性和健全的人格。"[1] 2022年版课标指出:"语言文字及作品是重要的审美对象,语言学习与运用也是培养审美能力和提升审美品位的重要途径。"[2] 如何让课标理念落地,培养学生审美情趣,提高学生审美能力,促进学生和谐发展?我们找准的支撑点是二十四节气资源;切入点是读写结合;落脚点是审美力培养,体现文本内外互联、课堂内外互融、阅读写作互促的特点。

(一)从美出发——以双线推进为引擎,文本内外互联,唤醒审美意识

以怎样的素材唤醒美的意识?这是首先要思考的问题。我们紧扣教材内与教材外两条主线,精心选择文质兼美的学习资料,给学生以美的熏陶。一方面充分挖掘小学语文教材中隐藏着的二十四节气元素,链接教学资源,指导学生读写。另一方面有机整合课外节气文化资源,在唐诗宋词、绘本美文

---

[1] 中华人民共和国教育部:《义务教育语文课程标准(2011年版)》,北京:北京师范大学出版社,2014年6月版,第2页。
[2] 中华人民共和国教育部:《义务教育语文课程标准(2022年版)》,北京:北京师范大学出版社,2022年4月版,第5页。

的学习中,培养学生的审美力。

1. 基于文本品读,自然融入节气元素,捕捉美的踪影

教师研读统编版小学语文教材中的唐诗宋词美文,以审美的视角解读教材,厘清脉络,发现练点,自然融入二十四节气元素,引导学生徜徉其中,得到美的滋养。依据课文特点,融入二十四节气资源,激发学生阅读兴趣,唤醒审美意识。根据时令的特点学习古诗,融入节气的有关知识,引导学生感知自然细微的变化,深刻体会诗意。

例如,霜降时节,教学杜牧的《山行》,教师引领学生走进古诗,欣赏美丽的"山林秋景图"。相机引入惊蛰和霜降节气有关知识,通过对"霜叶红于二月花"的层层引导,加深学生对诗意的体会。首先,品读,赏春花之艳。春天的第三个节气——惊蛰,一候桃始华。春风吹来,桃花盛开,明艳动人,可诗人却对霜叶有一份深情,这是为什么呢?以问题引发学生思考。其次,比读,品霜叶之美。深秋时节,正值霜降,这是秋天的最后一个节气。霜降时节,草木黄落,枫叶经霜而红。"这时的红,少了春天的娇艳,却多了一份成熟和优雅。"通过观看视频,了解节气特点,明白经霜的柿子更甜,经霜的枫叶更红。最后,引读,悟诗人之情。教师创设情境,引导学生再读诗句,对诗人所传达出的"我言秋日胜春朝"的情感有了更深的体悟。

2. 巧于资源开发,适时引入节气文化,丰富美的积淀

朱光潜先生在《无言之美》中指出:"要养成纯正的文学趣味,我们最好从读诗入手。"围绕着蕴含农耕智慧的二十四节气,历史上无数文人墨客留下了许多美妙的诗篇。诗歌,以其独特的美学特征为学生审美的发展提供了重要的载体。我们运用有关节气的诗词,引导学生在诵读中感悟节奏之美、意象之美、节气之美。

引导学生读宋词美文。如,秋分时节,引导学生读宋词《苏幕遮·怀旧》,品味秋天的阔远之美及诗人的深情之美。读绘本《风中的树叶》,引发学生对万物有时、生命循环的认知与思考,向着真善美那方前行。小雪节气,引导学生读金波的童诗《如果我是一片雪花》,品悟诗句之韵,感悟时节之美。芒种节气,引导学生读林清玄的散文《六月·芒种》,走进林清玄先生笔

耕不辍的一生，不仅读懂节气的含义，更明白"一分耕耘，一分收获"的美好。

引导学生悟节气之美。在《大自然的声音》的课末，教师将二十四节气动画图引入课堂，让学生欣赏。让学生明白亲近大自然，我们还能听到许多美妙的声音。教师边播视频边描述：

春分，听听梁间燕子叽叽喳喳的歌声；

夏至，听听树上蝉儿知了知了的歌声；

秋分，听听天边南飞的大雁嘎嘎嘎的歌声。

推荐阅读绘本《聆听二十四节气》，引导学生走近自然，听听大自然的声音，感受大自然的美妙。融入二十四节气元素，体会古代劳动人民的智慧，引向课外，留心生活。有趣的节气动图吸引了学生，也激起了学生的阅读期待。教师潜移默化地培养学生自主阅读的习惯，引领学生在充满趣味的阅读中，自然地接受美的熏陶。

（二）与美同行——以双管齐下为桥梁，课堂内外互融，沉浸审美情境

以怎样的渠道实现美的浸润？我们随着节气开展课堂教学研讨与课外主题实践活动，引导学生观察、想象、表达，学会发现美、欣赏美、创造美。沿着"二十四节气"这条主线，立足课堂，进行阅读与写作指导，在文字构成的美的磁场中培养学生的审美情趣。依照二十四节气适时开展实践活动，引导学生在与节气同行的旅程中感受和记录生活的美好，促进审美能力的提高。

通过课例研讨活动，师生与美共舞，获得美的享受。引导学生从课文或有关二十四节气的绘本、古诗词中用心捕捉美、感受美。擦亮眼睛，感知二十四节气诗文画面之美；唤醒耳朵，欣赏二十四节气诗文音韵之美；放飞心灵，感受二十四节气风俗人情之美。

夏至节气，教师带领学生学习《西江月·夜行黄沙道中》，从鸣蝉、稻田、青蛙，这些夏夜乡间里平常的景物，品读诗人以一片深情串成的一个有声有色有情韵的诗篇。教师调动学生感官，随着词人去倾听、观察、想象、表达，让课堂奏响一曲美妙的夏夜交响乐。

(三) 以美抵达——以双翼并展为旨归，阅读写作互促，表达审美感受

以怎样的方式引导学生抵达美的彼岸？我们通过二十四节气的读写活动，让学生从字里行间学会感受文字之美、文学之美、文化之美；从节气文化中感受风景之美、风俗之美、风气之美。

1. 构建读写结合框架，触发美的情感，滋养灵性

围绕二十四节气的主题，开展相关的读写实践活动，给学生提供更多的想象与创造的空间，引导学生在诵读积累的基础上，进行审美表达，提高审美能力。引导学生在寻找读写联结点上下功夫，用心将感受到的美以恰当的语言和形式表达出来，展示不同时节中，人之美、景之美、情之美。通过用美的语言表达美，用美的形式展现美，达到培养审美创造力的目的。

霜降时节，教师引导学生读元稹的《霜降九月中》，读文包诗《每逢佳节倍思亲》和古诗《九月九日忆山东兄弟》，借助思维导图厘清文章脉络，引导学生将《霜降九月中》改写成文包诗，再现诗人的所见、所闻、所感，体会景之美、情之美。

立冬节气，教师引导学生读元稹的《立冬十月节》，以问题为引，让学生在讨论中走近立冬，在诵读中理解自然现象，欣赏赵照的歌曲，感受《在冬天和奶奶一起晒太阳》的悠闲自在。教师与学生分享自己的下水文，引导学生模仿歌曲，以"在立冬和_____一起_____"为题进行练笔。沉浸在诗与歌的意境中，学生想起和爸爸喝肉汤的情景，不知不觉写出了《在立冬和爸爸一起喝肉汤》，表达出和爸爸一起喝肉汤时香香、暖暖的感觉，展现了冬日里家的温馨，亲情的美好。

2. 搭建习作比赛平台，展示美的表达，飞扬诗性

教师充分发挥学生审美主体作用，给学生搭建展示的平台，展现语言之美、思维之美，实现语文教育引导生命向善、求真、审美的目标，引导学生走向诗与远方。以"与节气同行"为主题开展习作比赛，"童心悟节气，妙笔书美文"，古老的节气在孩子们的心中鲜活起来。孩子们的眼中，惊蛰美在唤醒，"惊蛰，一个生机勃勃的节气，它带给我们惊喜，它唤醒了大地，唤醒了大地上的一切生命，它唤醒了春天"。孩子们在寻找节气之美中，明白了"原

来在这美丽的立春节气中,也隐含着几分坚定,几分希望,生活中许多变化都是极其细微的,只有够用心,才会有许多幸福的感受"。学生抒写着对节气文化的个性感悟,字里行间流淌着节气的美好,绽放着传统文化的光辉。

二、形成"五度"评价标准,追寻审美力培养的理想状态

以课堂教学为主渠道,引导教师聚焦课例进行学生审美力培养的研讨。对教学研讨课从"清晰度、舒展度、适切度、达成度、生长度"五个方面进行评价,如下表。

"基于二十四节气读写的审美力培养的研究"课堂教学评价表

	评价项目	分值	得分
清晰度	1. 教学目标清晰 2. 教学指令清晰 3. 教学主线清晰	15	
舒展度	1. 学生学习主动 2. 师生和谐互动 3. 教学调控适时	30	
适切度	1. 资源链接适度 2. 媒体运用得当	20	
达成度	1. 体现节气特点 2. 体现文体特点 3. 体现学校特点	15	
生长度	1. 学生思维发展 2. 学会审美表达	20	
总分	优:90以上,良:85~89.5,及格:70~84.5	100	

①清晰度:教师依节气引导学生读诗词,读美文,课堂教学目标清晰,教学指令清晰,教学主线明朗。②舒展度:课堂教学中,学生学习主动,教师对学生学习适时进行引导,课堂呈现出和谐之美。③适切度:教师依据节

气特点和学生实际，适度链接资源，展现教学的恰到好处之美。④达成度：教学体现不同节气、不同文体的特点，因地制宜，体现校本特点。⑤生长度：注重思维启迪，引导学生体会情感，情思并重，学会审美表达。

例如，秋分节气引导学生读绘本《风中的树叶》，从看图感知到读文概括再到图文结合提炼小标题，教学设计有梯度，充分展现学生学习的过程，让学生不同的思维火花碰撞出言语魅力；引导学生细读绘本，从故事中感知美好，自主寻找树叶的美，重点品悟"叶子装饰灯笼"的温暖和第十片叶子"化作春泥更护花"的深情，有扶有放，有发散有聚焦，让学生充分发现绘本的图画美、情感美和节气美。教师以自己范写的一节小诗引导学生从发现美到书写美，既落实语用又让情感得以抒发。诗词入心，美文寻迹，哲语化情，把节气的积极意义进一步升华。教学中做到："围绕课题，新颖解读，让审美意识根植心间；以读会意，读中悟情，将情感体验推向深层；练笔抒怀，提升表达，把语用训练落在实处。"

整节课教学目标清晰，学生通过学习，了解了秋分的知识，发现绘本故事之美。学生积极投入读写活动中，课堂呈现出自然舒展之美。音像资源运用适度适时，展现了图文之美。教师做到了"依体而教，教出绘本味道；依题而教，凸显节气特色；依文而品，感受审美意蕴"。学生思维得以打开，学会审美表达，展现了生长之美。

在节气之旅中，学生们得到审美的熏陶，汲取文化的营养。每一个前行的足迹，都清晰可见。四季更迭，时序转换，教师们带着学生行走于农历的天空下，和着光阴的节拍低吟浅唱。引导学生在与节气共舞，与美好同行的过程中感悟农耕智慧，品味天地大美。以诗意之心将自己与我们的祖先相连，去体悟祖先的情感。

第四节 绽"融·悦"教学之花

融于经典素读，滋养学生生命——赓续文化脉

"五千年文化，三千年诗韵，我们的文化从未断流。"中华文化源远流长，凝聚着千年的智慧结晶，经典嘉言，如春雨般滋养着我们的心灵。"引导诵读经典，传承优秀文化，增强文化自信"是语文教师的初心使命。素读经典课程创始人陈琴老师在《经典即人生》中指出："素读可以理解为记诵，是将所读的内容作永久的、终生的记忆，是一个人素养能量的原始积累。素读积累以背诵为目的，是为了获得种子之功。"[1] 王崧舟老师这样解读："素读者，本色之读、单纯之读、向来之读也。"以传道养性为旨归，引导学生持之以恒地诵读经典。陈琴老师认为经典素读的读练法则是：求略懂、求量变、求熟记、求自悟。"融·悦"教学实践注重经典诵读。"融"，指在教学中融入《诗经》《论语》、唐诗宋词等资源，借鉴陈琴老师的素读经典教学方法，注重诵读，丰富积累，灵活运用，提升素养。"悦"，指引领孩子有趣地学习语文，习得母语，以经典滋养学生生命。在孩子记忆的黄金时期，把中华优秀传统文化的种子播撒在他们的精神土壤中，为灵魂添一瓣馨香，增强文化自信，培育家国情怀，以传统文化为中国梦"塑心""聚能"。

【慎思之】"经典素读"研究的思考

如何将素读经典与小学语文教学有机融合，发挥经典的熏陶感染作用，

---

[1] 陈琴、华一欣：《经典即人生》，北京：中华书局，2011年11月版，第5页。

提高学生语文素养，引导学生抵达真善美的和谐境界？

小学阶段诵读经典，意义重大，"这些文字成了一个人一生所需的文化'酵母'，到了一定时期就酿出芳香无比的醇酒了。并且这样的'酵母'一定要在小学阶段植入方能事半功倍"①。人生记忆的黄金期是十二岁之前，在小学阶段，让孩子大量记诵，自然会内化为他的能力。幼学如漆，厚积薄发。小学阶段要注重引导学生诵读经典，丰厚文化储蓄，为能力发展奠定基础。学生诵读积累的经典必将成为一生所需的文化"酵母"，岁月流转，终将酿出芳香无比的醇酒。

在教学调研中，我们了解到学生头脑中语言库存不丰富，经典诗文积累不多。我们开展了"素读经典与小学语文教学融合的探究"课题研究活动，在语文教学中借鉴素读经典教学方法，引导学生用心诵读，丰富积累。根据学情，适度引入资源，融通读写，让课堂诗意弥漫，诗韵飞扬。

在古诗文教学中，以素读经典的方法，让学生纯粹地读，"书不读熟不开讲"，在熟读的基础上，整合教学资源，进行拓读、研读，贯通古今，学用结合，滋养生命。在语文教学中自然融入经典元素，让学生在听说读写思的实践中提升记忆力、表达力与审美力。将课内与课外资源融为一体，适度拓展，引导学生入情入境地学习，充分感受中华文化的魅力。

一、融入音画，重塑课堂生态，让教学有声有色

教师有机运用资源，用心打造生态学习场，融入音乐、美术、信息技术等元素，营造审美场域，丰富审美体验。多元资源的有机拈连，多样策略的有效运用，更好地引领学生穿越唐时风宋时雨，聆听古人的有情之语，涵养自己的有情之心，让教学有声有色，生机盎然。

（一）融入音乐资源，诗意与乐韵相得益彰

教学《忆江南》，以诵读为起点，通过范读、打拍子读、加动作读、对读……不断变换着的读，把学生带进白居易笔下美丽的江南。教师紧扣韵字

---

① 陈琴、华一欣：《经典即人生》，北京：中华书局，2011年11月版，第72页。

"谙、蓝、南",引导学生通过吟诵,在饱满、延长的声音中感受诗人对江南的深沉情感。在纯粹地读的基础上,再引入古筝曲,伴随音乐入情地读。链接歌曲《又唱江南》,以旋律营造情境,引导学生想象品味,感受江南之美,以歌词互文参读,丰富审美感知。在欣赏品味的基础上,引导学生以"忆江南,最忆_____"为任务驱动进行小练笔,承上启下,自然引出白居易另外两首《忆江南》,激发学生诵读经典的兴趣。

音乐的引入,情景交融,让经典诗词再现本应有的韵律、温度和情感,让古老的诗词焕发出崭新的生命力。音乐在古诗课堂静静流淌,文字在学生耳畔轻轻回响,音乐元素巧妙地为课堂增辉添色,教学更显丰盈灵动。

(二)融入绘画资源,诗情与画意相映成趣

古诗词教学中,教师引导学生用心诵读,充分想象,化文字为画面。同时,根据校本学情,引导学生以任务为驱动,化静态为动态,呈现画面,再现意境,融合资源,提高审美品位,丰富情感体验。

清明既是节气又是节日,兼具自然与人文两大内涵。浸润于新学堂歌的学生,对《清明》这首诗耳熟能详。教学中,教师采用素读经典的吟诵法,引导学生从韵字"纷、魂、村"中体会声音中传递出的情感。让学生在诵读中想象全诗前抑后扬的两幅画面,感悟清明的厚重与轻盈。再出示草绿色清明标志图章,让学生图文对照了解清明节祭祀祖先的意义,围绕单元主题,引导学生对清明这个传统节日的扫墓习俗之外的踏青习俗进行学习。结合校本课程中诵读过的《苏堤清明即事》,引导学生课后根据清明的习俗、诗句等画一幅画。读、思、画相融,让学生明白清明是一个怀念先人的节日,也是一个踏青赏春的节气,引导学生走近传统节日,在清朗明净里追思先人,致敬先贤,也在春意盎然里珍惜自然,拥抱生活。

二、融通读写,滋养学生生命,让教学有情有意

教师把学生引向自然,在丰富的体验中感受大自然的律动,在细心的观察中提高审美情趣。读写融通,引导学生将心中摇曳的诗意融入笔尖,流淌出纯净唯美的韵致。

教师引导学生亲近自然，细心观察，感受景物的特点，像诗人一样寄情于景，进入心物交融、天人合一的生命状态，并将观察与感受流淌笔端。引导学生从课堂走向课外，做生活的有心人，在观察中积累丰富的语料，为提高核心素养夯实基础。

【笃行之】"经典素读"实践的策略

读《论语》，读《诗经》，读王维的诗，读苏轼的词，让人如掬清泉，洗去心尘。那些真善美的文字让人豁然开朗，在它们的牵引下得以走出迷茫，于是曾经蒙尘的内心没有纷繁芜杂，唯觉"天朗气清，惠风和畅"。

谷建芬老师作曲的《读唐诗》中有这样一句歌词："唐诗里有乐，唐诗里有苦，唐诗是祖先在向我诉说。"一首首唐诗，一阕阕宋词，一篇篇古文，就是一个个深情的诉说，诉说着思乡情、送别情、家国情。引导学生读经典，就是让学生聆听古诗文中的祖先的诉说，感悟生生不息的诗意灵魂与风骨气韵。往事越千年，经典永流传。浸润于经典古诗文中，倾听着祖先们千年前的诉说，学生们感受到经典诗文的魅力。读《诗经·秦风·无衣》，学生从这千古第一战歌中，感悟到浓浓的家国情怀，仿佛听到激昂的战鼓声与呐喊声，看到那穿越千年的保家卫国的肝胆雄心。读《橘颂》，体会屈原这位伟大诗人"苏世独立，横而不流"的高风亮节，以及"路漫漫其修远兮，吾将上下而求索"的报国之志。读《将进酒》，从李白江河奔涌般的情感表达中，体会"天生我材必有用，千金散尽还复来"的豪放洒脱。读《滕王阁序》，感受"落霞与孤鹜齐飞，秋水共长天一色"的美景，倾听"穷且益坚，不坠青云之志"的心声。读岳飞的《满江红》，体会岳飞精忠报国的远大志向与赤诚之心，懂得"莫等闲，白了少年头，空悲切"的深意，明白应该立志报国，趁着青春年少好好学习，不让年华虚度。

在校本课程中，引导学生饶有兴趣地诵读经典诗文，如《唐诗三百首》《宋词三百首》《声律启蒙》《诗经》以及关于二十四节气的古诗词等，积淀文化底蕴。在课堂教学中，相机引入学生积累的古诗文，让课堂弥漫诗意，飞扬诗韵。

在古诗文教学中，我们以传承文化，润泽生命为旨归，引导学生素读经典，巧妙运用，力求将学习资源系统融合，优化组合，形成一个有机整体，让课堂处于圆润融通的状态，呈现出摇曳多姿的和谐之美。

素读经典与资源的整合运用要从学情出发，讲究实效，恰到好处。在以校为本开展经典诵读的基础上，采用大容量教学，链接相关资源，满足学生学习需求。诗歌是声音的艺术。教师认真研读教材，把握情感基调。引导学生通过素读，沿着声音寻找诗人的情感，在记诵的基础上，融入适宜的资源为课堂教学锦上添花。我们积极探寻素读经典与语文教学融合的基本策略，引导学生通过素读记诵，有效积累，形成有品位的语感图式。在平平仄仄中贴近古人的心灵，身心浸润于古诗文的意境中，获得学习的审美体验。以文化点燃心中的诗与远方，以诗词激励孩子们向上向善，从中华优秀传统文化中汲取智慧，培育家国情怀。

一、教学内容的融合：以经典诗文为主要内容，适度融入学习资源，让教学更有质感

我们追求"一核多融"，打造"三意"课堂。"一核"指以经典古诗文为核心，"多融"指根据学情和教材特点，链接不同资源，实行"经典＋"教学，素读经典与语文教学自然融合。将古诗文与歌曲歌词融合、与人物传记融合、与生活视频融合、与节气绘本融合、与物候知识融合、与现代美文融合。如，教师将人物传记的阅读嵌入教学中，引导学生感悟先贤的高洁品行，感悟他们的赤子之心。先人的嘉言懿行如润物的细雨化入学生内心，成为指引学生前行的精神灯塔。如，教学《清平乐·村居》，嵌入《辛弃疾传》的阅读；教学《竹石》，嵌入《郑板桥传》的阅读；教学《示儿》，嵌入《陆游传》的阅读；教学《山居秋暝》，嵌入《王维传》的阅读。教学中融入音画，圆融和谐，课堂情意悠长；捕捉练点，审美表达，课堂诗意飞扬；重构教学，情思并重，课堂生意盎然。

（花瓣图：中心"经典古诗文"，周围花瓣依次为"与现代美文融合""与歌曲歌词融合""与人物传记融合""与生活视频融合""与节气绘本融合""与物候知识融合"）

1. 经典诗文与现代美文融合：互文品读，丰富认知

在语文教学中，链接课内外资源，调动学生的视觉、听觉、触觉、嗅觉等不同感官，增强多元感悟。注重资源的整合与运用，培养学生的诵读能力与想象能力。诵读诗文，演绎经典，沐浴中华文化，以美学的视角，引领学生徜徉于经典古诗文，师生一起感知美、品味美，真正进入古诗文的审美境界，领略中华文化的魅力。教学杜牧的《江南春》，教师链接张晓风的《春之怀古》，引导学生运用五官六感，从作家的想象中，体会春的特点。学生品读诗文，从字里行间感受春天的活力与诗意。互文品读，丰富学生认知。

2. 经典诗文与歌曲歌词融合：学科融合，增强体验

宗白华先生强调："艺术的作用是能以感情动人，潜移默化培养社会民众的性格品德于不知不觉之中，深刻而普遍。尤以诗和乐能直接打动人心，陶冶人的性灵人格。"[①] 在经典古诗教学中，教师根据古诗的情感基调，配以相应的音乐，把学生带进所描述的情境中，引发学生的共鸣。在音乐的作用下，学生展开想象的翅膀，与作者的情感律动相应。

教学杜牧的《清明》，教师聚焦清明雨的意象，以有层次的、多种形式的诵读，让学生体会情感。课末，链接陈道斌作词的《清明雨》歌词，在听歌赏词中，清明的思念情韵在学生心中萦绕。

清 明 雨

踏青去，

[①] 宗白华：《何处寻美》，北京：中国画报出版社，2021年9月版，第51页。

心里却下起雨。
风儿轻,
吹落串串回忆。

伤别离,
多少往事泪光里。
长相忆,
留不住的背影已远去。

杏花村,
雨纷纷。
路上行人,
欲断魂。

牧童问,
思何人。
总在清明,
泪湿襟。

歌词就是一首充满深情的诗,轻缓的旋律在课堂流淌,成为情感联结的丝线,清明雨不绝如缕,文化传承润物无声。正如词作者所言:人们跨越时间的鸿沟,任思念穿越时空,寻找着自己内心深处从来不曾忘记的怀念。于是缥缥缈缈间,那份逝去的情感,就又盈满了这雨中显得有些清冷的心田。

3. 经典诗文与人物传记融合:引导阅读,拓宽视野

在经典诗文教学中,渗透整本书阅读理念,撷取书中的某些章节,辅助理解,引发学生阅读兴趣。教学王维的《鹿柴》和《鸟鸣涧》,教师紧扣王维诗中的"空"展开教学,逐层递进,引入《空山不见人》一书资源,引导学生为诗配乐,为诗配文,为诗配画。有效地进行学科融合,透过一幅幅空灵

的画面，引导学生发现美、感受美、表达美，感悟王维悠闲自在、怡然自乐的诗意境界。

4. 经典诗文与生活视频融合：勾连生活，回归生命

以嵌入的方式进行教学重组，把来自生活的视频资源自然融入教学中，激发学生学习兴趣，增强学习效果，同时把学生的学习与生活链接。如，教学朱熹的《春日》，教师引导学生既赏诗中景又悟诗中理，感受儒家文化的"万紫千红"。融入节气元素，引导学生感受春天意趣，激发学生探究自然的兴趣。把福州连江贝里蟹谷游读的生活资源引入课堂，连江贝里蟹谷是国家3A级旅游景区，景区内茂林修竹前立着朱熹铜像，木板上刻着《春日》诗篇。教师将春分时节在景区内诵读的视频及游读文章引入课堂，引发学生情感共鸣。学生在品诗读文中，有了投入大自然，寻觅春的气息，感受自然界生命律动的想法。

5. 经典诗文与节气绘本融合：图文兼顾，传承文化

在经典诗词教学中，引入绘本资源，引导学生读图读文，诗文结合，加深理解，传承文化。如，教学元稹的《冬至十一月中》，教师以"冬至大如年"为主线，引入绘本《豆豆游走的二十四节气》，让学生了解诗文中的冬至习俗，引导学生借助绘本了解民间冬至的习俗，让学生谈谈"你是怎么过冬至的"，拉近学生与文本的距离。最后引导学生进行练笔，让学生充分感受传统文化的魅力，自然而然爱上节气文化。

6. 经典诗文与物候知识融合：了解节气，引导审美

根据时令的特点学习古诗，融入节气的有关知识，引导学生感知自然细微的变化，深刻体会诗意。例如，教学郑板桥的《七言诗》，教师引入谷雨三候、花信风及习俗，引导学生在反复的朗读中，品读意象，感知意境，体会诗人的情怀，融节气文化、风俗故事为一体，用一茗谷雨清茶浸润学生心田。学生写下课后感："谷雨时节，我最想做的事情是赏牡丹，喝谷雨茶，与好友相逢，畅谈谷雨的花信风，欣赏郑板桥笔下的竹子，吟诵《七言诗》《竹石》。"

二、教学形式的融合：以素读经典为基本依托，适机引入学习方法，让教学更有张力

古典诗词是中国传统文化的精粹，蕴藏着跨越千年的深情与哲思，将素读经典与语文教学融合，可以让学生更深切地感受经典的魅力。

1. 素读经典与课堂练笔融合：读写结合，注重语用

"读书破万卷，下笔如有神。"在诵读积累的基础上，引导学生运用，读写融通，摇曳诗意，表达情感。如，《诗经·鹿鸣》教学中，教师以读为主，引导学生在语调、韵律、节奏等体验的基础上熟读成诵，感受诗经之美，感知其中蕴含的"鹿"文化。同时结合校本诗文拓展，激发学生热爱《诗经》之情。在积累的基础上，创设情境，引导运用：

今天我们学校正迎来四方来客，热情的小主人要举行一场欢迎会，请你写一段欢迎词。

要求一，引用《诗经·鹿鸣》中的诗句，表达你对客人的热情欢迎。
推荐：①呦呦鹿鸣，食野之苹，我有嘉宾，鼓瑟吹笙。
②呦呦鹿鸣，食野之蒿。今有嘉宾，德音孔昭。
③呦呦鹿鸣，食野之芩。我有嘉宾，鼓瑟鼓琴。
要求二，选择学校的一处特色作简短的介绍。

学生在任务驱动下，运用诵读积累的诗句，表达心中情感，达到了语言文字运用的目的。

2. 素读经典与学生表演融合：读唱结合，丰富体验

在语文教学中，引导学生且歌且舞，学生兴趣盎然。巧妙地把学生带进有故事的诗中，以富有情趣的教学展现古诗音韵和谐，节奏鲜明的特点，让原本拘谨的学生释放天性，在平平仄仄中贴近古人的心灵，获得学习的审美体验。

3. 素读经典与讲述故事融合：引导创编，培养能力

在古文教学中，在诵读基础上，引导学生讲述故事，培养学生思维能力和表达能力。如，教学《司马光》，教师引导学生借助思维导图，梳理人物关系；对比文本内容，感悟人物品质；立足校本资源，练习拟小标题；复述故事情节，突出人物形象。紧扣文言文特点，有效利用思维导图、微视频、课堂动画等多种手段，直观形象地引导学生通过多种形式的读，感悟司马光的镇定沉着、机智勇敢。学生不仅掌握了学习文言文的方法，还体会到了学习文言文的乐趣。

4. 素读经典与想象画面融合：化诗为画，拓展思维

王崧舟老师指出："诗意语文就是让语文更美，更重视言语感受和言语想象，更加彰显语文的情感熏陶、人文关怀。古诗文的教学中，教师引导学生在诵读中展开想象，培养学生的想象能力。"如，《诗经·采薇》教学中，教师引导学生在入情入境的诵读中亲近经典。从初读正音到读中释意，由想象朗读到感悟诗情；从文白对读到创境引读，由读节选到诵全篇，学生在形式多样、层次递进的朗读与想象中积淀语言，升华情感，学会表达。

5. 素读经典与绘思维图融合：理清思路，增强感受

教学中，引导学生绘制思维导图，厘清文脉，能更好地体会情感。如，教学元稹的《霜降九月中》，教师以多样的诵读展开教学：师生合作读、打节奏读、男女生合作读、想象画面读，读有梯度，读有韵味。引导学生读诗句想画面，说画面读诗句，想象与朗读相映成辉；利用资料帮助学生理解难点，走进诗歌意境；立足学情，拟思维导图，读写结合。教学层层递进，学生在教师的引领下，走进诗词，感悟时节之美。

2022年版课标在"总目标"中强调语文教学中要引导学生"热爱国家通用语言文字，感受语言文字及作品的独特价值，认识中华文化的丰厚博大，汲取智慧，弘扬社会主义先进文化、革命文化、中华优秀传统文化，建立文化自信"。[1] 我们坚持以落实立德树人为根本任务，以学生品格锤炼为目标，

---

[1] 中华人民共和国教育部：《义务教育语文课程标准（2022年版）》，北京：北京师范大学出版社，2022年4月版，第6页。

通过开展经典诵读活动,引导学生感受中华文化独一无二的理念、神韵,增强文化自信。

"且趁年华可问道,莫负读书好时光。"昨天,我们同心问道,且行且思,引导学生漫步经典路,静听花开声。明天,我们依旧怀一颗素心,为学生点亮经典之灯,为成长赋能。我们初心不变,携手与经典同行,与语文共舞,在小语教学路上,继续寻梦,撑一支长篙,向青草更青处漫溯。

融于教学重构,回归学生生活——抵达圆融美

2022年版课标强调:"全面把握语文教学的育人价值,突出文以载道、以文化人。把立德树人作为语文教学的根本任务,清晰、明确地体现教学目标的育人立意。引导学生在学习语言文字运用的过程中,逐步树立正确的世界观、人生观、价值观,体认和传承中华优秀传统文化、革命文化、社会主义先进文化,积淀深厚的文化底蕴,增强文化自信。"[1] 通过课堂上有意识地引导、渗透、积累、运用,让学生在大量经典的浸润下,培养崇尚真、善、美的意识,增强民族自豪感。活用语文教材,引导学生从传统文化中汲取营养,以文化人,以德润心。

"融·悦"教学实践在重构阶段的"融"指根据学情适度引入资源,在读写融合中,展现语言之美、思维之美、文化之美,追寻天人合一的和谐境界,实现语文教育引导生命向善、求真、审美的目标。"悦"指将课内与课外资源融为一体,引导学生入情入境地学习,充分感受中华文化的魅力,获得愉悦的生命体验。

【慎思之】"教学重构"研究的思考

基于日常调研,纵观区域小学古诗词教学情况,主要存在以下问题。

---

[1] 中华人民共和国教育部:《义务教育语文课程标准(2022年版)》,北京:北京师范大学出版社,2022年4月版,第44页。

一、从教学内容上看，偏于单一，资源统整不足

日常教学中，教师偏向于单首古诗教学，缺少资源统整意识，教学内容比较单一。教师指向核心素养，重构古诗词教学内容，使教学资源由单一走向多元，在学生记忆的黄金阶段，把经典文化的种子播撒在学生的精神土壤上，丰厚文化底蕴。

二、从教学方法上看，偏于品析，实践运用不足

教师常用的古诗词教学方法基本上是：读诗题、知诗人、明诗意、悟诗情。教学以诵读品析为主，但在实践运用方面不够深入。古诗词教学不止于诵读，应读思结合，读写结合，引导学生在想象中提高思维能力，在语言运用中提高表达能力。

三、从教学效果上看，偏于积累，审美化育不足

古诗词教学大多停留于背诵积累、默写记忆，没有充分发挥古诗词承载的以文化人、培养审美情趣的作用。古诗词教学承载着语言积淀、价值引领、文化传承等使命。

如何改变现状，通过资源融合与教学重构，实现教学的增值？这是我们思考的一个主要问题。2022年版课标指出："注重课程内容与生活、与其他学科的联系，注重听说读写的整合，促进知识与能力、过程与方法、情感态度与价值观的整体发展。"[1]"留意身边的传统节日、风俗习惯等文化现象，感受和学习生活中的中华优秀传统文化。"[2] 我们以关注学生生活，润泽学生生命为旨归，在课堂语言的巧妙勾连、资源运用的恰到好处、作业设计的个性化等方面做足功夫，让语文核心素养在课堂中落地生根。让学生沉浸于中华优

---

[1] 中华人民共和国教育部：《义务教育语文课程标准（2022年版）》，北京：北京师范大学出版社，2022年4月版，第3页。

[2] 中华人民共和国教育部：《义务教育语文课程标准（2022年版）》，北京：北京师范大学出版社，2022年4月版，第34页。

秀传统文化中，过一种幸福的语文生活。注重"三融"教学思路，培养核心素养。注重引导学生在实践中积累语言经验并学会运用语言文字，促进核心素养的提高。加强古诗词教学，让学生在语言文字的品析中陶冶审美情趣，在语言文字的运用中增强文化自信。

教学重构阶段的"三融"教学实践，关注学生的学习生活与体验。更注重音乐的渲染，画面的熏陶，引入视频资源，体现动态变化；更注重情感的激发，思维的启迪，加强思辨性学习引导；更注重读书的引领，习作的强化，导向整本书阅读，引导"双练笔"，即课中写小片段，课后写听课感，让学生在语言实践中提高语文素养。在阅读与习作的指导中，激发学生对美好生活的向往之情。

【笃行之】"教学重构"实践的策略

2022年版课标中关于"核心素养"的表述有42处，其中，在"教学建议"中强调"教师应理解核心素养的内涵，全面把握语文教学的育人价值，突出文以载道、以文化人"。[①] 语文学科核心素养的四个方面彼此交融、浑然一体，因此教学中，教师应根据教材和学情特点，以语言积累运用为基础，整合教学资源，促进思维发展，引导审美创造，增强文化自信。

古诗词是中华优秀传统文化的重要载体。为了让古诗词教学呈现和谐之美，让学生素养有效提升，我们开展了"传统文化视野下语文教学重构"的课题研究，通过资源整合运用，实现教学内容的重构；通过教学范式构建，实现教学方式的重构。让学生在古诗文的学习与体验中，感受生活的多姿多彩；让学生在日积月累、学以致用中，拥有品位高雅的文化记忆。

一、构建教学基本框架

教师有效依托教材，以资源整合的方式重构教学内容，引导学生在真实

---

① 中华人民共和国教育部：《义务教育语文课程标准（2022年版）》，北京：北京师范大学出版社2022年4月版，第44页。

的语言运用情境中，积累语言经验，提升语用能力，实现阅读教学的最优化。

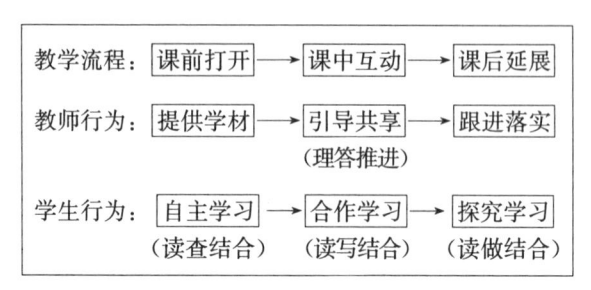

```
教学流程：课前打开 → 课中互动 → 课后延展
教师行为：提供学材 → 引导共享 → 跟进落实
                    （理答推进）
学生行为：自主学习 → 合作学习 → 探究学习
        （读查结合）（读写结合）（读做结合）
```

"融·悦"教学实践倡导的教学做法：课前打开，自主学习；课中互动，共享学习；课末延伸，拓展学习。"课前铺垫—课中统整—课后延展"构成教学主脉，让学生在多维时空中进行语言积累与运用。课题组核心成员黄敏容老师发表在"融美悦心"微信公众号中关于郑燮《竹石》一课的教学，具体阐释了如何通过前置性学习、共享性学习、延展性学习实现教学重构。

（一）课前打开，多维度丰富语料储备

课前，教师围绕主题，多维度、跨学科提供学习材料，引导学生诵读经典诗文、阅读经典著作，在丰富语料储备的同时提高阅读起点。

1. 读传记，知人论世

教学前，教师推荐学生阅读《郑板桥传》，让学生从一则则小故事中了解诗人郑板桥的生平经历，感悟他对竹子的情有独钟，拉近学生与文本、与诗人的时空距离，为思维的交流碰撞蓄势蕴情，为言语的实践运用铺路搭桥。

2. 赏名画，诵读诗文

教师打通学科壁垒，引领学生鉴赏名家名画、诵读名家名篇，在诗情画意中品悟梅的孤傲、兰的清幽、菊的淡雅、竹的坚劲及其所承载的君子文化，丰富审美体验，丰厚文化积淀。

3. 听音乐，品味歌词

引导学生听《经典咏流传》中肖战演唱的《竹石》，唤起学生情感的共鸣，润物无声地积累言语范式，为课堂练笔赋能增效。

（二）课中互动，多情境积累语言经验

教学中，教师以"咏物诗"为主题，创设多元情境，开展听说读写思活动，引导学生在积极的语言实践中，积累语言经验，提升审美品位。

1. 抓诗眼，由点及面，言意兼得

"坚劲"是《竹石》的诗眼，教师紧扣"坚劲"二字，环环相扣、层层递进地展开教学。

环节一：赏竹之神韵。先让学生默读诗歌圈画关键词作批注，说说从哪些字词中感悟到竹子的"坚劲"，而后带着体会有感情地朗读相应的诗句。抓住关键词，学生发现这首诗字字都在赞美竹子的坚劲，其中最震撼人心的是"千磨万击"。此时，教师引导学生展开想象：立根破岩的竹子，会遭受怎样的磨难与打击？它又会怎样坚劲地面对？并用上句式说一说。最后创境引读：

烈日摧不毁竹子，它傲然挺立着——千磨万击还坚劲，任尔东西南北风。

大雪压不垮竹子，它顽强生长着——千磨万击还坚劲，任尔东西南北风。

环境越是恶劣，竹子越是坚劲挺拔——千磨万击还坚劲，任尔东西南北风。

在琅琅书声中，平面的文字幻化为一幅幅立体的画面，鲜活而饱满；竹子的坚劲也形象鲜明地跃然纸上，翩然心间。

环节二：品人之秉性。先让学生结合共读书目《郑板桥传》简要介绍诗人，再从书中提炼三个事例，引导学生联系诗歌，通过对比发现郑燮勤政爱民，坚强刚劲，不向权势屈服，不愿同流合污，就如竹子一样"千磨万击还坚劲，任尔东西南北风"。进而读懂这两句诗不仅仅是在赞美竹子的坚劲，更是在表达诗人的志向。最后诵读郑燮的另一首咏物诗《题画竹》，齐唱肖战的《竹石》，印证郑燮爱竹成痴、刚正不阿的君子风骨，增强学生的情感体验。

环节三：悟诗之写法。出示表格，先让学生在温故知新的基础上继续填写表格，再引导学生比照发现，这三首诗作者表面上赞美的是物的特点，字里行间蕴含着的是人的志向。学生明白了咏物诗借物喻人、托物言志的写法特点与作用。

紧扣诗眼，品味涵泳，学生在言语内容和言语形式中来回穿梭，由一首诗走近一个人，由一首诗铭记一份情，课堂言与意和谐共生，读与写比翼齐飞。

2. 梳文脉，由篇及类，言情共生

先由"竹"引出"花中四君子"，再以"梅、兰、菊"为关键字进行诗词飞花令大比拼。接着，让学生分享诵读诗词时所想象到的画面，并用一个关键词赞美梅、兰、菊。最后，创设情境诵读经典咏物诗词。吟诵着孔子的《幽兰操》、陶渊明的《饮酒·其七》、陆游的《梅花绝句》、郑燮的《竹石》，学生徜徉在历史的长河里，触摸中华文脉的温度，感受物人合一的丰富意蕴，构筑了一个诗意的精神家园。梅傲兰幽菊淡竹坚的君子文化，也悄然无声地转化为一种生命图腾，镌刻在学生心间，历久弥香。

3. 巧练笔，由物及我，读写相长

教师巧设练笔："梅傲兰幽菊淡，哪一种花的秉性触动了你、感染了你？请抓住它的特点，试着用上'借物喻人'的写法，抒发情感，表达志向。可以是诗的形式，也可以是一段话。"此时，学生情动辞发，充分调动生活中的知识储备，灵活运用课堂上学到的言语经验，表达自己对美好追求、理想人格的向往与追慕。

教师以审美的眼光解读教材，构筑多元融合的言语实践场，唤醒学生的审美体验，涵养学生的文化情怀。学生浸润其间，切己体察，化诗情诗韵为精神养料，实现了自我生命的拔节；化文本的言语思维规律为自己的言语表达智慧，实现了阅读与写作的双向奔赴。

（三）课后延展，多途径提升语用能力

语文学习的外延等于生活的外延。教师有心打开教学视野，融通课堂内外，引导学生在更广阔的学习情境中学语文、用语文，提高语言文字运用能力。

1. 诗画联盟，创意表达

《竹石》既是咏物诗又是题画诗，课末教师出示郑燮的竹石图，简要介绍题画诗的特点，再让学生课后从梅兰竹菊中任选一个，画一幅画，并在空白处题上相应的咏物诗文，表达自己独特的体验与感悟。在迈向审美语用的创意表达中，学生获得了个性化的阅读体验，提升了文学修养和艺术修养。

2. 读思联谊，分享心得

课前，学生已经完成《郑板桥传》的自读，课后要求学生继续深入阅读，以"我眼中的郑板桥"为主题分享阅读心得，撰写读书感悟。打开一本书，开启一扇窗。学生沉潜语言文字，品味人物形象，体认中华文化，丰厚阅读体验，实现语文教学工具性与人文性的同生共长。

"读咏物诗，最为重要的就是要关注'物'和'人'之间的联系，要由'物'的特点看见'人'的品格，也要由'人'的品格想到'物'的特点。"①本课基于文本特点，联系学生实际，进行教学重构，努力做到：课前，注重前置性学习；课中，注重共享性学习；课后，注重延展性学习。通过资源的融合运用，让学生体会这首诗借物喻人、人物合一的特点。教学向课前与课后打开，为学生搭建自主、合作、探究学习的平台，促进学生素养的提升。教学充分体现"融汇情思、融入音画、融通读写"的"三融"教学特点，自然成为"融·悦"教学实践范例。

二、寻觅教学主要路径

王荣生教授在《语文教学之学理》中指出："语文教学内容既包括教学中对现成教材内容的沿用，也包括教师对教材内容的'重构'——处理、加工、改编乃至增删、更换；既包括对课程内容的执行，也包括在课程实施中教师对课程内容的创生。"②我们以中国思维、中国美感为指导，实现语文教学内容与教学方式的重构，让语文教学更美、更好。依据《道德经》"道生一，一生二，二生三，三生万物"的理念，抓住教学主脉，活用资源，把握关联，让课堂气韵生动。依据苏轼"旧书不厌百回读，熟读深思子自知"的观点，

---

① 王崧舟：《诗意的探寻：王崧舟诗意语文创新课堂十例》，武汉：长江文艺出版社，2023年9月版，第293页。

② 王荣生：《语文教学之学理》，北京：商务印书馆，2022年1月版，第114页。

引导学生熟读深思，让教学兼具感性与理性之美。

1. 调序：纵向勾连，丰实教学主题

以统编版小学语文教材为基础，"瞻前顾后"，发现纵向的关联性，进行适度调整，突出教学主线，加深学生理解，提升学生素养。如，教师将统编版五年级上册的《示儿》和五年级下册的《秋夜将晓出篱门迎凉有感》这两首陆游的诗进行整合教学，在整体感知的基础上，根据诗人创作时间的先后，进行变序教学，先引导学生学习《秋夜将晓出篱门迎凉有感》，再学习《示儿》，体现情感的自然延伸。课前，引导学生阅读《陆游传》，了解诗人，熟悉历史；课中，借助表格，梳理两首诗的异同点。引导学生采用对比的策略，深入感受诗人的那颗诗心；课后，结合两首诗的学习，交流《陆游传》的阅读体会，进一步感受诗人深沉的家国情怀。

2. 增补：横向链接，丰富审美体验

立足教材，"左顾右盼"，关注横向的联系，根据教学目标及学生实际，适度增加课外学习内容。以"1＋N"的思路进行统整，"1"指一首课内的古诗词，"N"指一首或多首课内或课外的古诗词。围绕主题，链接新知，丰富体验。

例如，教学《忆江南》，教师引导学生温故知新，朗读想象，在美妙的情境中体会白居易笔下的江花、江水之美。不仅链接赏析了《忆江南·其三》，还增加了有关江南美景的其他诗词及赞美江南的两首歌曲。学生徜徉于古诗词中，在优美的乐声中深情诵读、跟唱、创编。在低吟浅唱中，诗人对江南的深情，也印在了学生心田。

3. 创生：纵横交错，丰厚文化积淀

围绕古诗词教学主题，开发资源，创意设计。纵向上，勾连已知与未知；横向上，加强学科融合，调动学生的视觉、听觉等不同感官，体会古诗意蕴。课内外联结，拓展教学时空，让古诗词教学灵动有生机。教学《诗经·月出》，教师紧扣诗眼展开教学，引领学生开启浪漫的经典学习之旅。课始，学生诵读《春江花月夜》，进入明月之境。教师紧扣"月"的意象，引导学生联系诗句，展开想象，感受诗的情境之美、意蕴之美；通过课堂思辨，引导学生沉入文本，从不同角度发表观点，畅谈理由；以歌声唤醒学生对往事的回忆，引导学生联系生活进行课堂练笔，抒发思念之情。

三、形成教学基本范式

教师以传承文化的眼光创造性地使用教材，引导学生比较品读、还原意象、诵读感悟、审美表达。将语用、理解、审美融为一体，让学生在古诗词的浸润中，增强文化自信。

1. 比较式：品析鉴赏，激活思维

比较式品析，以发现诗词的异同为思维的触发点，求同存异，深入领悟古诗内涵，助力学生思维能力的培养。如，教学曾几的《大暑》，教师引导学生走进"诗"与"思"的对话。创设问题情境，引导学生品词析句，展开想象，感悟诗人如何表达大暑时节的天气特点。拓展白居易的《销暑》进行比较品读，在比较阅读中培养思辨能力，感受古人消暑的乐趣，体悟古人珍惜时间、勤勉学习的精神。注重联系生活，展示教师大暑时节读书、赏荷的消暑方式，巧设随堂练笔，激发学生珍惜光阴，认真读书的情感。教学中渗透着"心静自然凉"的哲思，以经典滋养抵达今人诗意生活，这样的课堂重构是美妙的文化精神游历。

2. 嵌入式：引入书籍，以文化人

在古诗词教学中，渗透整本书阅读理念，在课前阅读的基础上，撷取书中的某些章节，嵌入课中，辅助理解，引发兴趣。如，教学《示儿》《秋夜将晓出篱门迎凉有感》两首诗，教师结合新课标理念，注重任务驱动，将《陆游传》这本书的阅读融入课堂，引导学生品诗读文，培养学生阅读能力。引导学生阅读人物传记，了解诗人，熟悉历史。借助表格，梳理两首诗的异同点。引导学生采用对比策略，深刻体会诗人忧国忧民的爱国情感。引导学生分享读书笔记，交流读书感悟，提升语文能力。

3. 熏染式：沉浸音画，引导审美

久熏幽兰人自香。教师根据古诗词的情感基调，以美的音乐、美的画面、美的诵读，把学生带入诗词的情境中，引发情感共鸣。在音画的熏陶与感染中，学生展开想象的翅膀，与作者的情感律动相应。如，教学王维的《山居秋暝》，在诵读的基础上，教师引导学生借助诗中景物想象画面，接着质疑探究，引导学生体会诗人对山中美景和美好生活的向往，然后立足单元语文要素，链接写作背景和关于终南山的资料，对"空山"的意象进行多元解读，让学生深入感悟诗意，最后拓展链接，引导学生书写秋天，感悟动静结合的写法。教师将《经典咏流传》中《山居秋暝》的歌曲引入课堂，音乐在课堂流淌，激发了学生亲近经典、亲近自然之情。学生走近"诗佛"，了解王维内心的宁静。学法迁移，学生以"如果没有王维"为题进行仿写，从整体上交流课堂收获，探寻走近王维的意义。

4. 支架式：提供范例，迁移运用

2022年版课标指出引导学生"阅读描绘大自然、表现人类美好情感的诗歌、散文等文学作品，结合自己的生活体验，尝试用文学语言表达自己热爱自然、珍爱生命的情感"。[①] 我们注重引导学生在诵读积累的基础上，联系学习生活进行语言文字运用，在实践中提高素养。如，教学《诗经·桃夭》，教师从诵读课文中关于桃花的诗词，自然引入《诗经》教学。带领学生反复诵读体味《诗经》重章叠句的音韵美，通过引导学生比较章节的异同，扣住叠词想象桃花艳丽的画面，体会"人面桃花相映红"的意趣和"宜其室家"的美好祝福。拓展阅读陶渊明的《桃花源记》，自然嵌入教师游读自然的视频及有感而发的文字，引导学生亲近经典，将自己心中的桃花源化为美的文字，感受阅读生活的美好。

5. 延展式：导向课外，融入生活

通过课内学习，有意识地将学生导向课外学习，使之融入生活，体现语文学习与生活实践的自然融合。如，教学元稹的《小暑六月节》，课伊始温故知新，引导学生从凝练的词语中回顾夏天节气的特点，从寒来暑往的认知中开启节气与学生的邀约。教师以"这是一个怎样的小暑"为问题驱动，引导

---

① 中华人民共和国教育部：《义务教育语文课程标准（2022年版）》，北京：北京师范大学出版社，2022年4月版，第26页。

学生通过词语理解、想象揣摩，了解小暑节气的特点；再抓住诗中"竹"和"苔"的意象，与教材内容进行重构，在提炼概括中明晰夏天景物迅速生长的特点，在一诗一文互参学习中聆听节气的古今呼应。宕开一笔，与经典诵读《四时读书乐·夏》进行诗文重构，一线贯穿竹与苔的意象，品清幽、修静心，拓展"晒书节"的习俗，在诵读和练笔中获得小暑天读书乐的情趣，以节气文化的浸润启发学生在书香滋养下快乐成长。教师以"小暑即将来临，六年的小学生涯就要结束。老师希望大家能读懂元稹的诗，也读懂他的心。当热浪蒸腾的暑假来临，寻一处诗意之境，继续在静心阅读中拔节"为课堂总结，将学生引向课外，导向在阅读中度过灿烂的夏天。

四、倡导五色教学评价

为唤醒教师的重构意识，在研讨交流中明晰重构方向，提升古诗词教学效益，培养学生核心素养，我们实行"五维定色"的教学评价，从"教学内容的处理、教学媒介的运用、学生学习的表现、课堂练笔的落实、课后作业的设计"五个维度进行课堂观评，了解教学实效，明确重构要点。围绕教师与学生的课堂状态进行红、橙、蓝、绿、紫五色评价，追求激情奔放、和谐共生、清新自然、积极向上、诗意飞扬的课堂生态，形成各美其美、美美与共的教学特色。

我们曾面向"传统文化视野下语文教学重构"课题实验校的学生就小学古诗教学做过问卷调查，其中，针对"你认为古诗课堂应该是什么颜色的？为什么？"这个问题的回答，有41.9%的学生认为古诗课堂应该是绿色的。学生有自己的思考：绿色代表了自由，古诗教学要让学生自由想象古诗描写的情景；绿色仿佛能让人看到小草的生机勃勃，它代表着生机，代表着活力，在古诗课上，也要有这种活力，积极地把自己融入古诗的情感中；绿色的课堂让人感到清爽舒适，诗意盎然，就像置身于大自然中；绿色代表着幽静，古诗课堂要追求美好的意境，让学生融入其中，在古诗里沉醉。可见，绿意盎然，自由想象，充满生长气息的古诗教学是学生所向往的。教师努力通过教学重构，营造清新自然的氛围，让学生沉醉诗的美妙意境中。

孩子们心中的五色语文课堂是这样的：

(一)
语文课是烈火般的红色，
它是革命先烈的血液筑成的，
让我们明白了祖国的繁荣、人民的团结。

语文课是活泼积极的橙色，
它是课上那双双积极活跃的手，
让我们一起讨论文中的个个难题。

语文课是优雅至极的紫色，
它是文字背后的清新回味，
让我们体会到中华文化的博大精深。

语文课是生机勃勃的绿色，
它是坚强不屈破土而出的小嫩芽，
如同不断吸取日月精华、奋力生长的少年。

语文课是纯洁天真的蓝色，
它是书中顽皮可爱，活泼天真的主人公，
不断鞭策我们读好感化心灵的圣贤书。

(二)
语文课是红色的，
它是语言的火焰，
为我们带来激情与热烈。

语文课是橙色的，
就像夏天的夕阳，
将美丽的光芒洒在我们身上。

语文课是紫色的，
它是丰厚的古书，
带我们与古人诗意相会。

语文课是蓝色的，
它是无边的天空，是无际的海洋，
带我们飞翔在知识的天地。

语文课是绿色的，
它是青青的翠竹，绿绿的小草，
带我们领略不一样的风光。

下面，以《论语》一课教学观评为例，谈五色评价。

长乐区小学语文课题研究课堂教学评价表

评价人：__郑芳__

执教教师	陈若锋	所在学校	洞江小学
课题	《论语（节选）》	教学时间	2024.5.29
五色评价			
评价项目	观课概述		
教学内容的处理	陈老师积极构建不同的朗读场景，引导学生通过猜读、快读、配乐读等方式亲近经典，熟读成诵。教师链接与孔子有关的故事，从孔子的言行中互参学习，深思明义。温故知新，引导运用，学以致用。		

续表

教学媒介的运用	多媒体的使用恰到好处，特别是《幽兰操》的音乐旋律和杏坛钟声的情境创设，将学生带入了两千多年前孔夫子授课讲学的情境，让学生在经典的学习中获得乐趣，巧妙地引导学生品味经典文化之美。
学生学习的表现	学生进入沉浸式学习状态，爱学乐思，能从孔子的故事中理解经典名句的意思，感受圣贤的君子之范，学习君子之风。可以看到学生的拔节成长，"人不知而不愠，不亦君子乎？""敏而好学，不耻下问"等经典名句已深入孩子心中。
课堂练习的落实	课上引导学生把论语名句作为座右铭，读写结合勉励导行，学习圣哲言行，指导学习生活，以文化人。引导学生内化运用，为成长赋能。
课后作业的设计	《论语》的学习为学生打开了一扇学习经典之窗，引导学生课后诵读《论语》让孩子真正与经典同行。阅读《孔子的故事》，从课堂学习延伸到课外，把整本书的推荐阅读落到实处。通过这样的作业设计，学生不仅能够巩固课堂所学，更能够在自主阅读的过程中，促进能力的发展。
目标达成情况	学生的学习热情很高，他们积极投入学习，体现教师的教学设计贴近学生，也体现学生对经典学习的热爱。他们充满好奇，充满自信，充满快乐，课堂生机盎然。本节课的目标已圆满达成。
	这是一节（绿）色的语文课。

　　评价者把握住绿色课堂的本质特征，从教与学两个维度进行观课点评。从教的角度看，教师立足经典学习，融入相关资料，引导学生诵读、品悟。拓展链接，引导学生学以致用。整堂课充盈着清新温润之美。从学的角度看，学生在教师的引导下，渐入佳境，品味经典，审美表达，课堂呈现出自然生长、诗意盎然之美。

　　古诗词是中华传统文化的精粹，教师以审美的视角，适度融入学习资源，让教学更有质感；适机引入学习方法，让教学更有张力。指向核心素养的培养，在教学重构中情理兼顾、读写互促，以感性为经，以理性为纬，经纬自然交融，编织出古诗词教学锦绣画卷，让学生在审美的境界中领略中华文化的无穷魅力。

第三章

"融·悦"教学实践之诗书涵泳

第三章 "融·悦"教学实践之诗书涵泳

第一节 以立人为本，醉心于课例切磋

《诗经》云："有匪君子，如切如磋，如琢如磨。"经过多年教学实践，我们逐步形成"123"教学研讨与交流分享的格局。"1"指以传承文化，以文化人为一个共同的目标；"2"指以区教师进修校与"融美悦心"两个微信公众号为交流平台；"3"指以课题组、劳模工作室、读书会三支队伍为主力，同心同行，共研共享研究成果。目前，区教师进修校公众号与"融美悦心"公众号中关于传统文化教学方面的报道及师生发表的文章有800多篇。

2019年，我们成立了福州市劳模工作室；2023年，升级为福州市陈爱华劳模与工匠创新人才工作室，现有成员与学员36人。我们以"引导诵读经典，传承优秀文化，培育家国情怀"为初心使命，积极在城乡学校开展教学展示与送教活动，引导学生诵读经典，传承中华文化，做有家国情怀、有文化自信的中国人。

2018年，在领导的支持下，成立了区小学教师读书会，现有会员52人。教师们以心相约，以爱相牵，厚植爱国情怀。持之以恒，指导阅读；培根铸魂，推广阅读。师生共读，传承文化，为美好人生奠基。2019年，在长乐区第十三届读书节启动仪式上，团队成员展示的《诗经·桃夭》与《诗经·蒹葭》诵读节目在"学习强国"平台推广。2021年，《中国教育报》《福建日报》等对我们的教学实践成果进行了报道推广。

我们曾兴趣盎然地诵读《大鹏赋》，手之舞之，足之蹈之。"俄而希有鸟见谓之曰：伟哉鹏乎，此之乐也。吾右翼掩乎西极，左翼蔽乎东荒。跨蹑地络，周旋天纲。以恍惚为巢，以虚无为场。我呼尔游，尔同我翔。于是乎大鹏许之，欣然相随。"诵读经典，酣畅淋漓。每次有研讨课，同伴们都积极回应，用心切磋，是"我呼尔游，尔同我翔"的心有灵犀。读书会成员若锋说：

"总是相信，未来的样子也许就开始于当下一场奔赴，当下一趟我呼尔游的相随，当下一串的同声相应，一回心无挂碍的交付，一次突如其来的感动。"大家就是这样的真心真情，就是这样的无怨无悔，就是这样的不离不弃。会心处，我们不约而同地哼起一首歌："红尘自有痴情者，莫笑痴情太痴狂。若非一番寒彻骨，哪得梅花扑鼻香……"若问这些小语人所为何求？也许就是为了藏于心中的紫色的梦吧。

　　中华经典诗文中承载的精神绵延不绝，生生不已，我们注重课内课外双管齐下，引导学生诵读经典诗词文赋，以经典的价值理念和道德规范引领学生向上向善，真正以文化人。注重传统文化的学习与生活紧密联系，让"读经典、诵经典、用经典"成为日常生活的一种常态，汲取古诗文中的真、善、美的元素，引导学生做胸怀家国、心有深情的中国人。

　　古诗文教学中，融入教学资源，引导学生走进诗境，发现奥秘，拨动学生心中的琴弦，学会诗性表达。我们在教学中注重融入故事情节，让诵读有情趣感；融入歌曲资源，让想象有意蕴感；融入乡土习俗，让品味有真切感；融入节气元素，让体悟有丰盈感；融入书法作品，让积累有仪式感；融入名家诗作，让表达有灵动感。

　　以"融·悦"理念指导团队成员执教的课例，最常用的教学范式有两种。

　　一是熏染式，在音乐的陶冶中学习。古诗词教学中适时引入音乐资源，或以旋律营造意境，或以歌词互文阅读，音乐与语文融合，让学习更有诗意，更具美感。

小学古诗词教学中融入音乐资源举隅

课例	执教者	融入的音乐资源	备注
《读唐诗》	陈若锋	《读唐诗》	谷建芬作曲
《暮江吟》	曹游繁	《渔舟唱晚》	常安演唱
《清明》	陈宇涵	《清明雨》	陈道斌作词
《送元二使安西》	马红霞	《送别》	李叔同作词
《春夜喜雨》	黄敏容	《春夜喜雨》	张靓颖演唱

续表

课例	执教者	融入的音乐资源	备注
《五绝·小满》	洪小意	《垄上行》	张明敏演唱
《满江红》	林寒冰	《精忠报国》	屠洪刚演唱
《声声慢》	潘慧娟	《故梦》	双笙演唱
《定风波》	陈艳	《定风波》	黄绮珊演唱
《诗经·月出》	赵雪芳	《明月千里寄相思》	蔡琴演唱

二是嵌入式，在书香润泽中学习。古诗词教学中适时嵌入好书美文，辅助理解，开拓视野，让学习更有内涵，更具深度。

小学语文教学中嵌入好书资源举隅

课例	执教者	嵌入的好书资源
《诗经·桃夭》	陈 艳	《桃花源记》（绘本）
《问刘十九》	林 凤	《白居易诗选》
《忆江南》	王晓芳	《白居易》（连环画）
《示儿》	陈 姬	《陆游传》
《竹石》	黄敏容	《郑板桥传》
《清平乐·村居》	陈育贤	《辛弃疾传》
《自相矛盾》	郑 芳	《中国古代寓言故事》
《端午节》	高香秀	《屈原传》
《论语（节选）》	陈若锋	《孔子的故事》
《杨氏之子》	王秀琴	《世说新语》

余映潮老师说："在阅读教学的课堂上，有穿插就有起伏，有穿插就有波澜，有穿插就有扩展，有穿插就有新的吸引力。"在教学中恰当地引入资源，穿插运用，可以更好地引导学生体会内容的丰美，文本内外，水乳交融，课堂处于圆润融通的状态，呈现出摇曳多姿的和谐之美。

此花此叶长相映，指导，意味着共享。在指导教师的过程中，我们有过思维的碰撞，有过灵感的闪现。山穷水尽，苦思冥想；柳暗花明，相视而笑。每一次备课，都是一次挑战，都是一次考验。喜欢和有情怀的教师一起，在备课中经历"为伊消得人憔悴"的追寻过程，感受"蓦然回首，那人却在灯火阑珊处"的情景是让人愉悦的。

若锋说："在读书会里，你恍惚会看到一个园子，看她戴月荷锄晨兴理荒，看她栉风沐雨长成一棵高大的伴生树。园子里老干还是新枝，她都不吝呵护，不改深情。在一节节优质课的背后，谁都曾走过荒烟蔓草，经她痴心念念调拨成一曲芳华，一树繁花。我们何其有幸，被智慧引领、被情怀激荡、被诗与美关照。看她星斗其课，赤子其人。怎不说这世界有那么多人，多幸运我有个我们？这世界有那么多人，有你才有个我们。"多么幸运！志趣相投的我们相遇于语文百花园，孜孜矻矻，一心为语文的诗与远方。

正因为在古诗文教学中融入资源，重构教学，我们的课例得到了师生们的喜欢。2023年6月，我们的团队成员王晓芳老师受邀参加在南京市举行的由中国陶行知研究会主办的"优秀教学成果推介大会暨中小学素读经典教学法与教材融合高级研修班"活动，为来自全国各地的优秀教师及金陵中学实验小学的师生展示了白居易《忆江南》一课的教学。

河南的雏老师写下这样的观课感言：

> 王晓芳老师的这节《忆江南》真让人沉醉！课堂上，晓芳老师轻声细语，教态温润如玉，让人如沐春风，有江南韵味；这节课的教学设计以《忆江南（其一）》为切入点，以一篇带多篇，不仅让学生学习了《忆江南》其二、其三，还增加了有关江南美景的其他诗词名句，而且增加了两首赞美江南的歌曲，体现了经典素读和海量阅读的理念，整个设计有江南韵味；课堂上，学生在晓芳老师的带领下，徜徉在海量的古诗文名篇中，在优美的乐声中深情朗读、歌诀乐读、吟诵、跟唱、创编，课堂氛围轻松、沉静、典雅，整个课堂更有江南韵味。会场中，听课老师被精美的画面、琅琅的读书声，师生轻松、和谐的课堂生成深深打动，融于江南韵味中，沉醉不知归路。

很感谢这位我们并不相识的雒老师如此诗意的点评与真诚的肯定。雒老师可谓我们的知音，从一节课中读懂了我们"融·悦"教学实践课堂的基本特点。

2023年10月，读书会成员黄敏容老师在长乐区与龙岩市永定区开展的山海协作交流活动中，展示了杜甫《春夜喜雨》的教学。回想当时的教学状况，她说："学生一开始因新奇而嬉笑，进而渐入佳境，品析交流，直至跟随经典诗文歌之、舞之、诵之，沉醉不舍下课。课后，永定城关中心小学的张老师不知从哪儿要到了我的微信号，添加为好友。他在微信中说：'感谢您跨越大海大山，来永定传经送宝，带来一场非常经典的古诗教学！'看来，张老师是真的爱上了我们的古诗教学。"

感谢这位张老师的认可，山海交流，彼此成全。在这样一场活动中，敏容对古诗教学的思考更深入，前行的步伐更坚定。

作家说："生命对人毕竟只有一次。在它旺盛的时候，尽其所能发光发热才更符合生命的自然。若生命是一朵花就应自然地开放，散发一缕芬芳于人间……若生命好比一只蝶，何不翩翩起舞？"人在旅途，各有各的忙。但忙忙碌碌中，我们未曾忘记"蜜蜂一样工作，蝴蝶一样生活"。这是我们最初的约定。化作江南蝶，"才伴游蜂来小院，又随飞絮过东墙。长是为花忙"。愿与传统文化相伴，与美同行的朋友们笑靥如花，真情如花，课堂如花，生命亦如花。

第二节　以唐诗为翼，蹁跹于唯美晴空

融于唐诗品馨香

《蒋勋说唐诗》一书中有这样一句话："我们读王维的诗会有特别的感动，因为他在描写风景时，带出了人的生命状态。"可以说，听教师们教学唐诗的课也会有特别的感动，因为我感觉在教学中他们展现了自己的生命状态，那是对传统文化的一种真爱，对唐诗教学的一份深情。古典文学专家叶嘉莹先生说："我以为学习古典诗词最大的好处就是使你的心灵不死。"浸润于唐诗这朵文化奇葩的芬芳中，我们可与古人的心灵相通，汲取经典文化的营养，让自己的精神世界更美好。

好的课贵在资源的适当运用。在唐诗教学中，我们以诵读为一以贯之的基本方法，恰到好处地引入图文、音像等资源，让教学曼妙多姿。丰富的资源如同五月的榴花照亮唐诗教学课堂，师生一起踏上唐诗学习之旅，轻嗅中华文化的缕缕馨香，内心得到滋养。

一、课内与课外兼备

在唐诗教学内容的选择上，我们不仅关注课内的唐诗，还将课外的唐诗引入课堂，让学生更充分地感受唐诗的曼妙。如，本书中选入的关于白居易的诗有三首，其中，《暮江吟》是统编版小学语文四年级上册中的一首诗。而《问刘十九》《邯郸冬至夜思家》则是根据研究需要选自教材外的古诗。课内外古诗相融，丰富了学生审美体验。

二、单首与多首兼研

为更好地进行"融·悦"教学理念下的唐诗教学实践研究，我们不仅关注单首诗的教学研讨，还围绕主题进行资源统整，展示多首唐诗联教的魅力。如，《读唐诗》一课，就是基于《读唐诗》这首歌，进行多首唐诗整合的教学重构。教师有心引导学生诵读诗仙、诗圣、诗佛等经典作品，展开想象的翅膀，在唐诗的晴空翩然起舞。

统编版小学语文教材内王维的诗有五首，分别是《九月九日忆山东兄弟》《鹿柴》《山居秋暝》《鸟鸣涧》《送元二使安西》。我们以"亲情、友情、山水情"为主题进行王维组诗教学研讨，重组教学内容，融入音画资源，联教联学，一以贯之，让核心素养在课堂落地生根。

三、语文与音乐兼容

"没有音乐，语文将失去一半的美。"王崧舟老师所言极是。精选音乐，精心运用，可以点亮语文课堂，让教学摇曳生姿，给人以深切的审美体验。实践证明，音乐资源的合理运用，可以让语文课堂锦上添花。古诗具有抒情性、审美性、音乐性等特点，教师注重音乐、图文等多元资源的有机拈连，注重多样策略的有效运用，更好地引领学生穿越时空，感悟传统文化的魅力。

诗言志，歌咏声，好的音乐与美的文字，殊途同归，都能以情动人。央视《经典咏流传》节目将古诗词与现代流行音乐完美融合，让观众在歌手的演绎中领略诗词之美。和诗以歌，让经典诗词再现本应有的韵律、温度和情感，让古老的诗词焕发出崭新的生命力。教师在教学中把握音乐与古诗词的契合点，"寻找到大家共同的情感寄托点以及直击我们情感的动情点"。古诗教学更显得曼妙动人。

我们在唐诗教学中，注重语文学科与音乐元素的整合，如《读唐诗》这节课，整合了《读唐诗》与《经典咏流传》主题曲的资源；《暮江吟》一课，融入常安演唱的《渔舟唱晚》进行歌词的比较赏析；《春夜喜雨》一课，融入张靓颖演唱的歌曲渲染诗境；《邯郸冬至夜思家》一课，借京歌《梨花颂》的

111

旋律，以《邯郸冬至夜思家》的诗句为词，教师现场清唱。音乐架起了一座桥梁，跨越了时间与空间，于是，今人与古人的情感得以交融。课堂上乐音氤氲，声韵动人，学生耳听音乐，口诵唐诗，对古诗的热爱之情也随着琴音诗韵在心田漾开去。舒缓的乐曲声中，学生有滋有味地诵读，唐诗中所蕴含的画卷伴着琴韵徐徐展开，让人流连忘返。

四、诵读与阅读兼重

2022年版课标中关于"整本书阅读学习任务群"中强调："合理推荐和利用适宜的学习资源……激发学生的阅读兴趣，丰富阅读体验，拓宽阅读视野。"[①] 我们以"嵌入式"教学为基本策略，将绘本及人物传记的整本书阅读教学融入到古诗教学中，既可以达到知人论世、体会情感的目标，又可以激发学生课后深入阅读的兴趣。

教师将人物传记的阅读嵌入教学中，引导学生感悟先贤的高洁品行，感悟他们的赤子之心和真诚情感。如，教学《山居秋暝》，嵌入《王维传》的阅读。教学杜甫的《春夜喜雨》，教师以"唐诗里的雨"为主脉重构教学，引导学生紧扣诗眼进行思辨，品读想象，感悟字里行间洋溢着的喜意。联系《杜甫传》有关内容，引导学生品悟文字背后所承载的情感，体会诗人对安宁生活的向往与忧国忧民的赤子情怀。

五、品味与运用兼顾

无论是课内还是课外的唐诗，无论是单首还是多首的唐诗教学，我们都注重诵读品味与语言运用相结合，读写相融，读写互促，提高学生的核心素养。如，《读唐诗》一课，基于诵读积累的唐诗仿写歌词；《暮江吟》一课，运用语言文字借景抒情；《问刘十九》一课，仿写小诗，发出邀约；《邯郸冬至夜思家》一课，角色代入，表达心声；《春夜喜雨》一课，联系生活运用名

[①] 中华人民共和国教育部：《义务教育语文课程标准（2022年版）》，北京：北京师范大学出版社，2022年4月版，第33—34页。

句表达情感。师生携手流连于唐诗课堂，不亦乐乎！

唐诗璀璨情韵长——《读唐诗》构·悟·评

《读唐诗》教学构思

目标设定：

1. 融情于读：在读中体会唐诗的景美情深，增强文化自信。
2. 融思于写：和诗以歌，学会仿创歌词，用文字表达读唐诗的感受。

教学设想：

一、歌曲咏唱，攒萃唐诗

（课前播放歌曲《读唐诗》，学生静静听，轻轻唱）

1. 播放歌曲，揭示课题。

课前，我们听的这首歌名字叫——《读唐诗》。

这节课，我们跟随《读唐诗》这首歌，一起来读唐诗。

2. 读读歌词，找找唐诗。

（1）我们打上节奏来读读歌词。

床前的月光，窗外的雪。高飞的白鹭，浮水的鹅。

唐诗里有画，唐诗里有歌。唐诗像清泉，流进我心窝。

相思的红豆，吴山的雪。边塞的战士，回乡的客。

唐诗里有乐，唐诗里有苦。唐诗是祖先在向我诉说。

（2）歌词里藏着哪些诗人的诗？

（3）我们读诗吧！男生、女生，你一首，我一首，你呼我应读起来。

3. 想象画面，走进唐诗。

同学们眼前有了画面，在唐诗的画卷里浮想联翩，是一种美妙的感觉。

4. 诗词互参，发现写法。

我们定格唐诗中的画面，再来看看歌词。谁发现，歌词是怎样创作出

113

来的？

小结写法：①诵读经典唐诗；②提炼典型景物；③现代语言化用。

二、唐诗景美，笔落韵成

1. 再读歌词，走进画卷。再读歌词——唐诗里有画，唐诗里有歌，唐诗像清泉流进我心窝。（板书：有画有歌）再来听听音乐课上学唱的《经典咏流传》的同名主题曲。

播放歌曲《经典咏流传》

走在古城朱雀的小街
听见太白唱醉的明月
这是杜甫赞过的春雨
王维的空山就在心里

2. 词作者康震老师说，这是他第一次创作歌词，其中这四句献给所崇拜的、热爱的诗人，这样传播经典实在是幸福的事！我们来分享康震老师的这份幸福吧！谁来读读歌词？

3. 谁有发现，歌词里藏着哪些唐诗？

李白的《月下独酌》、杜甫的《春夜喜雨》、王维的《山居秋暝》。

词作者所热爱的诗人有：诗仙——李白，诗圣——杜甫，诗佛——王维。

我们一起跟随律动，读一读他们的诗吧。

4. 读诗有时需要这样一份酣畅淋漓。唐诗里有画，唐诗里有歌，你也来选一首，说说印象最深的画面吧。

5. 歌词是怎么创作出来的？

再读歌词，我们在唐诗的意境里流转，一份诗意像清泉漫流，让我们看到了别样的美景。（板书：景美）

6. 任务驱动，创作歌词。

读诗成曲，和诗以歌，校园"经典传唱歌词大征集"向大家发出邀约，我们也来创作歌词吧！请同桌合作，从平时积累的唐诗中提炼典型的景物，模仿《读唐诗》或者《经典咏流传》来创作歌词。

三、唐诗情深，心声写照

1. 过渡：唐诗的画面就像清泉流进我心窝，再看歌词：唐诗里有乐，唐诗里有苦，唐诗是祖先在向我诉说。

唐诗里有苦有乐，（板书：有苦有乐）那是祖先的诉说，我们一起去听听。

2. 唐诗里的亲情。

（1）播放视频《游子吟》。

（2）师：想来多少泪，都染手缝衣。唐诗是祖先在向我们诉说，你听——灯下密密缝的慈母喃喃自语：儿啊，这一针一线都是为娘的牵挂，你在外一定要照顾好自己，天凉要添衣啊！儿行千里母担忧。

（3）千年前那位慈母的叮咛依稀在耳畔回荡，那游子的心声谁又听到了？这心声都化作了诗句——谁言寸草心，报得三春晖。真情写下的文字是不朽的，这也是我们在座每一位儿女的心声。

3. 唐诗里有亲情、友情、家国情，有很多很多的深情。（板书：情深）

4. 倾听诉说，练笔抒情。

师：一首首唐诗都在深情诉说，用心读，你又听到哪位祖先的诉说，听到哪位诗人的心声？联系自己印象深刻的唐诗，动笔写一写。

出示小练笔：唐诗是祖先在向我们诉说，你听——

四、回扣歌曲，经典咏流传

1. 借助板书归纳。

这节课我们跟随《读唐诗》这首歌读唐诗，知道唐诗里有画有歌，唐诗里——有苦有乐，那是祖先的诉说。唐诗景美情深，诵读千遍也不厌。

2. 推荐《唐诗三百首》。

师：仰望唐诗的天空，你会看到无比璀璨的星辉。

（播放课件：星空背景，闪现唐诗诗名、作者及名句）

3. 经典咏流传。

当你吟诵唐诗，用心感悟景美情深，便会发现，唐诗对我们的滋养，就

像杜甫笔下成都郊外的那场春雨一样,"随风潜入夜,润物细无声"。(播放张靓颖在《经典咏流传》节目中演唱的《春夜喜雨》)

4. 推荐诵读《唐诗三百首》。

孩子们,我们继续读诗吧!在唐诗的浸润中,在经典的咏唱中,将我们的心灵和诗意托付。当明媚的唐诗直抵我们心中,那就是真正的经典咏流传!

作业设计:

1. 悦读:阅读《唐诗三百首》,感受唐诗的魅力。

2. 悦写:选择喜欢的唐诗,仿创歌词。

板书设计:

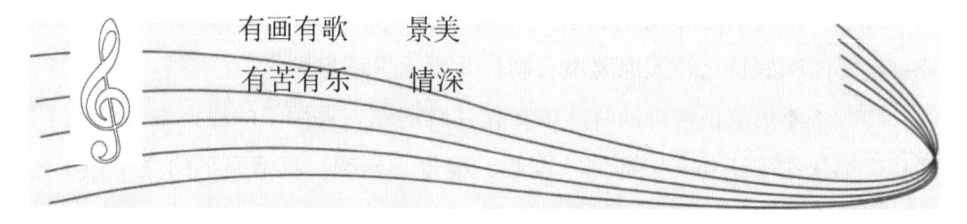

有画有歌　　景美
有苦有乐　　情深

(执教者:陈若锋　指导者:陈爱华)

倚曲串读唐诗　沉醉清梦星河——《读唐诗》教学感悟

引导经典诵读,漫溯诗词之美;传承传统文化,共寻诗教之道。2023年3月9日,在福州市小学语文经典诗词教学专项研讨活动中,我的《读唐诗》一课在五年之后再次向同仁们作汇报。

一、不期而至,清风故人

思绪漫溯到2018年4月11日,那天上午爱校正为骨干教师做培训,她由传统文化生发讲到央视节目《经典咏流传》,讲到和诗以歌的方式;讲到对谷建芬先生《读唐诗》的情动;讲到早晨上班途中将《读唐诗》设计成一节课有了几星突发的灵感。听到这,我的心怦然一动,《读唐诗》这首歌在孩子咿呀学语时轻轻教唱过;在学校课间回荡过;在甘肃送教的课堂上回旋在心间。真是清风故人不期而遇!随即发了信息:"爱校,我会是《读唐诗》这节课的有缘人吗?"这课算是有了前身缘。

二、慧心巧思，匠心作课

以一首歌作为主脉串起博大精深的唐诗，这样一节课的建构真是挑战。很快收到爱校发来的初步设想：课堂分两个大板块，感受诗中景美，依托唐诗，仿照歌词创作；感悟诗中情深，围绕"祖先的述说"练笔。第一次的动笔是聚焦是提炼，第二次的练笔则是抒发是发散。有了这样的思考，多了语言的品咂，多了思维的训练，多了情感的表达。就像爱校说的"自由中有规约，这节课没有教材的借鉴，但课堂语文元素要鲜明"。2023年进行教学重构时，链接了《经典咏流传》的同名主题曲，读唐朝明星诗人的名篇，在歌词互文参读中，再次感受唐诗里的美景，唐诗里的情深。爱校慧心巧思，用心如明月般成全我，但愿我心有灵犀不负她，不负美丽的语文课堂。

三、诗歌在侧，莫不静好

功夫在诗外，不待扬鞭自奋蹄。《唐诗三百首》《蒋勋说唐诗》《蒙曼品最美唐诗》、于丹《重温最美古诗词》、叶嘉莹《中国文脉》都成闲暇时的主题阅读。有文化底蕴和开阔的课程视野，眼里有光有底气地挺立在课堂，这是一向努力的追求。诗歌在侧，静静阅读，像是找到桃花源一样的地方，抒不尽的静好。爱校说，《读唐诗》这首歌她最喜欢那句"唐诗是祖先在向我诉说"。我想，若是看到学生的练笔作业，她定会更欣喜。"窗外风吹麦浪，田园好风光。和老友举杯相聚，远离纷扰，真是岁月静好!"这分明是从诗中听出了孟浩然的欢喜；"渭城的柳仿佛懂得我的惜别，此去黄沙漫道，一路多珍重!"这分明是从诗中听出别离苦……就这样读着品着，孩子们走进诗的深处，感悟诗中传递的那份苦那份乐，同时用自己的文字表达心中的深情。这样行走在经典里，和孩子们教学相长、彼此成全真是件幸福的事。

那一首首灿若星辰的唐诗至今依然散发着无穷魅力，课已结束，但我的阅读继续，和孩子们经典诗文的学习继续，诗歌在侧，柔软欢喜，或许这就是一节课对于我和孩子们的最大意义。

（福州市长乐区洞江小学　陈若锋）

唐诗璀璨情韵长——《读唐诗》教学评析

嫁给幸福

汪国真

有一个未来的目标

总能让我们欢欣鼓舞

就像飞向火光的灰蛾

甘愿做烈焰的俘虏

摆动着的是你不停的脚步

飞旋着的是你美丽的流苏

在一往情深的日子里

谁能说得清

什么是甜

什么是苦

只知道确定了就义无反顾

要输就输给追求

要嫁就嫁给幸福

记得2018年4月,第一届教师读书会上,我和同伴们一起将现代诗《嫁给幸福》与《诗经·桃夭》整合起来诵读,运用快慢读相结合、黄梅戏曲调演唱等方式,表达对理想的执着追求与对人生的美好祝福。对于语文教学,对于传统文化,若锋始终有着一份执着的追求。回望教研路,和若锋一起切磋琢磨的课例最多。2011年,福州市小学语文阅读教学比赛中,若锋执教的《秋思》获一等奖,从此,她的潜能被激发。一路走来,若锋一直在挑战自己,超越自己。无论是长乐区的中小衔接研讨课《论语十二章》,还是赴甘肃交流的同课异构教学《书的世界》;无论是福州市教学开放日展示课《古人谈读书》,还是福建教育学院组织的"下沉式"培训中执教的示范课《论语(节选)》,她的课总让人惊艳。心有猛虎,细嗅蔷薇,深情如诗,激情如歌。看似柔弱,实则坚毅的她一直无悔地朝着语文圣殿前行。

基于"融·悦"教学理念,《读唐诗》教学设计思路如下。

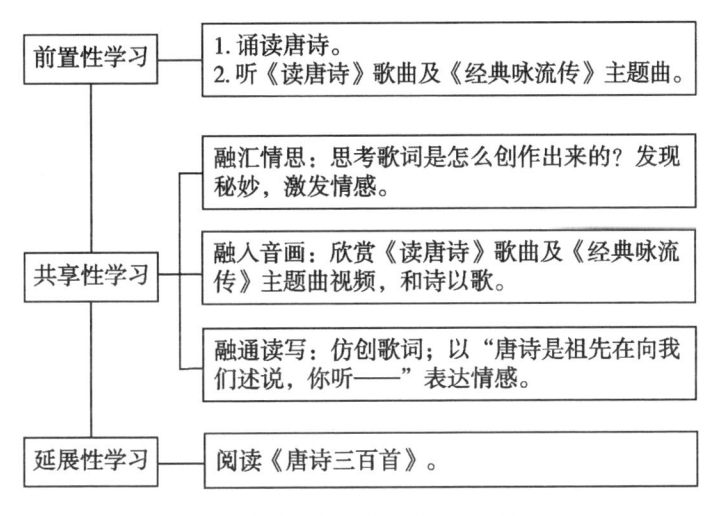

前置性学习
1. 诵读唐诗。
2. 听《读唐诗》歌曲及《经典咏流传》主题曲。

共享性学习
融汇情思:思考歌词是怎么创作出来的?发现秘妙,激发情感。
融入音画:欣赏《读唐诗》歌曲及《经典咏流传》主题曲视频,和诗以歌。
融通读写:仿创歌词;以"唐诗是祖先在向我们述说,你听——"表达情感。

延展性学习 阅读《唐诗三百首》。

《读唐诗》"三融"教学示意图

《读唐诗》出自新学堂歌,由谷建芬老师作曲,词作家魏德泮作词,获中国音乐金钟奖。依托这首歌,我们设计了一节诗乐融合、读写结合的语文课。通过歌词的学习,导向《唐诗三百首》的阅读。

叶嘉莹先生说:"诗词感染人的作用在于兴发感动的力量。"[1] 综观这节课,立言点的设定在于引导学生从唐诗中提炼典型景物,仿创歌词,感悟唐诗里的景美。立人点的设定在于引导学生和诗以歌,聆听祖先的诉说,感悟唐诗里的情深。追求真善美的唐诗精神,做有深情的人。想起这节课的"前世今生",内心充盈着感动。

一、与有缘人相遇,寻觅教学的美丽

白落梅说:"人与人相逢,人与物相通,皆需机缘。"信哉,斯言。回想《读唐诗》这节课的诞生,相信是一种因缘。是人与人、人与课的一份情缘。

犹记得 2018 年 4 月 11 日,我给区小学语文骨干班学员上课,与老师们

---

[1] 沈立岩:《为有荷花唤我来:叶嘉莹在南开》,北京:中国大百科全书出版社,2022 年 1 月版,第 64 页。

分享的是关于"语文教学，以幸福阅读为底色"的话题，若锋并不是学员，却赶来听课，我颇感意外。巧的是，那天早上忽然想就《读唐诗》这首歌进行一节课的设计，上班路上，脑中竟有了框架。于是，在课上我说期待有缘人，来一起打磨这样的一节课。没想到中午，若锋就发来了短信：《读唐诗》的课会是有缘人吗？抢先报名。"时间无涯的荒野里，没有早一步，也没有晚一步，刚巧赶上了。"好吧，既是有缘人，就一起向着明亮那方出发吧！尽管我也不知会是怎样的一种结果，只管耕耘吧。

于是，我们一起构思、试教、梳理，一来二去，成形、成熟。上完《读唐诗》展示课，若锋发来信息："行走在经典里，和孩子教学相长，很幸福。爱华校长，谢谢成全，然后很贪心地希望还有下次学习磨课的机会。"我的回应是："人在世上，能彼此成全，师生之间，你我之间，足矣。"是的，茫茫人海，得遇有缘人，可携手寻觅语文教学的美丽，当珍惜。

二、与有心人相聚，聆听祖先的诉说

2018年5月24日，恰巧我们的教师读书会成立一个月，在芳菲未歇的夏日，一群语文教学的有心人相聚长师附小，开展第一次读书交流与教学展示活动。若锋带着她的学生一起在唐诗中沉醉。而我们也和孩子们一起走进唐诗，去聆听那来自祖先的深情诉说。因为用心，所以这节充满诗情画意的课，让人难忘。

1. 自由中有规约——景与情的交融，让课堂诗韵盈盈

这样的一节课，教学内容不属于教材的范畴，没有教材的限制，没有进度的要求，没有年级的规定，相对而言，它是一个自由的存在。但，毕竟我们的定位是语文课，而不是音乐课、品德课或其他，所以在自由中依然彰显着语文的本色。语文学习之根本，读与写始终是不可忽视的主题，所以整节课的主脉是跟着《读唐诗》这首歌走进唐诗的世界读唐诗。以一首歌作为主脉，紧扣唐诗中的"景美""情深"，把一首首唐诗如珍珠般串起来，课堂如线条流畅的珠链熠熠生辉。教师引导学生在诵读感悟的基础上，完成两个写的要求，引导学生走进一首首唐诗，用心去感受其中的景致与情致，从字里行间去读懂其中的苦与乐。

孩子们走进诗的深处，领悟诗的主旨，感悟诗中传递的那份苦那份乐，同时用自己的文字表达心中的深情。结课环节，教师依板书做总结，告诉孩子们"唐诗是读上千遍也不厌的书卷，走进书卷你会发现唐诗的天空星光璀璨"。接着播放唐诗星空的动态课件，引导学生感受经典的博大精深，并在歌曲《读唐诗》中结课，让诗和课的余韵不绝。这节课精心营造文化场境，旨在让师生共同沉醉于唐诗的课堂。

2. 常形中有变化——诗与乐的辉映，让课堂情韵袅袅

这是一节读写结合的课，但又有所不同。通常，我们注重一课一练，教学中，结合阅读，找到一个练点进行相机练笔。这节课在写的形式与写的次数上有些变化，教学的落脚点在水到渠成地写。两次的写是课的整体架构，一是引导学生聚焦意象，赏画听歌，仿中见真意。模仿第一段歌词："床前的月光，窗外的雪。高飞的白鹭，浮水的鹅。唐诗里有画，唐诗里有歌。唐诗像清泉，流进我心窝。"进行创作，学生可以从古诗中提炼出：庐山的飞瀑，江上的月，枫桥的钟声，江畔的花等意象，歌词重组，词作者也就在课堂上诞生了。魏德泮先生指出："在歌词中，意象是对外部世界的选择和简化，意象是作者的情趣与意识的凝结，意象是开启联想与想象的符号。"[①] 教师引导学生捕捉意象，提炼信息，仿照魏德泮先生的歌词，试着进行歌词创作，并依照谷建芬先生创作的《读唐诗》的旋律，唱一唱，课堂情趣盎然。二是引导学生领悟主旨，知苦晓乐，写中诉真情。教师引导学生以审美的姿态品悟唐诗，去感悟唐诗中的苦与乐，体会思乡之情，送别之情，感悟边塞之苦，相聚之乐。紧扣"祖先的诉说"，师生一起走进千年前的画面，走近《游子吟》，聆听那位慈母的叮咛，聆听那位游子的心声。走近《送元二使安西》，去感受送别时的深情，走近《过故人庄》，去见证朋友间的把酒言欢。一幅幅画卷在学生眼前渐次展开，鲜活而动人。

3. 开放中有聚焦——取与舍的妥帖，让课堂意韵悠悠

这节课在教学资源的利用上，处于一种开放的状态，但一节课的时间毕

[①] 魏德泮：《歌词美学》，北京：作家出版社，2012年3月版，第87页。

竟是有限的，因此，在众多的资源中要有所聚焦。《读唐诗》的歌词中藏着6首唐诗，有李白的《静夜思》、杜甫的《绝句》、骆宾王的《咏鹅》、王维的《相思》、王昌龄的《出塞》、贺知章的《回乡偶书》等。教师以诗性的解读，给学生以诗意的引领，"床前的月光亘古不变""浮水的白鹅自在活泼""相思的红豆情深意长""边塞的战士慷慨激昂"，这是教师的灵心妙悟，也是一种深情表露，是教师对唐诗的一份赤诚之爱。教师遵循课内外结合，温故知新的原则，精心选择唐诗，出自教材中的有李白的《望庐山瀑布》、杜甫的《江畔独步寻花》，来自课外的有张若虚的《春江花月夜》等。教学资源的运用上，努力做到课内与课外融合，已知与未知结合。张籍的《秋思》、王维的《送元二使安西》、孟浩然的《过故人庄》、孟郊的《游子吟》，画面感强，传递出的情意动人，教师根据教学实际，引导学生读诗，进行两次练笔，最后将学生引向唐诗的诵读。

课堂上的若锋光芒四射，有别于平常的安静。那天精彩亮相的她穿了一条缀着红花的裙子，有别于平日的素雅，人面桃花相映红。课后，她这样描述自己的心情："着上我的红罗裙，有新嫁娘一样的忐忑，也有掩饰不住'嫁'给幸福的欢喜。"她是带着满心的欢喜把自己"嫁"到了唐朝，带着对教学的一片深情，"嫁"给了幸福。带着孩子们读唐诗、品唐诗，唐诗里的景静静地赏，唐诗里的情静静地悟，师生共沉醉。

王崧舟老师说："语文教学教的是底蕴。"我想，正是因为若锋自觉阅读，丰厚积淀，所以她的课总能上到学生心里去。

三、与有情人相约，仰望唐诗的星空

莫名的，对谷建芬先生创作的《读唐诗》这首歌情有独钟，在和教师们备课时，不厌其烦地用到这个资源。行走于语文教学的追梦之路，颇感欣慰的是，总有痴情人一路同行。想起带着周燕平一起探索经典诵读的校本课程的日子，在第一次进行面向全市的教学展示中，和她一起备杜牧的《清明》一诗，那是第一次在设计中融入《读唐诗》这个资源。置身于《清明》这首诗的教学现场，听着《读唐诗》这首歌，我总是禁不住泪湿眼眶，因了那句"唐诗是祖先在向我诉说"。就这么被拨动了情弦，仿佛听到了那来自遥远的诉说。

对《读唐诗》这首歌情有独钟，意犹未尽。于是，有了和若锋的合作，基于整首歌的歌词，进行二度创作，设计了这么一节读写相融的课。由读导向写，再由写导向读，课的落脚点在引导学生读《唐诗三百首》。课末，教师呈现了群星闪烁的夜空图，每颗星中藏着唐代诗人的诗，引导学生看星空、知诗人、读诗句。和若锋一起琢磨了一节将《读唐诗》的旋律贯穿课堂的唐诗读写课，将唐诗的画卷徐徐展开，将唐诗的深情缓缓道来，有一种酣畅淋漓之感。

教师的结课环节给听课老师留下深刻的印象。

师：走进唐诗的天空，你会看到无比璀璨的星星。唐朝的那轮明月，和张若虚的名字联系在一起，也一定少不了张九龄的《望月怀远》。

生：海上生明月，天涯共此时。

师：有一种旷达的送别就是王勃的《送杜少府之任蜀州》——

生：海内存知己，天涯若比邻。

（播放课件：星空背景，闪现唐诗诗名及作者）

师：唐诗的天空星辉灿烂，光耀千古。当你吟诵唐诗，用心感悟景美情深，便会发现，每个现代人和唐朝诗人一样，有着相似的体悟，当明媚的唐诗直抵我们的心中，那就是真正的"经典咏流传"！课后，请同学们继续阅读《唐诗三百首》，领略唐诗的魅力。

黄敏容说："课末，教师出示璀璨的星空，每颗星星上都写着经典的诗句。一颗星星，就是一束希望的光芒，照亮了学生亲近经典、热爱经典的生命旅途。"

对于这个教学环节，听课教师的解读可谓"英雄所见略同"。一个个诗人如明星在历史的天空闪烁，一首首唐诗如明星在学生的心头闪烁。唐诗是中华民族最珍贵的文化遗产，是中华文化宝库中的一颗明珠。教师引领学生从《读唐诗》出发，真正开启《唐诗三百首》的阅读之旅。我们相信，孩子们也将在一首首动人的唐诗的陪伴下，去追寻人生的真善美。

有学生写下这样的感言：陈老师用诗一样的语言和诗一样的神韵，营造出诗一样的课堂，屏幕上，唐诗的星空里繁星闪烁。诗人和诗句不断跃现，柔情与壮怀倾泻激荡，给予心灵以精神的滋养，游走诗意殿堂，在诗词复现与不断咏叹中，我不禁感叹，中国的诗歌真美！

林清玄先生说："花开是一种有情，是一种内在生命的完成，这是多么亲切呀！使我想起，我们也应该蓄积、饱满、开放，永远追求自我的完成。"我想，若锋正如一朵蓄积了无尽能量的有情花，在以一种诗意的方式成全学生，成全自己。2023年春天，福州市小学语文经典诗词教学专项研讨活动中，我们以2022年版课标为指导，再现了任务群理念下的《读唐诗》的教学，创设了"校园经典传唱歌词大征集"的情境，增加了康震老师创作的《经典咏流传》歌词，基于语文学科本位进行古诗与音乐融合的重构教学。教师从《读唐诗》的歌词生发，引导学生调动已有的诗词储备，沉浸式地感悟唐诗的景美情深。曼妙的旋律与真情的文字直抵心灵，孩子们在唐诗的浸润中增强文化自信。学生与词作者一起去听李白的狂歌，让杜甫的春雨拂过脸庞，让王维的清泉流进心里，课堂中一种不疾不徐的美好悄然铺展开来，师生沉醉于诗意课堂不愿归去。这节课也成了"融·悦"教学实践的优秀课例。

若锋写下这样的课后感悟："我们每个中国人几乎都在唐诗里不知不觉完成自己生命的成长，读诗读到会心，又恍惚古人是我的梦中人，我们是古人的前世今生，每个现代人和唐朝人一样，有着相似的情感，有着相似的体悟，当明媚的唐诗直抵我们的心中，经典自然永流传！"

唐诗璀璨情韵长，所有的相遇都是一种缘，与一首诗的相遇，与一节课的相遇，都是一种福分。能读到好诗，能遇见好课，足矣。2024年秋季，中学语文教材中增加了《唐诗三百首》整本书阅读。多么骄傲！多么欣慰！在小学阶段，我们有心的教师已经在学生们的心田播下了诵读唐诗、阅读《唐诗三百首》的种子。我们相信这诗意的种子，终将开出诗意的花朵。

历史的背影虽已渐行渐远，但中华优秀传统文化却传承至今，散发着永恒的魅力。愿携手有情人，将一首首动人的唐诗嵌入生命，在语文课堂开出朵朵美丽的花。电影《长安三万里》里说：诗在，长安在。只要我们读起唐诗，我们就能回到长安。

心随诗韵自在飞——《暮江吟》构·悟·评

《暮江吟》教学构思

教学参考资源

目标设定：

1. 融情于读：在读中体会诗人的情感，热爱大自然，在观察中感受美，葆有一颗诗意的心。

2. 融思于写：在比较阅读中，领悟并运用写景抒情的表达方法。

教学设想：

一、导入，整体把握

1. 走过春，走过夏，转眼又是深秋时节。在这样美好的秋日里，自然界又有哪些迷人的秋色呢？让我们跟随古诗，一起走向美丽的秋季。

（1）解题：从题目中你获取了哪些信息？

（2）小结过渡：在傍晚的江边，诗人白居易到底要吟咏赞美什么呢？

2. 检查预习。

（1）指名读。

（2）齐读。

（3）合作读。

3. 跟随诗人来到傍晚的江边，你看到了怎样的画面？简要说说。（师相机板画）

4. 能给这两幅画拟个小标题吗？我想给第二幅画拟的标题是"夜月初升"，第一幅你想拟个什么标题？

二、想象，感受诗境

从夕阳西下到夜月初升，诗人白居易游览了多长时间呢？到底是怎样的美景令诗人流连忘返呢？请自由读这首诗，边读边展开想象，说说暮江边的景，美在哪儿？

（一）一道残阳铺水中，半江瑟瑟半江红。

1. 诗中描写残阳与秋水相逢的一个动词是——"铺"，铺是什么感觉？

2. （出示图片）看，"草铺横野六七里"，"铺"给你的是怎样的感受？

3. 草跟大地无缝相接用的是"铺"，可白居易却说——一道残阳铺水中，这里的"铺"恰当吗？

小结：一个"铺"字，形象地写出了太阳接近地平线斜射到水面的状态，写出了秋日夕阳的柔和、平缓与舒适。

4. 指导诵读。

（二）可怜九月初三夜，露似真珠月似弓。

1. 作者采用了比喻的手法，把什么比作什么？

2. 农历九月初三的新月弯弯的，就像弓一样，那露水跟珍珠又有哪些相似呢？出示图片介绍，思考：这露珠像什么？

3. 美好的事物总是会勾起无限的想象。让我们看看寒露中的景色吧！

袅袅凉风动，凄凄寒露零。——白居易《池上》

紫葛蔓黄花，娟娟寒露中。——王昌龄《斋心》

新开寒露丛，远比水间红。——韩愈《木芙蓉》

个别读—文白对读—齐读

4. 新月如弓，露水如珠，面对此景，白居易心情怎样？有个词写出了作者的心情。（板书：可怜）

（1）比较，体会情感：可怜九月初三夜

可怜身上衣正单

（2）读出这份情不自禁的赞美。

三、吟咏，体悟情感

1. 此时白居易内心涌动的仅仅是喜爱与赞美吗？领悟诗人的情感不光从字面上理解，还应该结合诗人当时的处境来体悟。（出示资料，感受轻松愉快的心情）

2. 感情朗读。

3. 有人说，《暮江吟》给我们留下了两幅画，一幅是绚丽的油画，一幅则是清丽的工笔画，（随新学堂乐曲出示画面）让我们把这画面印入脑海吧。会唱的跟着唱。

四、书写，表达赞美

1. 面对千古诗篇，有人想到了两幅画，知道老师想到什么了吗？我想到了一首歌。（播放视频《渔舟唱晚》）

2. 让我们聚焦歌词，你发现了吗？这首歌词与《暮江吟》有着异曲同工之妙。

渔舟唱晚	暮江吟
夕阳落山岗，	一道残阳铺水中，
看水天一色金黄。	半江瑟瑟半江红。
心随沙鸥自在飞，	可怜九月初三夜，
点亮今夜星光。	露似真珠月似弓。
抛开无尽奔忙，	
心情恰似橹花飘荡。	
忘尽江湖风浪。	

3. 小结：两篇内容都是先抓住景物进行描写，然后抒发自己轻松愉快的心情。既有景，又有情，特别打动人心。

4. 出示图片，观察写话：看，白居易正站在江边极目远眺，红日西沉，水波荡漾，飞鸟翩翩，归帆点点……他看得那么投入，那么陶醉。如果你是白居易，会有哪些美景映入你的眼帘，你又有怎样的感受，请写下你的所见所感吧。注意做到既写景又写情。

五、回归，再读品味

（回归板书小结）这节课，我们跟随白居易，欣赏了深秋时节的美景。原来，诗人吟咏的是残阳，读——吟咏的是江水——吟咏的是露珠与弯月。

作业设计：

1. 悦读：推荐阅读《唐诗素描》。

2. 悦写：观察自然，感受寒露节气下动植物的变化，写观察日记。

板书设计：

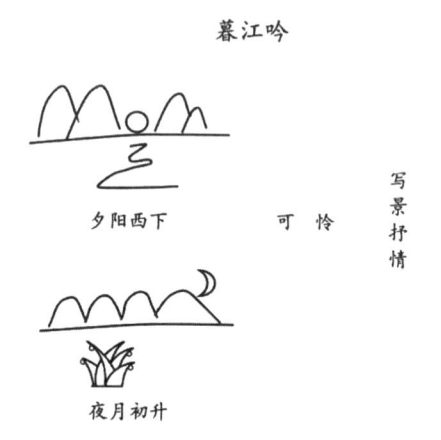

暮江吟

夕阳西下　　可怜　　写景抒情

夜月初升

（执教者：曹游繁　指导者：陈爱华）

行走在快与慢之间——《暮江吟》教学感悟

最美好的生命，不是一个速度不断加快的生命，而是速度在加快跟缓慢之间有平衡感的生命。——蒋勋

接到10月8日寒露节气开课的通知，内心欣喜不已。因缘际会，7月中旬，我定下了《暮江吟》这首诗的教学。

8月初，我的教案初稿出炉，分为四个环节：导入，初知诗人；诵读，领略诗韵；想象，感受诗境；吟咏，体悟情感；拓展，了解文化。设计中，总感觉开篇的诵读费时颇多，有食之无味，弃之可惜之感。尽管四句诗每句只抓一处教学，但总还有点亦步亦趋之感；因为是二十四节气课题，课的最后一个环节，我拓展了另一首关于寒露的诗，但总觉得在学习方法上欠缺迁移性。如何破局，在共同备课的过程中，爱华副校长的建议给了我启示，我也经历了以下思维转变的过程。

一、放过，让教学走得快一点

在爱华副校长的指导下，本课教学要点渐次清晰。再次审视我的设计，放开了一些东西，教学走得快了。首先，是开篇的读通读顺读出韵味，因为是建立在预习基础上的检查，我仅设置了指名读—齐读—跟老师节奏读三步走，既符合学生课前充分预习的实际，又简化了教学流程。

其次，在对诗句的想象与诗境感受中，我们也放过了诸多细节，就抓两处进行重点处理，一处是"铺"的用词之妙，另一处是"露"的形象感知。而在词义方面，抓住古今语义不同的"可怜"进行理解。

以上的调整让教学中细枝末节得到了修剪，既符合学生的实际学情，也让教学变得更为清爽，同时也为重点部分的展开争取了更为充足的时间。

二、凸显，让教学走得缓一点

本节课承载着节气课题研究的任务，为彰显节气特色，融入节气文化，我们采取了凸显，让教学走缓的策略。

如，在进行"露似珠"的教学时，我先是出示露珠图片引导学生感知清丽之美，但仅仅只是这样，体悟还比较单薄，诗人月夜里的那份惊喜也就难感同身受了。于是我们对寒露之景增加了诗句的拓展积累。通过以诗解诗、文白对读，凸显了寒露中的美景，引导发现：原来在凄冷的寒露下还有这样的一番美景。正因为有了教学的"缓"，学生的视野得到拓展，情感得到生发，最后真情流露，特别打动人心。

三、深化，让教学层次更丰富

学习的本质是意义建构，展开深度建构的学习，需要丰富教学的层次。

在融通读写环节，引导学生将"有景有情"这一方法学以致用。在爱华副校长的建议下，增加了相同主题的《渔舟唱晚》歌词的拓展，丰富了教学的层次，学生在"比较"中有了"总结提炼"的过程。这样的一个场域，让言语知识顺利地走向内化与巩固，课堂活动也顺利地从学得、习得走向用得。

在新常态下，快是一种质量，慢也是一种智慧，只有快与慢的平衡发展，才能让教学更有核心竞争力。

（福州市长乐区实验小学　曹游繁）

心随诗韵自在飞——《暮江吟》教学评析

和游繁是同事，我们同在潭头中心小学任教过；和游繁是同学，我们同在富阳素读经典成长营学习过。虽然，她总是会提起初为人师时，我曾是学校为她安排的指导教师，可是，面对勤勉、上进的她，我还是会有愧为人师的感觉。我的印象中，她始终是个有爱心、有想法、有情怀的教师，一直坚持"为学生的成长而教"。她不断学习、不断探索，逐渐有了自己的教学主张，有了自己的教学风采。我钦佩的是她能始终寻觅语文教学之道，且能有一颗不急不躁的心。

机缘巧合，我们一起走进白居易的《暮江吟》，走近寒露节气。带着学生读唐诗，读节气，感受经典的魅力，感悟节气之美，引领学生汲经典诗文之泉，润核心素养之花。

基于"融·悦"教学理念，唐诗《暮江吟》教学设计思路如下。

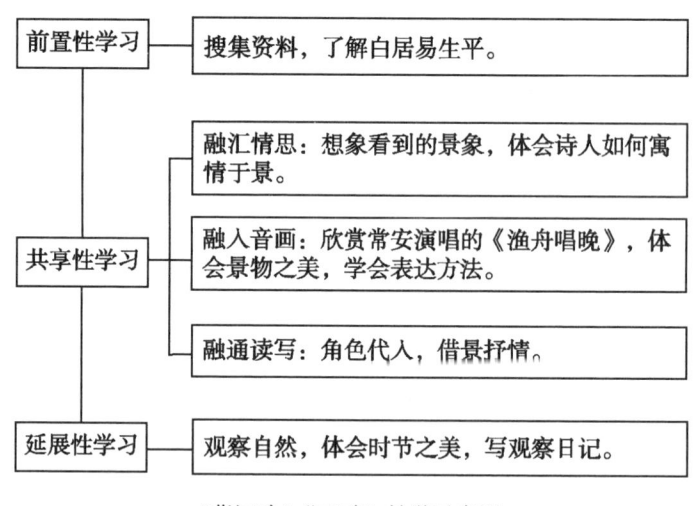

```
前置性学习 —— 搜集资料，了解白居易生平。

            ┌─ 融汇情思：想象看到的景象，体会诗人如何寓
            │  情于景。
共享性学习 ──┼─ 融入音画：欣赏常安演唱的《渔舟唱晚》，体
            │  会景物之美，学会表达方法。
            └─ 融通读写：角色代入，借景抒情。

延展性学习 —— 观察自然，体会时节之美，写观察日记。
```

《暮江吟》"三融"教学示意图

2022年版课标在"课程目标"部分强调："义务教育语文课程培养的核心素养，是学生在积极的语文实践活动中积累、建构并在真实的语言运用情境

中表现出来的,是文化自信和语言运用、思维能力、审美创造的综合体现。"①可见,语文教学重在培养学生对国家通用语言文字的热爱之情,引导学生在实践中积累语言经验并学会运用语言文字,促进核心素养的提高。这首诗的教学恰到好处地展现了"融·悦"教学理念。

一、情思融汇,入脑入心,在语言品味的丛林中穿行

《暮江吟》是唐代诗人白居易写的一首七绝,诗中景与情、人与物和谐统一,清丽流畅,格调清新。教师紧扣单元语文要素"体会文章准确生动的表达,感受作者连续细致的观察"展开教学,引导学生体会古诗语言文字的精妙。

1. 勾连已知,唤醒经验,把握情感基调

教学中,教师把学生带入寒露时节,在节气文化的背景下学习这首经典古诗,汇聚情感与思维,学习扎实灵动。教师联系学生已知,从题目入手,引导学生解读诗题,诵读经典,把握基调。

师:寒露到,秋意浓,转眼又是深秋时节。在这样美好的秋日里,自然界又有哪些迷人的秋色呢?我们一起学习一首古诗。

(生齐读课题)

师:"吟"是前鼻音,读准字音。

生:暮江吟。

师:从题目中,你获取了哪些信息?

生:从"暮"字,我知道写的是傍晚时的事。

师:你抓住"暮"字,读懂了时间。

(出示"暮"甲骨文、金文,引导学生观察字形,理解字义,识记字形)

生:题目的意思是白居易傍晚在江边吟诗。

---

① 中华人民共和国教育部:《义务教育语文课程标准(2022年版)》,北京:北京师范大学出版社,2022年4月版,第4页。

师：你还读懂了地点、事件。那"吟"是什么意思？

生："吟"是古诗的一种形式，有赞叹、赞美之意。

（引导学生有节奏地读《游子吟》《石灰吟》）

师：那么在傍晚的江边，诗人白居易到底要吟咏赞美什么呢？让我们一起学习这首诗。

教师先紧扣诗题，引导学生从文字中捕捉信息，整体感知，再联系学生实际，有节奏地读已诵读过的经典《游子吟》《石灰吟》，温故知新，然后让学生带着思考开启古诗学习之旅，教学循序渐进。

2. 比较品析，激活思维，积淀语言经验

"在一首诗词中，最具神采、最能牵引想象的往往是当中的动词，一个恰当、形象、准确、浮雕的动词往往可以改变整个一首诗词的面貌。"[①] 教师引导学生品读一二句诗，紧扣一"铺"字，引导学生与"照""射"等进行比较，感悟"铺"之妙，体会诗人用词的准确、生动，体会古诗语言的灵动和美感。

大自然有一双神奇的手，铺出了柔和，铺出了美丽，铺出了"半江瑟瑟半江红"的美妙景象。诗人观察之细致，表达之生动，给学生带来美的享受。学生透过这个"铺"字感受文字背后的感情色彩，体会温柔和缓的意味。

3. 口诵心惟，拓展积累，感悟诗句曼妙

中国古典诗歌极其重视声和情的配合，诗中韵字"中、红、弓"，吟诵起来，在声音上的特点是"圆形、通透、大气"。教师引导学生根据音韵特点，探讨诗人为什么把初升的弯月比作"弓"，而不比作"钩"或"眉"。将"月似钩""月似眉"带入诗句中，比读品味，从而体会古诗音韵之美。在平长仄短的诵读中，感受"意境自然阔大、平和活泼、语言清新"。透过诗句，学生仿佛看到诗人在秋日黄昏时分，行至江畔，见满眼美景，不由欣然吟哦的情

[①] 连中国：《语文课Ⅱ，师生共同步入葱茏草色与万丈原野》，北京：中国人民大学出版社，2017年1月版，第184页。

景，感受到诗人内心愉悦之情。

教师紧扣寒露意象，引入相关诗句品读，引导学生感受时节的美好。

师：（出示图片配乐介绍）当夜晚来临时，一颗颗晶莹的露珠在叶片上闪闪发光，盈盈欲滴，这露珠像什么？

生：像璀璨的珍珠。

生：像夜空中闪烁的星星。

生：像顽皮的孩子在眨巴着眼睛。

师：美好的事物总是会勾起无限的想象。让我们看看寒露中的景色吧！

出示：

袅袅凉风动，凄凄寒露零。——白居易《池上》

紫葛蔓黄花，娟娟寒露中。——王昌龄《斋心》

新开寒露丛，远比水间红。——韩愈《木芙蓉》

师：袅袅凉风中，寒露在凝结，读——袅袅凉风动，凄凄寒露零。

菊花在寒露中开得秀丽淡雅，读——紫葛蔓黄花，娟娟寒露中。

木芙蓉比夏日的荷花还要红，还要艳。读——新开寒露丛，远比水间红。

师：原来，在盈盈的露水中还有这么美丽的景色，难怪诗人会发出这样的感叹——

生（齐读）：可怜九月初三夜，露似真珠月似弓。

师（小结）：这绿草上的滴滴清露，像是镶嵌上去的粒粒珍珠。用"真珠"作比喻，不仅写出了露珠的圆润，而且写出了月光下，露珠闪烁的光泽。

相机引入有关寒露的诗句，整合联结资源，引导学生感受自然景物之美。在诵读中引导学生感受汉语的节奏感、韵律感的审美表现力，感受语言文字的魅力。

二、音画融入，有声有色，在个性想象的意境中沉醉

古诗教学中适时适度融入音乐、美术、信息技术等元素，让学生在美的意境中得到美的熏陶，提高审美鉴赏力。

1. 化文字为画面，想象与品味相映成趣

《唐宋诗醇》对《暮江吟》这首诗有这样的评价："写景奇丽，是一幅着色秋江图。"诗人巧妙地用文字组接了两幅美丽的大自然之画。诗人细致观察自然之景，融入内心情思，巧妙地描绘了"红日西沉，余晖映江"与"弯月初升，露珠闪亮"这两个美妙画面。在多元化诵读的基础上，教师引导学生捕捉诗中藏着的两幅画，用自己的语言描述画面，教师相机以板画的形式将画面呈现于学生眼前，引导学生给这两幅画加小标题。再以"从夕阳西下，到夜月初升，到底是怎样的美景令诗人流连忘返"为问题驱动，引导学生自由读诗，边读边展开想象，体会江景之美。

为让学生深入体会文字呈现的画面中蕴含着的诗人情感，教师简介写诗背景，让学生了解诗人自求外任，远离纷争，纵情山水的轻松畅快。在学生品味感悟的基础上，随新学堂乐曲出示画面：一幅绚丽的油画，一幅清丽的工笔画，配以相应的诗句。学生随诗人将身心融于美妙的自然中，在欣赏与诵读中，将诗中的两幅画定格于脑海。

2. 依旋律入意境，鉴赏与感悟相得益彰

教师根据古诗的情感基调，配以相应的音乐，把学生带进所描述的情境中，引发情感共鸣。在音乐的作用下，学生展开想象的翅膀，与作者的情感律动相应。

教师引导学生感知夕阳西下、晚霞映江的绚丽和弯月初升、露珠晶莹的清丽之后，链接资源，引导学生在想象中体会诗的意蕴。教师播放常安演唱的《渔舟唱晚》，以歌曲渲染诗境。乐曲旋律优美舒展，日落波平、水天一色的自然景色如美丽的山水画从音乐声中徐徐绘出。优美的旋律如一泓清水在课堂上漾开，学生被带进了一个宁静和谐的意境，沉醉于美妙的歌声中。

教师引导学生聚焦歌词，在品读中发现《渔舟唱晚》的歌词与《暮江吟》这首诗有着异曲同工之妙。在歌曲的赏析与歌词的品味中，学生领悟到"一

切景语皆情语"。歌曲资源的引入，形成互文支架，拓展了学生的想象空间，音乐渲染了诗意，学生走进了诗人内心，体会那份"忘尽江湖风浪"的自在，对诗人发出的"可怜九月初三夜"的赞叹，有了深入的体会。

有学生写下这样的听课感：最后，《渔舟唱晚》压轴出场，教师用歌的形式来展现传统文化与现代文化相结合，让同学们有了深刻的印象。古诗真是神奇，既可以诵读传情，又可以借景抒情，这样岂不美哉？

寒露时节，教师带着学生读诗，融入自然，体会诗人的情感，又在音乐的启迪下，将感悟化作诗行，情景交融，读写结合，这是一种美的享受。

三、读写融通，共生共长，在审美表达的天地中徜徉

1. 化身诗人，切己涵泳，在体验与书写中抒发内心情感

在充分感悟诗人抓住观察到的景物自然抒发轻松愉快的感情，体会到情景交融写法的妙处后，教师引导学生进行小练笔，加强语言文字的运用。

师：让我们把目光投向那一千多年前深秋的傍晚，（出示课文插图）看，白居易站在江边极目远眺……他看得那么投入，那么陶醉。如果你是白居易，会有哪些美景映入你的眼帘，你又有怎样的感受，请写下你的所见所感吧。注意做到情景交融。

（学生练笔，反馈交流）

生：伫立江边，映入我眼帘的是落日熔金，薄雾笼罩，众鸟高飞，归帆点点，恍若仙境，若有若无。真是心归江湖自在游，忘却无尽烦忧啊。

师：你选择了落日、薄雾、众鸟、归帆，写出了诗人的逍遥自在。

生：夕阳钻进薄薄的云层，霎那间染红了西边的天空，也给宁静的江面增添了一层美丽的余晖。几只归家的水鸟轻巧地掠过江面。眼前如画的美景，多么让人心醉！

师：你选择了夕阳、天空、水鸟，写出了对自然的赞美之情。

诗句是诗人特定境遇下审美心理的呈现，诗中描绘的美丽的自然之景，

正是诗人愉悦心情的写照。在想象、品读中,学生感受到诗人远离牛李党争,自求外任,纵情山水的轻松畅快,在角色体验中,心融于自然,情化作诗行。在美的资源的熏陶下,学生得到美的体验,学会美的鉴赏,学会美的表达。

2. 链接阅读,导向生活,在阅读与观察中丰富语料积累

"融·悦"教学实践注重古诗教学向课前打开,向课后延伸,通过资源整合、作业设计等实现有效重构,引导学生在更广阔的空间品味与运用语言文字。《暮江吟》的教学不止于诵读积累,在学生练笔的基础上,教师出示作家曾冬对《暮江吟》的不一样的阐释文章,推荐课后阅读《唐诗素描》,引导学生体会作者怎样"运用丰富的联想和富有表现力的语言,营造优美的意境,把凝练的诗词扩展成浓酽的散文"。选择自己喜欢的古诗,尝试用不一样的语言文字再现诗的意境、韵味和形象。这是一道留给学生的阅读表达作业。

叶嘉莹先生在解读《暮江吟》时说:"这首诗讲的不是宏大的主题,而是眼前的景物,但能把它写出来,就是很好的诗。"学习这首诗,学生要学会从字里行间体会诗人有序、连续地观察,体会天人合一的文化内涵。在品词析句中,学生从"暮""残阳""夜"等词中,体会诗人从傍晚到夜晚观察的连续性,从"可怜"一词体会诗人对自然景色的喜爱之情,得到回归生活,细致观察与诗意表达的启示。

2022年版课标第二学段关于"梳理与探究"的学习要求"结合语文学习,观察大自然,观察社会,积极思考,运用书面或口头方式,……呈现自己的观察与探究所得"。[①] 春生夏长,秋收冬藏,学完《暮江吟》这首诗,教师可引导学生放眼课外,依节气观察动物、植物的变化,感受节气的特点,像诗人白居易一样寄情于景,进入心物交融、天人合一的生命状态,并将观察与感受流淌笔端。引导学生做生活的有心人,细心、有序、连续观察,积累丰富的语料,为提高素养夯实基础。

"操千曲而后晓声,观千剑而后识器。"在语言文字的品析、感悟、积累、

[①] 中华人民共和国教育部:《义务教育语文课程标准(2022年版)》,北京:北京师范大学出版社,2022年4月版,第11页。

运用实践中，学生的听说读写能力在提高。在读写融合中，展现语言之美、思维之美、文化之美，激发学生热爱自然、传承文化的情感，追寻天人合一的和谐境界，实现语文教育引导生命向善、求真、审美的目标。

绵绵好雨润千年——《春夜喜雨》构·悟·评

《春夜喜雨》教学构思

目标设定：

1. 融情于读：在读中走近杜甫，感悟诗人忧国忧民的情怀。

2. 融思于写：抓关键词品读喜意，学会联系生活，运用"润物细无声"这个经典诗句表达情感。

教学设想：

一、温故知新，熟读成诵

1. 四季更迭，万物轮回。打起节奏一起读《二十四节气歌》。

2. 春天的第二个节气是雨水，雨落诗成。（板画：雨）在4月19日谷雨前的长乐区小学教师读书会活动中，教师们不约而同地诵读杜甫的《春夜喜雨》。这首诗为什么深受人们的喜爱？这节课，我们就一探究竟。（板书课题）

3. 这首诗收录在校本教材《诗话节气》中，课前已经诵读，谁愿意字正腔圆地读给大家听？

4. 《春夜喜雨》是一首五言律诗，我们分联接力读诗，要求把韵脚读饱满。

5. 变换节奏齐读、背诵。

二、紧扣诗眼，品悟诗情

（一）扣诗眼，设问题。

1. 书读百遍，其义自见。谁能用自己的话说说题目的意思？题目中哪一个字是诗眼？

2. 清代鸿儒浦起龙在《读杜心解》中曾这样评价《春夜喜雨》。齐读，指名说意思。

题目中的那个"喜"字在诗里虽然没有露面，但"喜"意都从罅缝里迸透。

——清·浦起龙《读杜心解》

（二）浦起龙认为《春夜喜雨》这首诗字里行间都透露出喜意，你们赞同他的观点吗？默读诗歌，找依据，作批注。

（三）自由交流，相机指导朗读。

1. 你从哪一联读出了"喜"意？

2. 分联交流。要求抓关键词品读，并用上带"喜"字的词语分享感悟。

首联：好雨知时节，当春乃发生。

（1）抓住"好、知、发生"等关键词谈体会。

（2）你从"知"字读懂了什么？在杜甫眼中，这场春雨解人意，知时节。它知道雨水第三候是——草木萌动。唐朝诗人孟郊这样描写草木萌动的景象。齐读《春雨后》。

春 雨 后

〔唐〕孟郊

昨夜一霎雨，天意苏群物。
何物最先知，虚庭草争出。

（3）读着这首诗，你仿佛看到了怎样的画面？雨润万物，草木萌动，这画面是那样的生机勃勃，那样的令人欣喜。指导朗读。

颔联：随风潜入夜，润物细无声。

（1）抓住"潜、润、细"等关键词谈体会。相机板书：潜、润。

（2）透过这个"润"字，你又似乎看到了怎样的画面？雨润大地，万物勃发，诗人自然喜不自禁。指导朗读。

颈联：野径云俱黑，江船火独明。

（1）抓住"黑、明、野径"等关键词谈体会。

（2）"野径"什么意思？如果说颈联写的是诗人在屋内侧耳听雨，那颔联写的就是诗人出门看雨，他看到了什么？想到了什么？诗人在为今夜雨意正浓而欣喜若狂。指导朗读。

尾联：晓看红湿处，花重锦官城。

（1）说说雨水花信风：一候菜花，二候杏花，三候李花。

（2）想象"花重锦官城"的画面。

（3）锦官城繁花似锦，变成了花的海洋，诗人更是喜笑颜开。指导朗读。

3. 梳理小结，创境朗读。

抓关键词品读，我们发现这首诗字字都在表达着喜意。你看——诗人在为春雨的应时而下而惊喜——好雨知时节，当春乃发生；为春雨的润物无声而欣喜——随风潜入夜，润物细无声；为今夜的雨量充沛而欢喜——野径云俱黑，江船火独明；为明朝的繁花满城而雀喜——晓看红湿处，花重锦官城。看来，我们和浦起龙心有灵犀，都认为——题目中的那个"喜"字在诗里虽然没有露面，但"喜"意都从罅缝里迸透。

三、知人论世，升华诗情

1. "雨"字飞花令。

雨淅淅沥沥地下着，化为一首首唐诗，千年润泽，万古长存。现在，我们就以"雨"字为关键词，来个唐诗飞花令，要求说出诗人及诗题。

2. 男生读《芙蓉楼送辛渐》，女生读《早春呈水部张十八员外》，齐读《山居秋暝》。

3. 在王昌龄笔下，那个雨夜下的是一场——寒雨；在韩愈眼中，最酥润的是那天街的——小雨；在王维心中，最美的是那空山的——新雨。而杜甫一起笔就赞叹这是一场——好雨。他赞叹的仅仅是这场春雨吗？快速浏览《杜甫传》第82～85页，抓关键信息简要交流。

4. 出示《杜甫传》相关章节，教师介绍，学生继续谈体会。

安史乱起，杜甫在流亡途中看到中原民不聊生，更加上严重的灾荒，到处都有人吃人的现象。

759年末，杜甫到达成都，寄居在西郊外的浣花溪寺，结束了颠沛流离的生活。

760年春，杜甫依靠友人的资助，在浣花溪畔搭建了一间草堂。其间，他开荒耕作，种菜养花，与大自然相依相伴。

761年春，杜甫写下《春夜喜雨》。

5. 结合这些资料，我们发现这一声"好雨"，不仅仅是在赞美春雨，更在表达诗人对安宁生活的美好向往和忧国忧民的赤子之心。配乐朗读《春夜喜雨》。

6. 这份美好的愿景，这份爱国的深情，也伴着潇潇春雨，润物细无声地潜入我们的心间。（配乐齐读《春夜喜雨》）

四、勾连生活，创意读写

1. 这首诗中有一个千古名句——润物细无声。现在，我们常引用它表示"潜移默化"的熏陶与感染。

我们曾深情地赞叹：母爱柔似水，润物细无声。

我们也曾动情地感叹：榜样立心间，润物细无声。

习近平总书记还曾温情地咏叹：文化有力量，润物细无声。

2022年北京冬奥会开幕式上，这一经典名句更是成为雨水节气的代言诗——随风潜入夜，润物细无声。

2. 在我们的校园里，这"润物细无声"的画面，更是比比皆是。（播放视频）

3. 这一朵朵娇艳的花儿，这一幕幕温馨的场景，是否勾起了你的回忆，触动了你的心怀？请选择最熟悉或最难忘的场景，用上"润物细无声"这一经典名句写一段话。可以写视频中看到的画面，也可以写自己的亲身经历。可以写自然之景，也可以写印象深刻的人或事。

4. 分享交流。

5. 看来，这一处处美景，这一幕幕温情，早已随风潜入夜，润物细无声地镌刻在你们的心田，成为童年最美好的回忆。

五、回归整体，深情诵读

1. 回顾板书。这节课，我们跟随杜甫，品诗赏雨，收获了别样的欣喜。

2. 经典诗文，可以歌之，舞之，诵之。你静静地听——张靓颖演唱的《春夜喜雨》。学生快读《春夜喜雨》。

3. 你再静静地看——古典舞《春夜喜雨》。学生慢读《春夜喜雨》。

4. 经典咏流传，润物细无声。希望你们都能捧读经典，在书香的浸润下诗意成长。

作业设计：

1. 悦读：继续阅读《杜甫传》，为读书分享会做准备。

2. 悦写：修改课堂小练笔。

板书设计：

春夜喜雨

潜　润

（执教者：黄敏容　指导者：陈爱华）

思辨，促进读写深度融合——《春夜喜雨》教学感悟

杜威认为："不断改进教学方法唯一直接的途径，就是把学生置于必需思考、促进思考和考验思考的情境之中"。《春夜喜雨》这节课，我以思辨性问题为引擎，引导学生在真实的情境中开展多元融合的语文实践活动，促进了文本的深度阅读，提升了学生的核心素养。

一、立足文本，引发思辨，入情入境地品析

《春夜喜雨》是唐代诗人杜甫定居成都浣花溪畔草堂时创作的一首吟咏春

雨的五言律诗，"喜"是诗眼，也是情感主线。清代鸿儒浦起龙在《读杜心解》中评价："题目中的那个'喜'字在诗里虽然没有露面，但'喜'意都从罅缝里迸透。"教学时，我先引导学生理解这句话的意思，再以此设计思辨性问题："浦起龙认为《春夜喜雨》这首诗字里行间都透露着喜意，你们赞同他的观点吗？"融汇情思，引导学生沉潜文本，以独立阅读者的姿态，自觉地在文本的语境与结构中爬梳，主动地对作品进行分析和评价，既体会到诗人洞幽显微，体物察情的艺术功力，又领悟到名家观点的适切性，言意兼得，言情共生。

二、立足生本，巧设疑问，由表及里地悟情

教学中，我先紧扣诗歌意象设疑激思："为什么杜甫一起笔就赞叹这是一场好雨？"再引导学生结合《杜甫传》相关章节，领悟"一切景语皆情语"，这一声"好雨"潜藏着诗人对安宁生活的美好向往与忧国忧民的赤子之心，拓展了语文学习的深度与厚度。在阅读与鉴赏中，杜甫的美好愿景与爱国深情，也伴着潇潇春雨润物无声地潜入学生的心田，促进学生的精神成长，实现了语文教学以美育人，以文化人的目标。

三、立足生活，迁移运用，有情有味地表达

清人沈德潜称道"随风潜入夜，润物细无声"这两句诗"传出春雨之神"，现在我们常引用这一经典名句表达"潜移默化"的熏陶与感染。课堂上，我先立足生活，提供表达范例，打通读与写的通道。再播放微视频让学生重温生活中"润物细无声"的温馨画面，打开习作的思路。最后以任务驱动，让学生选择最熟悉或最难忘的场景，用上"润物细无声"这一经典名句写一写心声。教师有效链接生活搭建情境支架，学生触景生情，以审美的眼光感知生活，以诗意的笔触抒写情思，让文本言语得以增值，让言语技能得到提升。同时，也提升了文化修养，增强了文化自信。

（福州市长乐区首占中心小学　黄敏容）

绵绵好雨润千年——《春夜喜雨》教学评析

敏容曾在我们的"融美悦心"公众号发表过一篇题为《语文的色彩》的文章,借鉴我们的五色评价,用五色谈自己对语文教学与研究的感受。其中她说到近几年,我们循着节气的脚步,将节气文化的内涵植根于课堂,植根于学生的心间。她认为这样的研究是浪漫高雅的紫色。她说她执教的《立秋七月节》这节课,让学生不仅收获了一个诗意浪漫的季节,更收获了一份乐观豁达的情怀。而她,亦收获着学生成长的快乐。她认为这节课是柔和温暖的橙色。而我想送给她充满生机,孕育希望的绿色。十多年来,我们开展的省市课题研究,每一项她都紧紧跟进,而且都留下了自己的作品。比如,参加"资源整合"课题研究时,她的一节《梅花魂》让人印象深刻;参加"家国情怀"课题研究时,她的一节《清明节》让人惊艳;而这节《春夜喜雨》更可以算我们"教学重构"课题研究的一个代表作。初心不变,一步一个脚印,所以她的成长是看得见的。沐阳光,经风雨,走过春夏秋冬,长成葳蕤之树。这些年,敏容自己坚持阅读,还带着教师们一起诵读经典,有着自己的教学思考,看她在学习中不断成长,为她感到高兴。

2023年谷雨时节,"红紫妆林绿满池,游丝飞絮两依依。正当谷雨弄晴时。"和敏容一起备《春夜喜雨》,由这一首诗聊开去,关于教学重构、关于思辨阅读、关于传统文化、关于经典诵读。不知不觉,三个多小时过去,竟是意犹未尽。

记得4月19日的读书会活动中,我与大家分享了敏容在第六届读书会成员申报表中的一大段感言:"参加读书会,最磨人的是备课。每一次申领到开课机会,我都会以最虔诚的态度细读文本、设计初稿,虽然我知道这份教学设计一定不入爱校的法眼,也一定会被推翻重构,但,这又有何妨呢?备课是'养兵',上课是'用兵'。沉下心备课,我们才会养成独立思考的习惯,才会在与文本,与作者,与编者的深入对话中寻觅到最恰切的教学内容、最优化的教学策略。蹲下身子,从学生的视角看待学生,我们就会完成从以教为中心到以学为中心的嬗变。"总是被这些真切的教学感悟打动。向下扎根,向上生长，这就是我们读书会成员美丽的姿态。"融·悦"教学理念下《春夜喜雨》这首诗的教学，巧妙地进行资源融合，既有感性的策略加持，也有理性的策略助力。

基于"融·悦"教学理念，唐诗《春夜喜雨》教学设计思路如下。

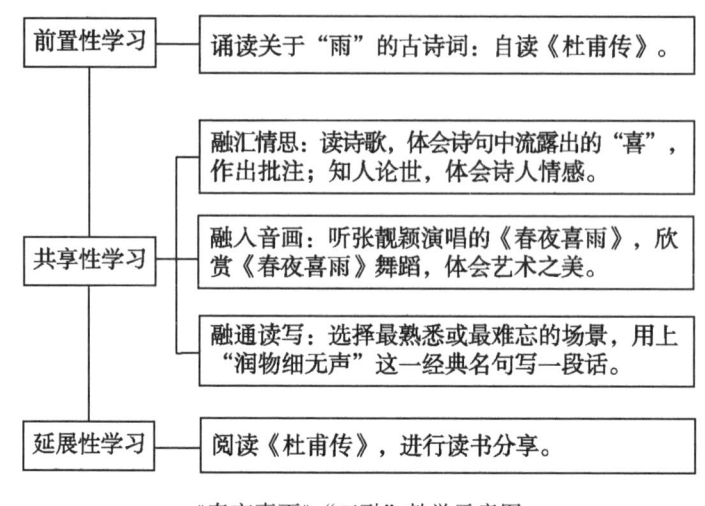

```
前置性学习 —— 诵读关于"雨"的古诗词；自读《杜甫传》。

            ┌── 融汇情思：读诗歌，体会诗句中流露出的"喜"，
            │   作出批注；知人论世，体会诗人情感。
共享性学习 ──┤
            │   融入音画：听张靓颖演唱的《春夜喜雨》，欣
            ├── 赏《春夜喜雨》舞蹈，体会艺术之美。
            │
            └── 融通读写：选择最熟悉或最难忘的场景，用上
                "润物细无声"这一经典名句写一段话。

延展性学习 —— 阅读《杜甫传》，进行读书分享。
```

《春夜喜雨》"三融"教学示意图

一、诗文相融，在阅读中培养感悟力

"古人用最真诚的心写出来的诗，才能够流传至今、感动后人。我们也一定要用最真诚的心去读古人的诗，才能与他们感应道交。"[①] 我想，敏容正是以一颗真诚的心走近诗圣，读懂诗人之心，又真诚地带着学生去体会诗人的情感。她以"唐诗里的雨"为主脉进行教学重构，让悠悠古韵传递时代新声。联系《杜甫传》，引导学生知人论世，品悟诗人对安宁生活的美好向往与忧国忧民的赤子情怀。1200 年前，杜甫在风景如画的浣花溪畔修建了一座草堂，开始了日出而作、日落而息的农耕生活。两年后的一个春夜，一场润泽万物的春雨让杜甫喜出望外。这一节课中，教师很好地展示了嵌入式教学范式。基于前期整本书阅读，教师将人物传记的相关章节引入课堂，诗与文自然融

---

① 沈立岩：《为有荷花唤我来：叶嘉莹在南开》，北京：中国大百科全书出版社，2022 年 1 月版，第 311 页。

合，品读诗文，学生读出了一首诗背后诗人心系家国的深情。

二、音画相融，在赏析中培养审美力

于漪老师认为："好的诗歌破土而出以后，会和芳香的空气融合，长久地弥漫大地。"教师要"用优美的语言诉诸他们的听觉，让诗中情、诗中景、诗中人、诗中物徐徐流入他们的心田，进入诗歌的佳境"。[①] 教师遵循重构教学理念，以"融"为策略，润物无声地提升学生的核心素养。教学中，适时地融入音乐、舞蹈等资源，增强学生审美体验，培养学生审美能力。

这首诗意境淡雅，意蕴清幽，诗境与画境浑然一体，是一首别具风韵的咏雨诗。张靓颖的歌声也同样让人沉醉，展现了"润物细无声"的柔和之美。一段唯美的舞蹈视频，体现出中国古老的农耕文明里人与自然和谐共处的智慧和诗意，更带给学生美的享受。这首诗的教学，音画资源的运用自然、妥帖，潜移默化地陶冶着学生的审美情操，丰厚了文化积淀。教师通过美的音乐、美的画面，"有意识地引导学生积累，与中华优秀文化为伴，为他们成为有中国心的现代文明人铺上亮丽的底色"。

三、情思相融，在品评中培养辨析力

这节课遵循古诗教学原则，既有画面的打开，又有思辨的呈现。教师紧扣诗眼，引导学生思辨，品读想象，感悟字里行间洋溢着的喜意。学生沉潜文字，有理有据地表达自己的观点，提升审美鉴赏能力。古诗教学中，教师引导学生展开想象，感悟意象所构成的画面。做到以情为经，以理为纬，编织一道古诗教学的美丽景致，达成了感性学习与理性学习的和谐统一。教师拈连多元资源，运用多种策略，引领学生漫步诗苑，品诗之情，悟写之理。引导学生调动联想、想象等多种心理机能，从审美的坐标上去解读感悟，深入体会诗的特点。以"浦起龙认为《春夜喜雨》这首诗字里行间都透露出喜意，你们赞同他的观点吗？默读诗歌，找依据作批注"这个主问题为任务驱动，引导学生思考、品析。教师就像一个有心的摆渡人，引领学生划向感性

[①] 于漪、黄音：《穿行于基础教育森林：教育实践沉思对话录》，上海：华东师范大学出版社，2020年9月版，第142页。

与理性交融的彼岸。教师善于唤醒学生的缪斯天性，学生才能以思的方式抵达诗的美好境界。

四、读写相融，在运用中培养表达力

诵读积累之后，引导学生恰当运用，这是我们一以贯之的理念。于漪老师指出："文字运用能力的背后是思维、情感、知识积累、价值判断等支撑，后者单薄、空虚，'织锦成文'就成了空中楼阁。"[1] 在情理交融、感悟积累的基础上，教师运用联结的策略，紧扣学生生活，引导学生运用经典诗句，抒写"润物细无声"的美好画面与绵柔爱意，提升学生的文化修养与语用能力。创设情境，引导学生运用经典名句表达心声，让经典化入生命，为成长赋能，为生命奠基。

叶圣陶先生认为："人是生来就怀着情感的核的，果能好好培养，自会抽芽舒叶，开出茂美的花，结得丰实的果。生活永远涵濡于情感之中，就觉这生活永远是充实的。"[2] 课堂小练笔意在引导学生积累运用古诗名句，可喜的是教师能与学生生活联结，将学生导向生活，用心感受身边的美好，表达真情实感。读写有机相融，践行了 2022 年版课标倡导的"注重引导学生关注中华优秀传统文化在日常生活中的表现"[3] 这一理念。

蒙曼老师从"润物细无声"的春雨中读出了中国人所喜欢的人格精神。"中国人喜欢谦谦君子，温润如玉，通身散发着内敛的光芒。这场春雨也是如此，它滋润万物，犹如君子德泽万民；同时，它又无声无息，犹如君子不言而化天下，无为而治天下。"[4] "教育确实是春风化雨，要正面引导，让他们饮

---

[1] 于漪、黄音：《穿行于基础教育森林：教育实践沉思对话录》，上海：华东师范大学出版社，2020 年 9 月版，第 148 页。

[2] 叶圣陶著，杨斌选编：《新编叶圣陶论语文教育》，福州：福建教育出版社，2024 年 8 月版，第 191 页。

[3] 中华人民共和国教育部：《义务教育语文课程标准（2022 年版）》，北京：北京师范大学出版社，2022 年 4 月版，第 9 页。

[4] 蒙曼：《四时之诗：蒙曼品最美唐诗》，杭州：浙江文艺出版社，2018 年 4 月版，第 26 页。

琼浆，对他们灌醍醐，让他们有精神养料。"① 作者、读者、歌者、舞者皆怀仁心，让中华精神生生不息。1200年前，现实主义诗人杜甫在成都留下了歌颂美好的诗作，千年后，歌手张靓颖在《经典咏流传》的舞台上唱出了温润之美，而敏容带着学生在课堂上感受这场好雨带来的美好与诗意。经典对我们的滋养，就像杜甫笔下成都郊外的这场春雨一样，"随风潜入夜，润物细无声"。经典文化如春雨滋润了华夏大地，滋润着学生的心田，这润物无声的美将代代相传。

2023年9月、10月，敏容作为我们团队代表，先后赴南平市松溪县与龙岩市永定区开展山海协作交流活动，展示了《春夜喜雨》这首诗的教学。完成任务后，她特意来和我交流参加活动的感受。她说，在永定城关中心小学课堂上，起初，学生因新奇而嬉笑，进而渐入佳境品析交流，直至跟随经典诗文歌之、舞之、诵之，沉醉不舍下课。课后，有教师给她的评价是："这是一节非常经典的古诗课。"感谢同道者的肯定与鼓励！

在课堂教学中，看着学生从不会到会，从浅学到深学，悄然变化，教师觉得很有成就感。我想，这才是我们追求的充满生长感的绿色课堂。看她在我面前描述上课情景时的那份神采飞扬，我知道经过这番历练的她，功力又长进了。今天的她已化茧成蝶，在语文的晴空翩然飞舞，这是值得自豪的事。我相信，在语文教学之路上孜孜以求的她，一定会抵达更理想的彼岸。

情融冬日化诗行——《邯郸冬至夜思家》构·悟·评

《邯郸冬至夜思家》教学构思

教学参考资源

目标设定：

1. 融情于读：读出古诗的韵味，了解冬至习俗，体会诗人对家乡亲人的

---

① 于漪：《点亮生命灯火》，北京：商务印书馆，2020年版，第438页。

思念之情。

2. 融思于写：比较异同，品味古诗，在角色体验中学会表达。

教学设想：

一、激趣导入，了解节气

1. 二十四节气是中国古人智慧的精华，我们一起重温《二十四节气歌》。

2. 学生唱《二十四节气歌》："春雨惊春清谷天，夏满芒夏暑相连。秋处露秋寒霜降，冬雪雪冬小大寒。每月两节不变更，最多相差一两天。上半年是六廿一，下半年是八廿三。"

3. 你们知道今天是什么节气吗？（板书：冬至）

"冬雪雪冬小大寒"分别指的是什么？（板书：立冬、小雪、大雪、冬至、小寒、大寒）冬至，是冬天里的第四个节气。

二、温故知新，了解诗人

1. 揭示课题：今天，我们来学习一首关于冬至的古诗《邯郸冬至夜思家》。

出示古诗，读诗题。

邯郸冬至夜思家

［唐］白居易

邯郸驿里逢冬至，抱膝灯前影伴身。

想得家中夜深坐，还应说着远行人。

2. 读题目，你了解了什么？

3. 带着理解再读诗题。

4. 我们学过很多白居易的诗，能背一首吗？

（如：《草》《暮江吟》《池上》《忆江南》）

出示："老妪能解"，猜猜什么意思？

相传唐朝诗人白居易每作一首诗就念给老妇人听，她们听不懂就改，改到她们能懂为止。所以他的诗通俗易懂，多读就能懂。用自己的节奏读诗，注意读通读顺，读准字音。

三、初读诗文，整体感知

1. 自由读古诗，读准字音。

（1）请学生来读。

（2）出示"驿"字，猜意思、用途。

驿站，是古代传递公文、转运官物或出差官员途中歇息的地方。

（3）再请学生读，读出古诗的节奏。

2. 小组对读。

3. 师生对读。

4. 初步了解诗意。

诗人白居易在冬至这天出差到了邯郸，他抱着膝坐在灯前，陪着他的只有自己的影子。他在想着，家人们也是这样围坐在灯前直到深夜，还在谈论着他这个远行的人。

四、比较阅读，理解写法

（一）比较两首诗

1. 链接《九月九日忆山东兄弟》。

这首诗讲的是诗人白居易冬至节在驿站思念亲人，这就是"每逢佳节倍思亲"，此时我们自然会想到王维的《九月九日忆山东兄弟》，背一背。

2. 读一读，想一想两首诗的异同，填写表格。

题目 \ 项目	不同	相同
《九月九日忆山东兄弟》《邯郸冬至夜思家》		

（1）说重阳。

说说对重阳节的了解：重阳节又称重九节、老人节、登高节。

简单说说重阳节的习俗：重阳节有登高、佩戴茱萸、饮菊花酒、吃重阳糕等习俗。

(2) 了解冬至节。

出示，"冬至，又称日短至、冬节、亚岁、拜冬等，既是二十四节气中一个重要的节气，也是中国民间的传统节日。"说说从资料中了解到什么？

(3) 冬至习俗：吃汤圆，吃饺子……

①说说南北方冬至习俗。

②说说福州冬至习俗。

出示图，猜一猜在干什么？

了解"䵀"。（"䵀"福州民间创造的字，米字旁加"时"，与"细"同音）

引导学生回味"䵀"糯糯的口感、甜甜的味道。这是幸福、团圆的味道。

③出示歌谣《搓䵀其搓搓》，跟教师用福州语读，并说感受。

歌谣："搓䵀其搓搓，节节年年高，大人添福寿，伲仔岁增多。"

学生感受生动、有趣的内容，以及祝福的寓意。

歌谣不仅有和睦、添福增寿的含义，也包含着我们福州人对亲人的祝福。

小结，梳理表格中的不同。

(4) 梳理相同：思念亲人。

学生交流相同之处：一样是游子，独自在他乡。不同的节日，不同的作者，都表达了思亲的心情。

(5) 小结，板书。

3. 出示课件中的两首诗，聚焦两个"思"。

师：时年十七岁的王维独自漂泊在洛阳与长安之间，他说——

学生接读："独在异乡为异客，每逢佳节倍思亲。"

师：而白居易说——

学生接读："邯郸冬至夜思家"。

4. 品读"邯郸驿里逢冬至"。

此时的白居易任秘书省校书郎，他在冬至日出差到了邯郸驿站中。

(1) 出示诗句：齐读"邯郸驿里逢冬至，抱膝灯前影伴身。"

(2) 知背景。

古人过冬至就如同过年一样，宋朝孟元老在《东京梦华录》中这样记载：

"十一月冬至。京师最重此节,虽至贫者,一年之间,积累假借,至此日更易新衣,备办饮食,享祀先祖。官放关扑,庆祝往来,一如年节。"

①从资料中你读懂了什么?

②感受团圆。

俗语说,冬至大如年!人间小团圆。唐朝冬至朝廷要放假,民间也在欢度节日。人们在放烟火,或者围炉夜话,或者喝酒吟诗对对子……

师:邯郸被称为五大都城之一,冬至夜更是何等的热闹。屋外是热闹的欢聚,屋内是孤灯独影的惆怅。(生读:邯郸驿里逢冬至,抱膝灯前影伴身)

5. 品读"抱膝灯前影伴身"。

(1) 从"抱膝灯前影伴身",你仿佛看到了一个怎样的画面?

(2) 引导学生读出这种孤独。

①理解"影伴身"。

白居易就这样孤独地枯坐在灯前,陪伴他的只有——自己的影子。

②链接古诗,体会情感。

白居易在许多年后的《冬至夜》中,又感叹道:三峡南宾城最远,一年冬至夜偏长。

创境:冬至这天夜晚最长,白天最短。这漫漫长夜,一人一灯一孤影,何等的寂寞啊。(生读:邯郸驿里逢冬至,抱膝灯前影伴身)

(二)了解写法

1. 出示:"想得家中夜深坐,还应说着远行人。"

"每逢佳节倍思亲",看着人们热热闹闹过冬至,一家人欢聚一堂,白居易更加思念家中人。(生读:想得家中夜深坐,还应说着远行人)

2. 出示《九月九日忆山东兄弟》《邯郸冬至夜思家》对比读。

(1) 读两首诗,找找这两首诗共同的特点。

(2) 发现诗人写诗的秘妙。

"遍插茱萸少一人",少了谁?

"还应说着远行人","远行人"指谁?

师:这两首诗都是从家中人的角度来写远行的游子。这就是我们要找的

两首诗最大的相同之处。（板书：家中人、远行人）

3. 出示表格。

题目＼项目	不同	相同
《九月九日忆山东兄弟》《邯郸冬至夜思家》	诗人、节日、地点	朝代、游子、思亲、写法

4. 感受思念。

（1）教师演唱京剧。

思故乡，想爹娘。离乡的人啊泪成行！你听——

（教师用《梨花颂》曲调唱全诗）

（2）学生听曲，感悟对家人深深的思念。

5. 齐背古诗《邯郸冬至夜思家》。

6. 小结，板书。

无论是重阳节还是冬至节，远行的游子都在思念着家中人，而家中人也都在牵挂着远行人。

五、创设情境，拓展写话

1. 练笔：又是一年冬至夜，此时，你就是白居易的亲人、爹娘、兄弟，你会对远行的白居易说些什么？请结合冬至习俗写一写。

2. 交流评价。

六、总结古诗，推荐阅读

今天是冬至，我们学一首古诗（快读全诗）；我们唱一首民谣《搓粞其搓搓》；我们还可以去读一本书。

简介：《藏在地图里的二十四节气》这套书里的节气秘密还很多，有兴趣的同学不妨读一读，与作者一同走遍天下，寻找藏在节气里的中华文化。

作业设计：

1. 悦读：阅读《藏在地图里的二十四节气》。

2. 悦写：写一写一家人过冬至的情景。

板书设计：

邯郸冬至夜思家

思亲

家中人 ←——→ 远行人

（执教者：黄晓丹　指导者：陈爱华）

冬至，途经你在异乡的路——《邯郸冬至夜思家》教学感悟

喜欢冬至，许是自己就是冬至前出生的缘故，近水楼台选下冬至这个节气的课，激动又忐忑，感谢爱校给了我这一次难忘的经历。

冬至，白昼最短，思念最长。该如何在课堂诠释冬至的文化魅力呢？我阅读了各种关于节气的书，摩拳擦掌，待踏雪寻芳，与学生相约。

诗绪梦长，幸有我师

在与爱校的交流中明确了方向，她说："选首古诗吧，白居易的《邯郸冬至夜思家》，可展现你的歌唱特长。诗可吟可唱，找个合适的音乐配上。"顿时醍醐灌顶，白居易的《邯郸冬至夜思家》自然是熟悉的，再说到音乐，瞬间耳边就回响着那略带伤感的，又充满希望的京剧《梨花颂》的旋律。有目标、特色，转头欢喜地定教案、制课件……

不承想前两次的试教都不尽如人意，爱校耐心地点拨："这首诗的写法特点没有讲明，教师的自身特长没有展现，没有调动学生的积极性……"

一节课，跨越时空联接了两大诗人，一位"独为异乡客"，一位"抱膝影伴身"，既体现了诗人的孤独，也写出了"年年至日长为客"的感叹，该如何有效融合呢？我沉心琢磨情景与意境的关联、冬至节气的习俗、古诗学法的渗透、资源的合理运用、优质课堂的理答……

美好如期，共话教学

终究没有辜负时光，迎来期盼已久的课堂。课始，以两首古诗为引，和

153

学生聊重阳、冬至的习俗，引导学生了解福州当地的冬至习俗，教唱冬至民谣《搓粞其搓搓》，知冬至团圆、祝福的寓意，浓浓的节气文化气息扑面而来，让课堂氛围温馨又美好；课中，将白居易的《邯郸冬至夜思家》和王维的《九月九日忆山东兄弟》两首诗进行对比教学，寻找异同、精读思辨，明确两首诗共同的写法："都是从家中人的角度来写远行人"，引导学生领悟诗人的思亲、思乡之情；最后，在学生诵读感悟的基础上，我和着《梨花颂》的经典曲调清唱全诗，款款深情引发了学生和在场听课教师的情感共鸣，教室里响起了热烈的掌声。我抓住契机，引导学生把心中所悟之情付诸笔端，读写相融，妙笔生花。

红尘相伴，与有荣焉

这节课有幸受邀送教至福建省平潭综合实验区。"三月三日，我看着风，你看着我，有趣、有情、有光……"这是我在朋友圈的留言，转发了林凤的《敬一杯酒给岁月》。初看文章，满眼是泪，她说"真好，看你成为更好的自己，与有荣焉……"

何其有幸得到林凤和陈梅的真诚陪伴。她们的鼓励让我浮躁的心逐渐变得清明，从羞涩、窘迫到从容、专注、欣欣然。幸运如我，有人在百忙中为我厘清原来纠缠的思路，有人在深夜里心疼我辗转反侧，有人不论多迟伴着我打磨教案、修改课件……

时光缱绻，再回首，那些为我深藏的温情，已被定格成永远。红尘路长，真诚还在延续……

（福州市长乐区教师进修学校　黄晓丹）

情融冬日化诗行——《邯郸冬至夜思家》教学评析

晓丹是个可爱又能干的教师，真正是上得了厅堂，下得了厨房。她是个美食家，真正的大厨，烧得了好菜，又有很好的音乐素养，唱得了好歌。情感丰富，内心柔软，善良有爱，这就是她的特点。所以，当她想上一节关于节气的研讨课时，我觉得白居易这首《邯郸冬至夜思家》挺适合她。于是，我们一起与冬至相约，赴一场语文的饕餮盛宴。

基于"融·悦"教学理念，唐诗《邯郸冬至夜思家》教学设计思路如下。

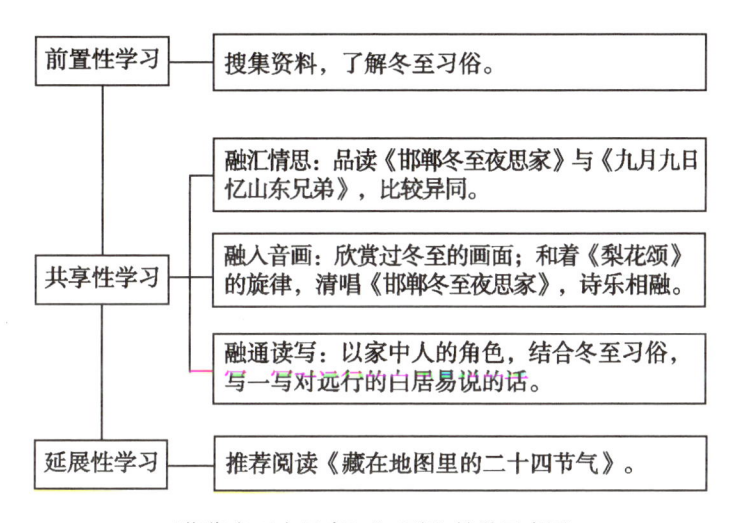

```
前置性学习 ── 搜集资料，了解冬至习俗。

            ┌─ 融汇情思：品读《邯郸冬至夜思家》与《九月九日
            │  忆山东兄弟》，比较异同。
共享性学习 ─┼─ 融入音画：欣赏过冬至的画面；和着《梨花颂》
            │  的旋律，清唱《邯郸冬至夜思家》，诗乐相融。
            └─ 融通读写：以家中人的角色，结合冬至习俗，
               写一写对远行的白居易说的话。

延展性学习 ── 推荐阅读《藏在地图里的二十四节气》。
```

《邯郸冬至夜思家》"三融"教学示意图

一、聚焦节气，融入福州童谣，传承民俗文化

冬至，是二十四节气中最早确立的节气之一。俗话说："冬至大如年。""二气俱生处，周家正立年。"在周朝，冬至可是"过年"的日子。晓丹带领学生过了一个别样的"冬至"。

教师引导学生从诗题入手，读懂冬至节气内涵。把学生的文化之根牢牢扎在乡土的沃野上，让带有浓郁地域特色的冬至习俗搓粣、吃粣及其美好寓意，化成精神养料，滋养学生心田。

"粣"是由福州人自己独创的一个字，由"米"和"时"组成，"米"代表原材料，"时"则表示按时令做出的不同粿类。"粣"福州话发音同"细"，在福州，冬至前夜全家围坐搓粣，寓意团圆。教师引入民谣《搓粣其搓搓》，学生跟读说感受。

搓粣其搓搓

搓粣其搓搓，

节节年年高，

大人添福寿，

伲仔岁增多。

歌谣不仅有和睦、添福增寿的含义，还包含着福州人对亲人的所有祝福。教师带领学生打节奏唱民谣，还原节日场景，学生且吟且唱，沉醉于民谣营造的欢乐意境中，受到美的感染和熏陶。唱冬至民谣，知冬至寓意，浓浓的节气文化气息扑面而来，温馨又美好。

二、注重赏析，融入比较阅读，提升思维能力

潘新和老师指出："文本的意思，是在相关文本的参照中显示出来的。教师可以将学生曾经学过的相关的文本，联系着读，或适当选择补充一些相关的文本，让学生放在一起比较着读，会收到事半功倍的效果。"[①] 教师别出心裁地将白居易的《邯郸冬至夜思家》和王维的《九月九日忆山东兄弟》两首诗进行对比教学，从而让学生知道这两首诗有不同之处，也有许多相同之处。两首诗最大的相同点在写法上都是从"家中人"的角度来写"远行人"，表达了诗人思念家乡、思念亲人的感情。

"有比较，才有鉴别；有鉴别，才能深入认识事物的特点，掌握其规律。故而在读、写、听、说能力的训练过程中，把比较的方法用在节骨眼上，学生思维便能得到有效的锻炼。"[②] 初步了解诗意后，教师以一句"诗人白居易在驿站思念亲人，这就是'每逢佳节倍思亲'"，自然引出王维的《九月九日忆山东兄弟》，再出示表格，让学生比较两首诗的不同点和相同点，最后将教学重点落在解读节日习俗上。《九月九日忆山东兄弟》是旧知，了解重阳习俗重在温故知新。《邯郸冬至夜思家》是新授，教师精心设计看图画猜习俗的环节，点面结合，重点突出，彰显教师的匠心，同时也为后面体悟诗人的思乡之情蓄势积能。

---

① 潘新和：《语文：回望与沉思——走近大师》，福州：福建人民出版社，2012 年 8 月版，第 46 页。

② 于漪：《点亮生命灯火》，北京：商务印书馆，2020 年 5 月版，第 146 页。

三、和诗以歌，融入音乐元素，引导艺术审美

思故乡，想爹娘。远行的人啊泪成行！听教师唱这首《邯郸冬至夜思家》，情到深处，歌以咏之。当教师以《梨花颂》曲调吟唱古诗，自然引发学生思乡之情，背诵水到渠成。在学生诵读感悟的基础上，教师和着曲调清唱全诗，深情款款、悠扬悦耳、韵味十足、令人沉醉！引发了听者的情感共鸣，全场响起了热烈的掌声。

且看学生写的课后感：

> 当快要下课时，黄老师用歌唱的方式，唱了一遍《邯郸冬至夜思家》。老师唱得可动听了，台上的我们和台下的听课老师们纷纷鼓掌。此时，我看见老师的脸上也笑开了花。
>
> 这是一节特别的古诗课，让我收获满满。我不仅体会到了诗人"逢佳节，思亲人"的感情，还感受到我们独特的地方民俗。一节课很快结束了，在这一节课里，我学到了许多东西，有诗，有歌，还有情怀……

和诗以歌的环节，让许多听课教师惊艳。

依芳这样点评：听过很多节课，在课堂中插入歌曲的环节，有的是为了形式的多样化而设计，有的是为了营造氛围。能够真正把学生的情绪调动起来并成为教学中的一个亮点的，晓丹老师算是做得很好的一个。歌曲选得好是其一，晓丹老师自身的演唱功力，富有戏曲腔调的独特韵味把乡关渺渺，灯火摇曳中孤独的外乡人的情绪渲染得极其到位，孩子们在跟唱中自然地表达出那份浓浓的思乡情。

寒冰说，最为惊艳的教师以京剧曲调，现场唱《邯郸冬至夜思家》。教师清亮婉转的京剧唱腔，唱出了远行人对家中亲人深切的思念。此时，课堂上情景交融，一种愁绪别样表达，这样的课堂，令人回味，意蕴深长。

依芳和寒冰叫算是知音了，知诗知曲，知情知美。的确，课堂上，晓丹发挥了自己的专长，让音乐与古诗自然地融为一体，给学生带来美的享受。把课上到了学生心里，教学无疑是成功的。望着讲台上深情款款的晓丹，我

的心里充满感动，也感到了欣慰。

四、创境练笔，融入语言表达，增强情感体验

朱光潜先生认为："读诗就是再作诗，一首诗的生命不是作者一个人所能维持住，也要读者帮忙才行。读者的想象和情感是生生不息的，一首诗的生命也就是生生不息的，它并非一成不变的。"① 读写一体，在学生个性化感悟的基础上，教师为学生搭建了表达的平台：又是一年冬至夜，此时，你就是白居易的亲人、爹娘、兄弟，你会对远行人白居易说些什么？请结合冬至习俗写一写。

这首诗的后两句"写思亲不言自己思念家人而言家人思我，在孤独、清寒中感受着亲人的温暖。这种从对面写来的手法，使思情加深了一层"。② 根据这首诗的表达特点，教师引导学生对比古诗《九月九日忆山东兄弟》，评议两首古诗的异同点，发现二者在作者、地点、习俗等方面的不同。找准"思亲"这个切入点，引发学生思考，联系生活，结合冬至习俗，以白居易亲人的口吻与远行的白居易对话，以读写结合的形式达成语文教学内容和表达之间的辩证统一。教师抓住契机，引领学生把心中之情付诸笔端，读写相融，妙笔生花。

我们不忘"以诗润心，以文化人"的使命，引导学生从传统文化中汲取营养，"点燃立民族精神之根，树爱国主义之魂的灯火"。③

"石蕴玉而山辉，水怀珠而川媚。"师心如玉，童心如雪。心怀诗意，心存美好，寻常的日子也能吟出诗意，素净的流年也能谱成诗篇。祝愿晓丹在书香的熏陶下，在诗意的润泽下，课堂更加明媚多姿，人生更加光彩熠熠。

---

① 潘新和：《语文：回望与沉思——走近大师》，福州：福建人民出版社，2012年8月版，第280页。

② 白居易、汤华泉：《白居易诗选》，郑州：中州古籍出版社，2019年10月版，第49页。

③ 于漪：《点亮生命灯火》，北京：商务印书馆，2020年5月版，第2页。

邀约之中蕴深情——《问刘十九》构·悟·评

《问刘十九》教学构思

目标设定：

1. 融情于读：从读中体会诗人的情感，喜欢读白居易的诗，做一个心有深情的人。

2. 融思于写：在熟读体会情感的基础上，模仿诗歌，写一封请柬。

教学设想：

一、温故知新，初识节气

1. 导入新课。

（1）重温《二十四节气歌》。

（2）"冬雪雪冬小大寒"中的两个"雪"分别指哪两个节气？

（3）出示《月令七十二候集解》中对小雪节气的解释："小雪，十月中。雨下而为寒气所薄，故凝而为雪。小者，未盛之辞。"学生初步了解小雪节气。

2. 揭示课题。

板书课题《问刘十九》，学生齐读课题。

3. 解题。

（1）谁问谁？（白居易问刘十九）

（2）初识刘十九。（刘十九，兄弟辈中排行十九，白居易被贬为江州司马时结识的好友）

4. 了解诗人白居易。

（1）学生谈对白居易的了解。

（2）出示白居易生平：白居易（772—846年），唐代诗人，字乐天，自号醉吟先生。诗歌语言平易通俗，与元稹共同倡导新乐府运动，世称"元白"。

二、初读古诗，整体感知

1. 指名朗读，正音。

2. 师生合作读。

3. 听吟唱版《问刘十九》，发现特点。指导朗读，强调把韵脚读饱满。

4. 全班齐读。

5. 理解古诗大意。

借助注释，说说整首诗说了什么？（结合时间、地点、人物、事件，概括主要内容）

三、想象画面，理解诗意

这首诗短短 20 个字，却打动历代文人墨客的心，它到底有什么魅力呢？默读古诗，思考：这是一首怎样的小诗？抓关键词作批注。

（一）绿蚁新醅酒，红泥小火炉

1. 出示诗句，想象画面。指导朗读。

2. 链接小雪习俗，体会饮"绿蚁"的惬意。

（1）出示小雪习俗，说说知道了什么？（小雪酒的特点是色清味洌；小雪是最好的酿酒时节）

（2）指导朗读。

3. 师生对读，感受小诗的明艳色彩。

4. 小结：这是一首温暖的小诗，一首色彩明艳的小诗。

（二）晚来天欲雪，能饮一杯无

1. 出示"小雪三候"相关资料，认识小雪节气特点。

2. 链接白居易与刘十九的故事背景，感受友情的温暖。

3. 师生对读，感受邀约之意。

4. 小结：这是一杯怎样的酒？（香醇可口）这是一份怎样的情？（真挚深厚）（板书：酒醇情深）这是一首充满温情的小诗。

（三）背诵古诗

1. 配乐朗读古诗。

2. 背诵古诗。

四、聚焦邀约，拓展写话

1. 学习席慕蓉的《请柬》。

（1）听读，思考：这是给谁的请柬？邀约的内容是什么？

（2）理解诗歌。

（3）朗读诗歌。

2. 引导练笔。

模仿席慕蓉的《请柬》，结合《问刘十九》这首古诗给刘十九写一封请柬。

五、总结古诗，发出邀约

1. 感悟古人的冬日小情趣。

出示元稹《大寒十二月中》诗句："腊酒自盈樽，金炉兽炭温"，体会元稹与白居易的相同志趣：围炉饮酒。

小结古人的冬日小情趣：围炉饮酒、踏雪寻梅、画消寒图。

2. 联系生活，说说当冬天来临时，我们可以做些什么？

3. 出示《白居易诗选》，发出冬天读诗的邀约。

作业设计：

1. 悦读：阅读《白居易诗选》。

2. 悦写：修改课堂小练笔。

板书设计：

问 刘 十 九

白居易

绿 蚁 红 炉

酒 醇 情 深

（执教者：林凤　指导者：陈爱华）

长风当歌诗飞扬——《问刘十九》教学感悟

一首诗，要吟多久，才会在心上留痕。《问刘十九》似乎无须精雕细琢浅斟低唱，便已在心头驻留。短短的 20 个字，寒冬腊月、暮色苍茫、风雪将至，而家酒新熟、炉火正旺、静待老友的意象便走马灯般一一呈现，仿佛一幅生动而形象的画，让人倍觉温暖、惬意，难以忘怀。记不清是多少年前，便已喜欢上了这首浅显易懂温暖如斯的古诗。南方无雪，但每逢冬至风起，每逢思念好友，每逢开怀畅饮，这首诗便涌上心头。

"嘈嘈切切错杂弹，大珠小珠落玉盘。"

幸运的是，爱校也喜欢这首诗。人生最快慰的事，莫过于茫茫人海中遇见对的人，一如刘十九之于白居易。

因为喜欢，我们便开始备课，也开始走进白居易的一生。随着备课的深入，时常惆怅于一代名臣的人生际遇，欣喜于一位现实主义诗人的深情，却又苦恼于诸多信息的繁复纷杂。如何合理运用资源？如何让课堂既显丰实又不堆砌资源？当种种信息争鸣耳边，便恨不能"浮一大白"。

幸而爱校说，"运用资源，须知其然，亦须知其所以然""古诗教学应主线清晰"……慢慢地，"邀约"的主线便定下了。于是，所有的资源便开始有序列队：以邀约为名，学邀约之意，入邀约之境，抒邀约之情，一脉相承，一气呵成。看着一首乐曲由杂音不断渐趋悦耳，便恨不能再"浮一大白"。

"我有一瓢酒，可以慰风尘。"

林清玄在《温一壶月光下酒》中谈及诗词也可以下酒："喝淡酒的时候，宜读李清照；喝甜酒时，宜读柳永……至于陶渊明、李太白则浓淡皆宜，狂饮细品皆可。"学生读这样一首邀约的诗，当品什么酒？

三次试教，发现不同的班级飘溢着各自独特的酒香。有的学生喜欢诗歌饱满的韵脚，有的学生共鸣白居易殷殷的期待，有的学生感动刘白二人真挚的友谊……在不一样的精彩中不断发现学生的聪慧、灵动与可爱，而自己也在这样的课堂中"知不足而后进,望山远而力行"。

直到发现学生整堂课都目光炯炯跟随着自己,发现自己情到深处也不禁哽咽,发现学生教学结束依然沉醉,才突然顿悟:白居易的这一杯酒,就是这样醉了一千多年。

"晚来天欲雪,能饮一杯无。"

一个人可以走得很快,但一群人可以走得很远。当学生在下课后跑来拥住我表示欢喜时,心中涌上的除了欣喜,更多的是感恩。感恩爱校的成全与陪伴,感恩陈艳副主任、香秀副校长、陈梅、晓丹老师等伙伴们的真诚帮助……感恩生命中每一次温暖的相遇,让岁月唱响清歌,轻轻将故事缱绻成诗。这一趟教学之旅因为有了她们,春风十里。

人生路漫漫。长风起,云飞扬,酒酣甜,炉正旺,亲爱的伙伴们,晚来天欲雪,能饮一杯无?

(福州市长乐区教师进修学校　林凤)

邀约之中蕴深情——《问刘十九》教学评析

心善、心静,这是林凤给我的印象,她可以自费独自去苏州听王崧舟老师的课,也可以耐心地将微信报道编辑一改再改,还可以与山水共清欢,将见闻思考化作美丽的文字留存于记忆中。那天教学《问刘十九》,她就那样静静地、柔柔的,透着一份深情。这样的感觉甚好。

林凤爱读书,在备白居易的《问刘十九》时,应该读了不少相关资料。磨课时,我直言,内容拓展多了,整个教学显得有点零散,教学主线不够眉清目秀。她顿感焦虑,我说已经"深入",再思"浅出",精彩还是有的。功夫不负有心人,一番精打细磨后,这课还是让听课者着了迷。

基于"融·悦"教学理念,唐诗《问刘十九》教学设计思路如下。

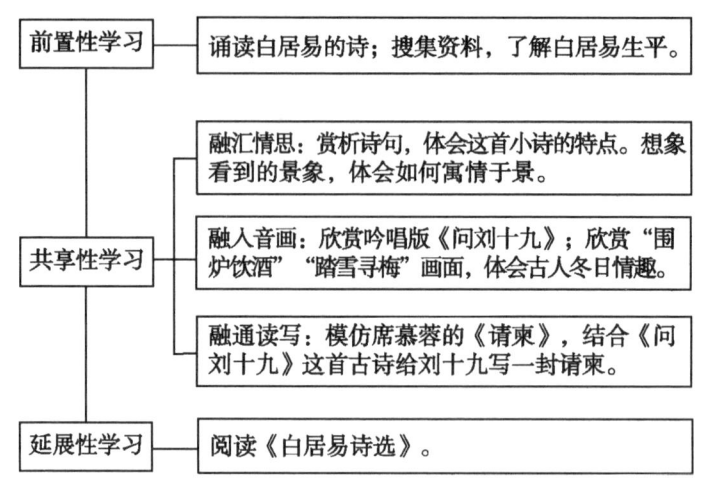

```
前置性学习 —— 诵读白居易的诗；搜集资料，了解白居易生平。

共享性学习 ——
  融汇情思：赏析诗句，体会这首小诗的特点。想象看到的景象，体会如何寓情于景。
  融入音画：欣赏吟唱版《问刘十九》；欣赏"围炉饮酒""踏雪寻梅"画面，体会古人冬日情趣。
  融通读写：模仿席慕蓉的《请柬》，结合《问刘十九》这首古诗给刘十九写一封请柬。

延展性学习 —— 阅读《白居易诗选》。
```

《问刘十九》"三融"教学示意图

本课的立言点是模仿席慕蓉的《请柬》，以问句为开头，结合这首古诗给刘十九写一封请柬。教师带领学生走进一千两百多年前绿蚁红炉、酒香四溢的黄昏，让学生带着自己的理解读诗，读出不一样的感受。教师与学生分享了自己写的一首小诗，向学生发出读诗的邀请。学生在重温跨越千年的雪夜邀约中走进古诗，爱上古诗，产生热爱中华优秀传统文化的情感。

本课的立人点是让学生走近白居易这位唐代伟大的现实主义诗人，感受诗人心系天下、忧国忧民的情怀，感受他对百姓、对朋友、对天下人的真情。体会邀约的真诚，做心有真情的人。

一、以诗为引，感受冬日的情趣

白居易的这首《问刘十九》，把日常生活写得富有诗意，于冬日中传出明丽与温情，得到众多文人墨客的喜爱。蒙曼老师的《四时之诗》一书中在小雪节气的前一个节气——冬至推荐读《问刘十九》。她从颜色、韵律、情感等方面对这首诗进行品析，她认为："人生有很多风雪需要面对，我们何妨先温一杯浊酒挡挡寒气，毕竟，温暖本身就是一种力量。"在2024年5月开展的以"开发节气诗文资源 弘扬中华传统文化"为主题的福州市小学语文专题研讨活动中，我们将这首诗置于小雪节气的背景来品读，意在透过意象让学生感受诗中的温暖与真情。小雪节气的到来，意味着天气会越来越冷，降水量渐增，但真情可温暖人心。教师结合小雪节气特征，引导学生读诗、品诗、悟情：立足学情，想象画面，理解诗意；链接资源，知人论世，感受诗境；读写结合，仿写《请柬》，体会友情与温暖，提高学生审美与表达能力。

雪蕴诗情，字含深意。雪夜相聚、围炉夜话，这的确是非常唯美和浪漫的。作家申赋渔《光阴》一书，在"小雪"篇中有这样的描述："小雪的晚上，万籁俱寂，新醅的'十月白'酒已经烫好，红泥小火炉上，正烤着小小的糍粑，香气四溢。"[①] 这是多么诗意且温馨的情景啊！白居易的这首诗语浅情深，让人感动于诗人的真情，也心动于古人的冬日情趣。我曾以"此心安于冬"为题，写过一篇小文，古人冬日多雅事，负暄闲坐、围炉小酌、踏雪寻梅、蚁酒凝绿、彩笺觅句，各有情致。心向美好，古今皆然。教师在教学中，引入白居易的好友元稹《大寒十二月中》中的诗句"腊酒自盈樽，金炉兽炭温"，让学生在比较异同中，体会元稹与白居易的相同志趣。同时，图文结合，呈现古人冬日围炉饮酒、踏雪寻梅、画消寒图的情景，激发学生的情感。古人有这些冬日雅事，那么冬天来临，我们可以做些什么呢？马琦演唱的关于小雪节气的歌中有这样的歌词：

> 初冬脚步声儿细
> 悄悄来寻觅
> 亲朋好友来聚齐
> 火锅暖心意
> 快乐无比　充满活力
> 强身又健体

现代人有自己的过冬方式，我们希望通过这样一首小诗，让学生读懂白居易的深情，以世间美好，驱散寒意，温暖内心。同时提高审美情趣，联系生活实际，导向冬日读诗。坚冰深处春水生，心安于冬，待春花烂漫，再赴

[①] 申赋渔：《光阴》，北京：北京十月文艺出版社，2021年3月版，第126页。

美丽之约。

二、以诗为柬，道出内心的深情

唐诗宋词是中华文化的瑰宝。蒙曼老师认为一首真正的好诗重要的是情感。教师引导学生沉醉唐诗宋词，在品读与想象中，感悟蕴藏其中的深情，并学会运用语言表达深情。

整合资源，读写相融，这是我们一直以来的教学举措。学习白居易的《问刘十九》，我希望教师在资源运用和练笔指导上有一些新的尝试。教师引导学生穿越时空，走近千年前的那个冬日，感受绿蚁红炉的暖意，读懂诗中的酒醇情浓。拓展阅读席慕蓉的《请柬》，引导学生模仿诗的格式，给刘十九写一封请柬。学生以白居易之名向刘十九发出邀约，一份深情在学生笔下自然涌出。

1. 链接邀约诗，引导阅读

记得 2019 年读书会成员元宵雅集，我和大家一起读了席慕蓉的《请柬》：

请　柬
——给读诗的人
我们去看烟火好吗
去　去看那
繁花之中如何再生繁花
梦境之上如何再现梦境
让我们并肩走过荒凉的河岸仰望夜空
生命的狂喜与刺痛
都在这顷刻
宛如烟火

在备《问刘十九》这一课时，我自然地想起席慕蓉的这首诗，于是我建议将现代诗融入古诗教学。教师引导学生读诗，说说是给谁的请柬？邀约的内容是什么？为练笔埋下伏笔。若锋认为这个环节，"嵌入应用文教学，也可以如此诗意"。小翠表示很喜欢这个小练笔设计。她认为，教师为学生搭建了一个练笔的支架，引导学生写一封请柬，了解古人在冬天里的活动，让学生联系当今生活，说说我们能在冬天做什么。这样的练笔加思考，陶冶了学生的审美情趣。

2. 练写邀约诗，引导表达

知道林凤素日里喜欢在文字中沉醉，也时常借文字抒怀，我想如她这般热爱文字的教师应该适时"露一手"。我建议她发挥自己的长处，写一封请柬，向学生发出读诗的邀约。

请　柬

——给读诗的你

我们一起读诗好吗

读《白居易诗选》

读一代名臣毕生的深情

读一位诗人风雪中的歌唱

让我们在那通俗得近乎白描的诗句里

　　去发现

一位诗人的抱负与悲喜

一个时代的繁盛与沧桑

师：这是我给大家，给所有读诗的人发出的一份《请柬》，我们一起去读诗，好吗？

我想，教师的邀约如此真诚，如此深情，学生怎能不动心？教师引导学生模仿席慕蓉的《请柬》，结合《问刘十九》这首古诗，以问句为开头，给刘十九写一封请柬。在《落雪听禅》的音乐中，学生凝神细思，落笔成诗。的确，教师给学生一个平台，学生就会还教师一份惊喜。且看学生的作品：

请 柬
——给刘十九

我们来喝酒好吗

来，来我这

让那香醇的酒液

流过喉咙，感受那最美的味道

让我们走过时光，畅望未来

无限的欢喜与快乐

都在这顷刻绽放

让我们在这熊熊燃烧的炉火旁

彻夜长谈

三、以诗为光，照亮诗意的人生

学习白居易的《问刘十九》，教师引导学生穿越时空，读懂诗中的酒醇情浓。拓展阅读席慕蓉的《请柬》，引导学生模仿诗的格式，给刘十九写一封请柬。"我们来喝酒，好吗？喝这刚酿出的绿蚁酒，让酒香温暖你的心，让所有的不快如烟消如雪化。"学生以白居易之名向刘十九发出邀约，一份深情在学生笔下自然涌出。在此基础上，教师链接《琵琶行》《卖炭翁》等，引导学生领会白居易"一生多少情，都付诗词中"，再与学生一起分享教师自己创作的小诗，邀学生读《白居易诗选》，从中领悟诗人的语浅情深，明白诗人的抱负与悲喜。

在学生对白居易这位诗人有所了解的基础上，教师与学生分享了一席话，让学生对白居易其人其诗其情有了进一步体会，从而产生了阅读白居易诗的兴趣。由此，教学由一首诗走近一位诗人，走进一部诗作，引导阅读的目标自然达成。

有学生写下这样的听课感受：我特别想感谢老师带我领略了唐诗的美妙，为我开启了唐诗鉴赏的大门。这堂课不仅让我了解了白居易，更让我对古诗产生了浓厚的兴趣，对中国古人的智慧和审美由衷地敬佩。

还有的学生这样写道：这节课使我受益匪浅，老师不仅教我学习了《问刘十九》这首诗，还讲了些读诗的方法，让我们尝试着写诗，推荐我们去多读白居易的诗。以后，我也要像今天这般，去细细体味每首诗……

看来，这样一节古今融合、读写结合的课，已然在学生心湖中荡起了涟漪。有心的孩子从此出发，踏上古诗词阅读之旅，相信古诗也将成为一道光，照亮孩子们诗意的人生。

第三节 以宋词为舟，缱绻于真情天地

融于宋词品幽芳

在"融·悦"教学实践中，我们除了注重唐诗的教学研讨，还注重宋词的教学研讨。我们用心引导学生在低吟浅唱中，与词人的情感律动相应，沉醉于宋词天地，汲取经典的芬芳，润泽心灵，从而培育家国情怀。就像学生所言：有一首词，每每诵读它，一种豪情壮志便在我的心中激荡，一种爱国情怀便在我的心中升腾，它就是宋代词人辛弃疾的《破阵子·为陈同甫赋壮词以寄之》。这首词雄壮高昂，让我看到了一个意气昂扬、抱负宏大的忠勇将军的形象，他"金戈铁马，气吞万里如虎"。结句使梦境和现实形成鲜明对比，抒发了诗人希望恢复祖国河山的情怀以及壮志未酬的愤慨。我喜欢辛弃疾诗词的豪放大气，更敬佩的是他诗词中饱含的强烈的爱国精神。

在教学内容与方法的选择上，我们遵循"融·悦"教学实践的基本原则，教学曲径通幽，力求在学生记忆的黄金时期，将中华优秀传统文化植入学生心中，丰富学生库存，夯实文化根基，为学生终身发展奠定基础。

一、课内宋词与课外宋词相结合

在宋词教学研讨的课例选择上，跟唐诗教学研讨思路一样，不仅关注课内宋词，还将课外宋词引入课堂，让学生丰富对宋词魅力的感知。如，选入本书的五节关于宋词教学的研讨课例，其中，辛弃疾的《清平乐·村居》和《西江月·夜行黄沙道中》是统编版小学语文教材内的，岳飞的《满江红》、李清照的《声声慢》、苏东坡的《定风波》是小学教材外的。课内与课外相结合，让宋词的真情充盈学生内心。

二、宋词品味与音乐熏陶相结合

在教学中，教师适时适度地融入音乐资源，让课堂氤氲着古雅的气息，呈现出别样的韵味。如，《清平乐·村居》一课教学中，引入不同节奏的音乐，引导学生以不同的节奏诵读，激发了学生的学习兴趣。《满江红》一课，引入屠洪刚演唱的《精忠报国》，引用歌词互文阅读，打开学生练笔的思路。《声声慢》一课，借《故梦》的旋律，学生跟随词人打开记忆之窗，体验词人的内心情感。《定风波》一课，引入黄绮珊演唱的歌曲，让学生的感悟更深刻。音乐调节着学生的精神状态，引领学生进入诗意的境界，从而提高宋词学习效率。

音乐与文字相融相契，让课堂充满韵味。如教学《苏幕遮·怀旧》时，引入李健演唱的《苏幕遮·怀旧》，深情的旋律氤氲课堂，让人沉醉其中。再如，在《卜算子·咏梅》教学中，教师播放歌曲《梅》，借助《梅》的歌词，进行宋词与歌词的互文阅读，深化体验。链接学生课前阅读《一树梅花一放翁》的感受，结合书中序言理解"意难平"，自然揭晓词的写作秘妙——托物言志。歌曲资源的引入，互文参读，渲染了诗意，学生对陆游的品格有所了解，课堂上学生学得十分投入，读得入境、品得深刻、写得动情，教学扎实有效。

三、宋词诵读与书籍荐读相结合

宋词教学中，我们注重嵌入整本书资源，即推荐阅读，直指素养，丰富内存，读诗学文两相映，显教学之意趣。如《清平乐·村居》一课，引入《辛弃疾传》中的资源辅助理解并推荐阅读这本书；《满江红》一课，引入《岳飞传》中的资源加深学生理解；《声声慢》一课，推荐阅读《李清照传》，引导学生走近一代才女，深刻体会她的情感；《定风波》一课，引入《苏东坡传》中的资源辅助理解，让学生对苏东坡的品格有更进一步的了解。

"石韫玉而山晖，水怀珠而川媚。"在宋词教学中，有了书本资源的自然融入，课堂暗香浮动，教学曼妙多姿。课堂上，师生一起徜徉于宋词品味学习之旅，享受母语之美，领略中华文化的魅力。品一阕宋词，悟一份深情。教学中，教师有心在学生纯净的心灵土壤中播下的中华优秀传统文化的种子，终将萌芽，生长，满目葱郁。

四、赏析感悟与积累运用相结合

"君子务本，本立而道生。"提高学生理解和运用祖国语言文字的能力，这是语文教学之本。宋词教学中，教师做到诵读感悟与积累运用兼顾，读写相融，让文字直抵心灵，促进内化，彰显教学之意蕴。如《西江月·夜行黄沙道中》一课，仿照诗句写一写心中永不落幕的美好；《满江红》一课，运用名句表达心声；《声声慢》一课，走进词人内心，打开记忆之窗，体会词人情感；《定风波》一课，取物作比，体会词人情怀。在语言文字运用中充分展示经典诗词的唯美，展现诗词文化的魅力。

一词一景总关情——《清平乐·村居》构·悟·评

《清平乐·村居》教学构思

目标设定：

1. 融情于读：诵读想象，感受词中描绘的田园生活美景，感悟词人对田园生活的热爱，体会宋词的魅力。

2. 融思于写：用文字描绘画面，体会"醉"与"喜"的情味。

教学设想：

一、温故知新，导入新课

1. 我们祖国的文化博大精深，唐诗宋词魅力无限。我们学过一首词——《忆江南》，一起来读。

2. 今天，我们再来学习一首词，请看题目。（板书课题）

了解词牌名、题目。

3. 这首词的内容和《忆江南》有什么不一样？

它以空格为界线分成两个部分，上半部分叫上阕或上片，下半部分叫下阕或下片，读的时候注意上下阕间的停顿。

题目中的小圆点叫间隔符号，前面是词牌名，后面是词的题目。

4. "村居"是什么意思？

二、走进诗境，体会情感

1. 读词。

（1）读这首词，读准字音、读好停顿。

（2）同桌合作读词。

（3）师生合作读，边读边想象画面。

2. 想象画面。

一幅幅动人的画面就在眼前，谁能用这样的句式，选一幅画面写一写。

当读到"_____"时,我仿佛看到_____。

(1) 山村风景图。

学生描绘画面。

个别读、齐读:"茅檐低小,溪上青青草"。

(2) 翁媪相媚图。

学生描绘画面。

我们仿佛还能看到老翁老妇在干什么?

这样相亲相爱的画面就叫——相媚好。

个别读、齐读:"醉里吴音相媚好,白发谁家翁媪"。

(3) 大儿锄豆图。

学生描绘画面。

理解"锄豆"的意思。

链接诵读《悯农》中的诗句:"锄禾日当午,汗滴禾下土""春种一粒粟,秋收万颗子"。

诵读:"大儿锄豆溪东"。

(4) 中儿织笼图。

学生描绘画面。

诵读:"中儿正织鸡笼"。

(5) 卧剥莲蓬图。

学生描绘画面。

出示诗句:"归来饱饭黄昏后,不脱蓑衣卧月明。"

在古诗词中,"卧"可以解释为什么?(躺着)也可以解释为什么?(趴着)我想,这个淘气的小儿有时会趴着剥,有时像这样躺着剥,有时或许还会有怎样的姿态?

我们仿佛还能听到他边剥莲蓬边干什么?(吟诗、唱歌、数数……)

请一个学生边哼歌边表演,其他学生边看表演边读:"最喜小儿亡赖,溪头卧剥莲蓬。"

全班学生一起边读边演。读"一去二三里……""人之初……"

173

不管是数数还是哼歌，都是一幅最生动的画面，难怪词人说——"最喜小儿亡赖，溪头卧剥莲蓬。"（全班读）

带上词人对小儿的喜爱之情，再读这句诗。

3. 引读，感受写法。

走进《清平乐·村居》，我们看到了美丽的村景——茅檐低小，溪上青青草；和谐的翁媪——醉里吴音相媚好，白发谁家翁媪；辛勤的大儿——大儿锄豆溪东；能干的中儿——中儿正织鸡笼；顽皮的小儿——最喜小儿亡赖，溪头卧剥莲蓬。这是一幅多么和谐的村居图呀——（读整首词）

4. 感悟"醉"。

（1）指名读上阕，其他同学边听边把最能表现词人心声的一个字圈出来。（醉）

你觉得词人醉在哪了？（孩子的懂事勤劳、小儿的顽皮可爱、美景、丰收的喜悦、和谐美满的生活……）

（2）词人为什么总是醉呢？

《文豪武将辛弃疾》这本书告诉我们这样的信息：

辛弃疾，字幼安，号稼轩，中国历史上伟大的豪放派词人和爱国者。

他一生力主抗金，收复宋朝江山；他一生壮志难酬，不断遭受打压；他一生爱国爱民，希望国泰民安。

在受到投降派的排挤后，他罢官闲居于江西带湖，写下《清平乐·村居》等诗词。

他虽然不被重用，但始终心怀国事，即便喝醉，也不忘杀敌报国。

从资料中你找到他醉的答案了吗？

5. 感悟"喜"。

指名读下阕。

下阕中哪个字又能让我们感受到词人的情感呢？请边听边在词中圈出关键词。（板书：喜）

词人喜的是孩子们如此——（懂事、可爱）；喜的是翁媪如此——（相亲相爱）；喜的是一家人的生活如此——（和谐、幸福）

多么无拘无束、自由自在！或许这样少有所乐的画面正是词人所向往的。词人的喜悦就静静地流淌在词句中。（读下阕）

齐读整首词。

6. 指导背诵，升华读。

词人醉了，我们也醉了，（配抒情音乐《梦江南》慢读）这醉人的画面不正是辛弃疾毕生的期盼吗？诗人心中的喜悦喷薄而出，拍起手掌，和老师一起读。（配欢快音乐《无邪》快读）

三、推荐阅读，感悟情怀

辛弃疾是留下词作数量最多的宋朝词人，他被誉为"人中之杰，词中之龙"，一生为我们留下了600多首经典词作。（配乐播放辛弃疾词作题目）

课后，同学们还可以读一读《文豪武将辛弃疾》这本书，让我们记住这位英雄词人——（生读）辛弃疾，记住这位爱国词人——（生读）辛弃疾。

作业设计：

1. 悦读：读《文豪武将辛弃疾》，深入了解辛弃疾的情怀。

2. 悦写：写一写《文豪武将辛弃疾》的读后感。

板书设计：

清平乐·村居

醉

喜

（执教者：陈育贤　指导者：陈爱华）

感恩遇见 —《清平乐·村居》教学感悟

耳畔的蝉鸣勾起回忆，于是重回那个叶绿荷香的夏日，每每想起，历历在目，依然沉醉。

一、醉于恩师的引领

台上一分钟，台下十年功。对于表演者来说，扎实的基本功是那样的不可忽视。而对于教育者来说，导师的引领是成长路上的那张帆，只待扬帆，便能乘风破浪。

我非常荣幸，在执教《清平乐·村居》这节课时得到爱校指导。此前虽经常沉醉于她在教坛上对每节公开课犀利又精彩的点评，但对于一节课从构思开始，得到她点点滴滴细心指导，还是第一次体验。

感叹于爱校对文本独到的见解。她建议上、下阕分别着眼于"醉"与"喜"展开教学，这样精妙的设计让我豁然开朗，不甚欢喜。

感叹于爱校的博学。她对于辛弃疾写有"醉里"的词句信口拈来，对于辛弃疾的词作、生平等了然于心。对文眼"醉"的设计既有感悟，又拓展了辛弃疾其他词作中描写"醉里"的诗句，再延伸到六年级、初中、高中学生将要学习的辛弃疾的词，最后随着音乐如电影放映式滚动出示辛弃疾词作的题目，让知识从课内延伸到课外，使学生真真切切地明了辛弃疾不愧为"人中之杰，词中之龙"，从而实现走进一首词，更走近一位词人的目标。

感叹于爱校的敬业。在研课磨课中，大到篇章布局，小到字词句画，她无不细致斟酌、用心指导。我从中学到的是一节课的教学设计，得到的却是一辈子的人生态度——真诚待人，严谨治学。

二、醉于充实的课堂

一份好的设计，还需在课堂上师生一起来展示它的魅力。没有诗人真挚浓烈的感情，就不可能产生动人心弦的诗歌。在这首词中，词人把自己的感情融入所描绘的景物之中，创造出情景交融的艺术境界。课堂上，学生对画面生动地描绘，让学习更显灵动。学生抓住古诗"诗中有画"的特点，从景入手，把"诗"与"画"结合起来，调动生活经验，唤起丰富的联想，呈现一幅幅生动的画面。同时大胆地运用抒情与欢快这两种有反差的配乐朗读，巧妙地把词人的"醉"与"喜"推向高潮，更具体而形象地再现词的意境。

三、醉于累累的硕果

《清平乐·村居》这节课在区里、市里前前后后上了五次，每一次都觉得有些许遗憾，或朗读时的渲染不够到位；或对词人的了解不够深入；或该放慢脚步的地方，走得急了点……不过，每一次上完课，暖心的是都能从同事、朋友那里传来听课教师的认可，带给我的是一份份满满的激励。

最难得的是本节课在当年长乐区小学课题研究中被评为十佳研讨课，在福州市小学语文阅读教学比赛中获特等奖。每每想起，心中甚是感恩。

感恩遇见——醉于一首词，醉于一位恩师！

（福州市长乐区海峡路小学　陈育贤）

一词一景总关情——《清平乐·村居》教学评析

当育贤在实小任教时，听了她的课，我感觉这是个务实的老师。当她调到后来的海峡路小学，听了她的课，没想到她带的班级经典诵读那么用心。记得那时她带的学生《诗经·七月》背得很溜，可以说在长乐小学早期落实经典诵读的班级中，她带的班是最出彩的。这也让我更加坚信学生是有潜力的，经典是有魅力的。

听着古风歌曲，仿佛又回到了旧日时光，感恩所有的成全。十年前，在附小一分校，那时我们正在开展"加强资源整合，追求幸福语文"的课题研究，作为课题组成员，育贤展示了一节研讨课，后来我们推荐她参加市里举办的小学语文阅读教学比赛，她不负众望，获得了特等奖。《清平乐·村居》这首词原来是人教版五年级的学习内容，这节课正是我们践行课题理念，整合资源，努力构建幸福课堂的一个范例。我们以整合的视角，多方位、多角度解读教材，巧妙地融入音乐与人物传记中的资源，营造了一个书声琅琅、诗意悠悠、深情款款的语文课堂，体现了语文课堂的和谐、诗意与幸福。我们相信，教师只要满怀深情，走进诗词，走近诗人，就能和学生一起共享语文教学的美好。

基于"融·悦"教学理念，宋词《清平乐·村居》教学设计思路如下。

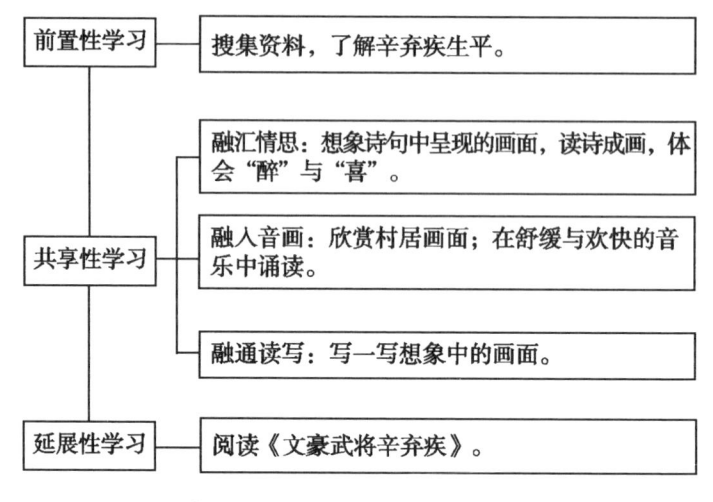

```
┌─────────────┐   ┌──────────────────────────────────────┐
│ 前置性学习  │───│ 搜集资料，了解辛弃疾生平。           │
└─────────────┘   └──────────────────────────────────────┘

                  ┌──────────────────────────────────────┐
                  │ 融汇情思：想象诗句中呈现的画面，读诗成画，体│
                  │ 会"醉"与"喜"。                       │
                  └──────────────────────────────────────┘
┌─────────────┐   ┌──────────────────────────────────────┐
│ 共享性学习  │───│ 融入音画：欣赏村居画面；在舒缓与欢快的音│
└─────────────┘   │ 乐中诵读。                           │
                  └──────────────────────────────────────┘
                  ┌──────────────────────────────────────┐
                  │ 融通读写：写一写想象中的画面。       │
                  └──────────────────────────────────────┘

┌─────────────┐   ┌──────────────────────────────────────┐
│ 延展性学习  │───│ 阅读《文豪武将辛弃疾》。             │
└─────────────┘   └──────────────────────────────────────┘
```

《清平乐·村居》"三融"教学示意图

一、引导想象，多角度品味词意

于漪老师认为："诗词就是凝固的画，优秀诗歌是由一幅幅画、一个个动人的场景组成的。学生学习这首词时，不能满足于读读背背，而是要求学生展开想象，脑子里出现立体的图景。"教师善于创设情境，让学生聆听音乐、想象画面，音画资源巧妙融合，让课堂有声有色。将意象、画面、情感融为一体，体会和谐之美。词人描绘的情境如此和谐，教师营造的情境也是如此和谐，作者、教者、读者情感共鸣，共同享受那一份独有的清新、温馨。

师：伴着同学们琅琅的读书声，一幅幅动人的画面浮现在眼前。默读该首词，你仿佛看到什么？用下面的句式进行交流：
当读到"＿＿＿＿＿＿"时，我仿佛看到＿＿＿＿＿＿＿＿＿＿＿。

在熟读的基础上，教师有心引导学生展开想象，化诗为画。于是，学生读出了山村风景图、翁媪相媚图、大儿锄豆图、中儿织笼图、卧剥莲蓬图。在此基础上，教师引导学生读出画面的美。赏析"翁媪相媚图"时，结合插图，让学生说说会想到哪些词。教师引导学生梳理积累这些词：亲密无间、其乐融融、相敬如宾、相亲相爱。再引导学生选用这些词描绘翁媪相媚图，感悟"相媚好",体现了积累与运用的自然融合。

有人如此评价:"紧张的、严谨的劳动生活,宽松的、轻快的休闲生活,从来都是幸福生活的两个方面。这首词里的农家三子,也许是生活的真实,也许只是文学的真实,也许是这两者的结合,重要的在于,辛弃疾用这种独特的方式为我们展示出生动有趣、温馨安逸的乡村生活。"

教师在引导学生赏析"卧剥莲蓬图"时,让学生想象小儿的种种情态:这个淘气的小儿他有时会趴着剥,有时像这样躺着剥,有时还会侧着身子剥,怎么自在,他就怎么卧。我们仿佛还能看到他边剥莲蓬边做什么呢?引导学生想象,也许他边剥莲蓬边读诗,也许他边剥莲蓬边数莲子。他数着数着,不知不觉中睡着了也是有可能的。不管是数数,还是哼歌,都是一幅可爱的画面,难怪诗人说——最喜小儿亡赖,溪头卧剥莲蓬。可是,如此可爱的小儿,诗人称他为"亡赖",合适吗?以此问引导学生探究"亡赖"的本意与语境中之意。再带上笑容一起读诗句,配上不同节奏的音乐,引导学生由慢到快读词,体现不同的韵味。教学以读为本,配乐读中,不同的旋律,不同的效果,不同的味道。书声琅琅的课堂,师生共沉醉。

二、融入资源,多形式感悟词情

教师紧扣上阕的"醉"与下阕的"喜"两个词眼,引导学生品味,感悟词情。这首词中的翁媪因什么醉了?这种情形下,他们或许会说些什么?引导学生展开想象写两句台词。写好对话的同时,注意人物神态、动作的描绘,再引导学生上台演一演,想象"醉里吴音相媚好"的情景。

老翁(老妇):_____

老妇(老翁):_____

"醉里吴音相媚好",这醉的不仅仅是老翁老妇,还有诗人先醉了,才让这份醉意化在了词中。教师有意引导学生深入体会词人内心深处的情感。

辛弃疾常在他的词中写到醉,比如"醉里不知谁是我,非月非云非鹤";又比如"醉里且贪欢笑,要愁那得功夫";再比如"醉里重揩西望眼,惟有孤鸿明灭"。引导学生诵读词句,探究辛弃疾为什么爱写"醉"?结合资料,学生明白了原来辛弃疾在醉里心心念念的都是能替君王收复失地。可是,辛弃

疾报国无门，壮志难酬！他多么希望国泰民安啊，所以看到这样老有所安的画面，他醉了——（读上阕）

在学习下阕体会词人心中之"喜"时，教师引导学生诵读带有儿童意象的古诗词，体会童真童趣。

童孙未解供耕织，也傍桑阴学种瓜。
牧童归去横牛背，短笛无腔信口吹。
最喜小儿亡赖，溪头卧剥莲蓬。

诗人的喜悦就流淌在词句中，读下阕，感受这是多么祥和的村居，多么悠闲自在的一家人呀。

在拓展阅读中，学生知道了这位与苏轼合称"苏辛"的豪放派词人有英雄的剑胆，有词人的才气，更有着对故国山河矢志不渝的热爱，也正是这种剑胆、词魂、爱国心，成就了辛弃疾在中国文学史上独一无二的地位。

除了《清平乐·村居》，被誉为"人中之杰，词中之龙"的辛弃疾为我们留下了《西江月·夜行黄沙道中》《破阵子·为陈同甫赋壮词以寄之》等许多脍炙人口的诗词名篇。课的结尾，我们想借助音乐给学生留下一个深刻的印象，苦于没有满意的音乐。寻寻觅觅，一天夜里，静坐电脑前，当听到《月夜无风镜》这首曲子时，如获至宝，建议育贤用到教学中。课堂上，伴随着音乐，辛弃疾大量词作滚动展示，当学生目不转睛地盯着那一首首词作，发出"哇——"的一片赞叹声时，我知道此时资源的融入，对学生的视觉及思维造成了冲击，激起了他们阅读《辛弃疾词》《辛弃疾传》这些书的兴趣。如此，从一首词出发，学生踏上了与爱国词人赴一场心灵相约的经典阅读之路。

三、拓展阅读，多方位了解词人

教学中，教师通过引导学生课内品读《清平乐·村居》，课外推荐阅读《文豪武将辛弃疾》，让学生多方位了解辛弃疾这位伟大的豪放派词人。知人论世，随着阅读，词人的形象在学生的脑海中更加清晰、丰满。

辛弃疾，字幼安，号稼轩，是中国历史上伟大的豪放派词人、军事家、政治家和爱国者。他始终把收复失地作为自己的毕生事业。他有词集《稼轩长短句》，约有600首词。他的词内容虽有差别，但都贯穿着爱国主义的英雄情怀。作家梁衡说辛弃疾的词"不是用笔写成的，而是用刀和剑刻成的。不是用墨来写的，而是蘸着血和泪涂抹而成的"。

作为"资源整合"课题研讨课，在教学辛弃疾的《清平乐·村居》时，教师秉持"走进一首词，走近一位词人，感受一种情怀"的教学理念，紧扣"醉"与"喜"展开教学，引导学生走进词人内心，体味词人情感。作家简墨说："辛弃疾从未麻木，一颗诗人、将军的心该有的细腻敏感从来没缺席过。"为引导学生多方位了解辛弃疾这位伟大的豪放派词人，教师摘录《众里寻他千百度·辛弃疾传》《文豪武将辛弃疾》等书中的有关信息让学生阅读。于是，词人的形象在学生的脑海中更加清晰，更加丰满。他醉里梦里想着征战沙场，醉着醒着渴望收复失地，就为了老有所安，少有所乐。当他看到"翁媪相媚""大儿锄豆""中儿织笼""卧剥莲蓬"等其乐融融的村居画面时，心中充满了柔情与温暖。

课末，教师推荐学生课后阅读《文豪武将辛弃疾》这本书，进一步领略辛弃疾悲壮而又精彩的一生。教师出示了书中的目录，请学生浏览，激发学生的兴趣。这节课是我们首次在教学中将诗词与整本书阅读的引导相融合，可以说，诗文有机相融，育贤开了个好头。

几年后，在回想这节课反反复复的备课历程时，育贤说："我除了感动，还是感动，我从来不知道，如此忙碌的爱校，对待一个普通教师的课，能有这样的一份情怀。"可是，她不知道的是，在我看到她们班的孩子有声有色、全情投入诵读《诗经·七月》的情景时，我已认定她不是一个普通的教师，我相信她是个教学的有心人。正像后来我们一起走在"节气审美"课题研究的路上，她所写下的感言："校本教材《二十四节气》诞生了。难忘多少个凌晨，课题群里依然热闹：一遍遍地完善内容；一遍遍地斟酌语言；一遍遍地修改错别字；一遍遍地检查标点；一遍遍地修改图片……大家没有怨言，有的只是一颗颗真诚、热情的心，选课题、编写教案、磨课，思量着如何在课堂中借助文本，培养语用能力，传承优秀文化。"我想说，能与育贤相识，又一起打磨这节《清平乐·村居》，这是一种缘分。而这样一份美好的遇见，值得珍藏。

夏至已至梦未央——《西江月·夜行黄沙道中》构·悟·评

《西江月·夜行黄沙道中》教学构思

目标设定：

1. 融情于读：读中体会词人的情感，和词人一样，用心去看、去听、去闻，去感受夏夜的美好。

2. 融思于写：想象画面，感悟词中所描绘的意境，用文字描绘夏日景致。

教学设想：

一、古诗为引，学词解题意

1. 复习《宿建德江》。

一个秋天的月夜，落榜失意的孟浩然暮宿江边，写下《宿建德江》，我们一起读读——

2. 野旷江清，那个秋天的月色历历在目，那夏天的月夜又有怎样的景象？让我们走进一首宋词，走进辛弃疾的《西江月·夜行黄沙道中》。

3. 出示课题。

（1）词牌是"西江月"，题目是"夜行黄沙道中"，作者是南宋词人辛弃疾。

（2）质疑：读题目，你知道了什么？

（"夜"，点明时间；"行"，点明事情；"黄沙道中"，点明地点）

（3）简介"黄沙岭"。

这首词作于辛弃疾闲居江西上饶带湖期间。他在这一处闲居前后近二十年。黄沙，即黄沙岭，就在江西上饶市，岭高约十五丈，下有两泉，水自石中流出，可灌溉田地十余亩，是农田丰沃的好地方。

黄沙岭风景优美，辛弃疾的另一首词《鹧鸪天·黄沙道中即事》中写道："溪山一片画图开。"

让我们怀着对美的向往再读课题。

二、初读感知，读顺晓音韵

1. 这首词大家并不陌生，同桌互相检测，你读给我听，我读给你听。

2. 看注释正音，"见"同"现"。

3. 指导朗读"七八颗星/天外，两三点雨/山前"，画上节奏，注意停顿。

（这样停顿，突出了两个景物，寥落的星辰和夏天突来的雨；这样停顿，突出了两个地点，天外和山前；这样停顿，我们的视线从天外移到了山前）

4. 师生合作快慢读。

三、想象画面，赏读悟诗境

（一）学习上阕——自读自悟，入境想象

1. 读书百遍，其义自见。你仿佛看到什么？听到什么？

预设：你仿佛看到明月升起，鹊鸟叫着惊飞而起，树枝还簌簌作响，这就是"明月别枝惊鹊"；清风徐来，几声蝉鸣，你和词人一起听到"清风半夜鸣蝉"；你眼前也有画面，词人漫步在黄沙道中，闻到稻花香，听到一片蛙声，这画面化作诗句就是"稻花香里说丰年，听取蛙声一片"。

2. 明悟"以动衬静"。

（1）质疑：月亮静谧无声，怎么会惊动鸟儿呢？

预设：月光太明亮了，当月亮挂上树梢，惊醒枝头栖息的鸟儿。

（2）链接王维的《鸟鸣涧》。

一个"惊"字，有没让你想起画面相似的一首诗——王维的《鸟鸣涧》。

辛弃疾的"明月别枝惊鹊"，不就是王维笔下的——月出惊山鸟。

《西江月》中的"清风半夜鸣蝉"，不就是《鸟鸣涧》中的——时鸣春涧中。

注意"静"和"空"，完整地读读《鸟鸣涧》。

一"惊"一"鸣"给你怎样的感觉？

这样的声音，看似打破夜的静谧，实际上把夏夜衬托得更幽静了。这就是以动衬静。词人通过视觉和听觉给我们带来看似动实则清幽的夏夜。

板书：视觉、听觉

3. 想象月光下的画面。

夜行黄沙道中，这明亮的月光除了惊飞树上的鸟儿，还会照见什么？

4. 知晓"稻香丰年"。

词人披着一身月光在行走，还听到——稻花香里说丰年。

夏花绚烂，夏花芬芳。夏天里，我们闻过栀子花香、茉莉花香，你闻过稻花的香味吗？这星星点点的白色小花就是稻花。什么是稻花香？我们去听听一位种粮大户的描述吧——

链接资料，出示张抗抗的《稻花香》：

> 水稻开花，正是夏天最热那会儿，温度越高，花香越浓。那香味儿就像……就像，嗳，这么跟你说吧，就像炒熟的爆米花……

听了种粮大户的描述，谁能说说你理解的稻花香？

（预设：农人的眼里，稻花香像爆米花一样甜蜜；稻花香不同于其他花香，它是朴实的，饱含着丰收的意蕴，词人通过嗅觉展现丰年稻香。现在再读诗句，仿佛也跟词人一样闻到夏天里醉人的稻花香）

5. 想象"蛙说丰年"。

谁在稻花香里说丰年？下一句告诉我们这是青蛙在说丰年，这是一种有趣的语言形式，先出示"说"的内容，再补充"声"的来源，以蛙声说丰年多么巧妙。

我们跟随词人，打开听觉，走进蛙声的世界。（播放蛙鸣）

此时，你们就是田间小蛙，在稻花香里呼朋引伴，在说些什么呢？

这蛙声就是丰收的天籁，丰收的歌声。《诗经》中先民们丰收的歌吟仿佛也轻轻传来，链接《诗经·周颂·丰年》——

184

丰年多黍多稌，

亦有高廪，

万亿及秭。

为酒为醴，

烝畀祖妣。

以洽百礼，

降福孔皆。

（我们来温故而知新，诗中首先报告丰收的情形；接着表明献上的美酒就是用丰收的粮食酿造的；最后写丰收的祭祀。打节奏读出庆丰年的热闹）

把这种感觉送入诗句读一读。

6. 体会词人心情。

你能用一个词说说词人的心情吗？（一种丰收在望的喜悦！）

多少年来，与农民朝夕相处的辛弃疾，看到稻花飘香的丰收景象，怎不欢欣雀跃呢？

7. 设境梳理朗读。

漫步在黄沙道中，一路上风景如画，天籁如歌。

漫步在稻花香里，有皎皎月光惊鹊鸟——明月别枝惊鹊。

漫步在稻花香里，有徐徐清风伴鸣蝉——清风半夜鸣蝉。

漫步在稻花香里，有欢快蛙声说丰年——稻花香里说丰年，听取蛙声一片。

（二）学习下阕——自读自悟，入境抒情

1. 指名读下阕。

上阕处处可见词人的闲适和喜悦，下阕词人的心情怎样？也有一份喜悦在其中吗？请同学们默读下阕，看看能读懂什么。

2. 链接夏雨诗词。

陶醉在稻花香里，陶醉在清风徐来、月明星稀的夏夜——七八个星天外。

顷刻间风云变幻，你对夏天的雨有什么印象？

来去突然，热烈粗犷——黑云翻墨未遮山，白雨跳珠乱入船。

3. 解析词人心情。

再看下阕，匆匆避雨的词人心情怎样？

（1）喜在——柳暗花明又一村的"忽见"。

路到溪桥一转弯，猛然抬头，嘿！一间可以避雨的茅店就出现在土地庙的树林边。"忽见"，更使作者的喜悦心情跃然纸上。

（2）喜在——不期而遇的欣喜"旧时茅店"。

词人闲居江西带湖，前后近二十年，常常来往于黄沙岭，此时定睛一看，竟然是他熟悉的小店，像故人、像老友一样，在你需要时"忽见"，这是一场多么美的、不期而遇的遇见，令人欣喜。

（3）旧时茅店，明明是熟悉的景物，为什么会有突然出现的感觉呢？联系上阕想一想。（词人沉醉在稻花丰年的喜悦之中）

4. 配乐感情朗读。

我们跟随辛弃疾走在稻花香里，一种喜悦之情蔓延在字里行间，从上阕延续到了下阕，再来读读这首词。

夏天的月夜又给你怎样的感受？（稻花香里的乡村夏夜，多迷人的田园风光）

四、了解词人，联结悟深情

1. 拓展了解"稼轩居士"。

辛弃疾，是文豪也是武将，有保家卫国的理想和抱负，为什么如此沉醉田园？来看看这份资料，谈谈你的理解。

（出示资料：辛弃疾，山东人，字幼安，号稼轩。在罢官闲居以前就说："人生在勤，当以力田为先。"遂以稼轩名，自号稼轩居士）

2. 体悟词人情感。

辛弃疾即使壮志难酬，他依然关注人民疾苦，关心农事，与民同忧，与民同乐，丰年稻香是稻花的香，更是词人心头的甜蜜与深情，眼中景就是心中情。

3. 小结梳理背诵。

眼中景，是心头化不开的深情，在那个乡村夏夜，词人全身心融入。

看到了——皎皎明月　　浅浅星河　　茅店溪桥

听到了——清风蝉鸣　　蛙声阵阵

闻到了——稻花飘香

这些都是夏夜乡间里平常的景物，但词人全身心敞开，融入深深的情，情和景就交融在一起，串成动人的诗篇。谁来读读？（镂空背诵）

五、对比阅读，背诵练笔

1.《宿建德江》《西江月·夜行黄沙道中》都写了月夜的景色，表达的情感有什么不同？结合诗句说一说。

2.《西江月·夜行黄沙道中》，明月惊飞树上栖息的鸟儿，也照见词人夜行的路，照见稻花飘香的田间，多年征战，看惯了离人愁、亲人泪，在这山间田野，词人感受到丰收的喜悦，想到人民远离战争的安居生活，怎不满心欢喜？字里行间弥漫的是稻花香里说丰年的喜悦、词人与民同忧与民同乐的深情。

3. 学生练笔。

看到诗中景，懂得诗中情，这诗词就在你心中珍藏，永不凋落。

（1）链接莎士比亚诗句《你的长夏永不凋落》。

没有芳艳不终于凋残或销毁

但你的长夏将永远不会凋落

也不会损失你这皎洁的红芳

当你在不朽的诗里与时同长

只要一天有人类，或人有眼睛

这诗将长在，并且赐给你生命

（2）练笔。

当你在不朽的诗里与时同长，这诗将长在，并且赐给你生命。关于这首词，关于这个夏夜，又有什么在你心间长留，永不落幕。请你和词人一样，用心去看、去听、去闻、去感受,心存美好和诗意,动笔写一写。

漫步在稻花飘香的夏夜,＿＿＿＿＿＿＿＿＿＿＿＿,＿＿＿＿＿＿在心中长留,永不凋落。

4. 我们汲取经典的力量,眼里常有美景,心中常怀深情,经典将永不凋落,永流传。(播放《经典咏流传》视频)

作业设计:

1. 悦读:阅读《辛弃疾传》,与同学交流阅读感受。

2. 悦写:写一写本课的课后感。

板书设计:

西江月·夜行黄沙道中
〔宋〕辛弃疾

视觉	稻花香里说丰年	喜
听觉		
嗅觉	眼中景	心中情

(执教者:陈若锋 指导者:陈爱华)

一阕《西江月》 一片稼轩情——《西江月·夜行黄沙道中》教学感悟

2020年6月19日,临近夏至,我在线上执教《西江月·夜行黄沙道中》一课,引导学生在诗词里聆听蝉鸣悠悠,细嗅稻香阵阵。时序轮转,此间真意,此间真情,永不落幕。

犹记得,当时爱校躬耕节气课题,作为课题组成员,我申请上元稹的《惊蛰二月节》一课,由于当年停课防控,惊蛰时节只好暂待春风解意按下不表。失之东隅,收之桑榆,六月份意外结缘《西江月·夜行黄沙道中》。词有上阕下阕,课的缘分也有上情下表,时运女神总是公允,不偏不倚地善待我们这些在语文园地里劳作的有心人。

中央电视台《中国诗词大会》节目在评价辛弃疾这首词的时候这样说:他不写酒店写"茅店",他不写星汉灿烂,不写烟雨蒙蒙,却写"七八个星天外，两三点雨山前"，他不写梅花菊花却写"稻花"，他不写歌声却写"蛙声"，还有明月清风……这一个个事物，为我们创造了一幅最美好的乡村画卷，我们也从这幅画卷中，体会到了诗人那份心系百姓的情怀。"人生在勤，当以力田为先，遂以稼轩名。"辛弃疾以稼轩为号，一阕《西江月》，一片稼轩情。而我的这节课也可说是勤勉语文人，一片稼轩情。

透过读书会的一节节优质课，你会看到她栉风沐雨长成一棵高大的伴生树。每节好课的背后，谁都曾走过荒烟蔓草，经她痴心念念调拨成一曲芳华，一树繁花。6月5日领了课，6月7日把初稿发给爱校，当天就收到回复，爱校给予参考意见。

打开爱校的"锦囊"，文档上罗列着十条建议，分明已将课的脉络捋顺。一个大板块"扣意象，妙想词境的岁月静好"。另一个大板块"联资料，体悟稼轩的稻香丰年"，链接词人生平资料，让学生在深入体悟词人以农人之喜为喜，倍感稻香蛙声之乐的真正原因，读懂并读出词句背后动人的情。

因了爱校的智慧，课的条理明朗起来。爱校是"绣了鸳鸯从教看，还把金针度与人"，听她解读，本单元以"亲近自然"为人文主题，触摸山川湖海的心跳需要调动五官六感，把身心融入景物中才会有高峰体验，八百多年前稻花飘香的夏夜，辛弃疾也正是这样全然地融入，满心的喜悦。走进读书会的研讨课堂，你会感慨"晕碧裁红点缀匀，一回拈出一回新"。何其有幸，我们的"稼轩"赤子其人，总是这样不辞辛劳，不吝呵护，以她最柔软的心，为你披上信步课堂的铠甲。和她每备一节课，总能被情怀激荡、被诗与美关照。2020年的6月是美丽的，我的《西江月·夜行黄沙道中》一课经爱校的调拨如夏花绚烂、如稻香馨远。

同年9月，这节课得以线下展示，课堂上的诵读声此起彼伏，诗词的芬芳阵阵，孩子们的星眸闪闪，融入了美愉悦了心。相信我们汲取经典的力量，眼里常有美景，心中常怀深情，经典将永不凋落。八百多年前，稻花香里说丰年的那个夏夜永不落幕，也愿爱校拳拳稼轩情，望得荠麦青青，亦可稻花香里说丰年。

（福州市长乐区洞江小学　陈若锋）

夏至已至梦未央——《西江月·夜行黄沙道中》教学评析

2020年夏至是6月20日,犹记得5月21日在洞江小学备课时,若锋道出了希望有机会可以再上一节研讨课的心声。6月5日,听完芒种节气的研讨课,她再次申请上课,难得这样的语文痴心人,我说你有感觉,就试试吧。于是,6月7日凌晨1点多,她就发来了教学设计初稿。每每面对若锋这样将寻觅语文之道视为真爱,为伊憔悴总无悔的小语教师,我都心生感动。这些年,若锋带着团队群策群力,溯洄从之,溯游从之,只为不负诗意课堂的美丽。她始终不辞劳不畏难,向新立向美行,努力践行新课标新理念,探寻重构教学新样态。"皎皎初心质天地,一片冰心",我深知她的那颗诗意之心从未改变。她将深情注入课堂,以慧心在语文天地织出了一片锦绣。

夏至到来时,若锋带领学生品读辛弃疾的《西江月·夜行黄沙道中》。这是一首脍炙人口的宋词,这节课的教学意图,在于引导学生读懂辛弃疾的深情,读懂夏日的美好。

她在课堂上这样告诉学生:"我们汲取经典的力量,怀一份诗意和深情,安享长夏,让经典在心中永不凋落,咏流传。"回想这节课,别有一种韵味。

基于"融·悦"教学理念,宋词《西江月·夜行黄沙道中》教学设计思路如下。

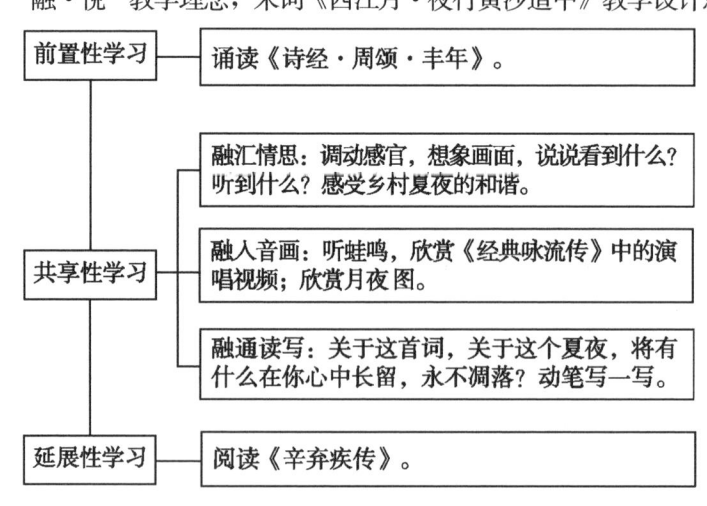

```
前置性学习 ── 诵读《诗经·周颂·丰年》。

            ┌─ 融汇情思:调动感官,想象画面,说说看到什么?
            │  听到什么?感受乡村夏夜的和谐。
            │
共享性学习 ──┼─ 融入音画:听蛙鸣,欣赏《经典咏流传》中的演
            │  唱视频;欣赏月夜图。
            │
            └─ 融通读写:关于这首词,关于这个夏夜,将有
               什么在你心中长留,永不凋落?动笔写一写。

延展性学习 ── 阅读《辛弃疾传》。
```

《西江月·夜行黄沙道中》"三融"教学示意图

一、多种感官投入，奏出一曲交响乐，词韵声声相传

本课教学真正落实了"融·悦"教学实践的理念，以教材资源为载体，注重"一脉五觉"，教学中抓住主脉，让学生在多维的时空进行语言积累与运用。"五觉"指运用视觉、听觉、触觉、味觉、嗅觉，调动感官进行敞开式学习，引导学生在全方位学习中增强审美体验，获得学习的愉悦感。《西江月·夜行黄沙道中》这首词描绘了夏夜农村的美好，诗人从视觉、听觉、嗅觉、触觉等多方面展现出乡村夏夜独有的美丽。鸣蝉、稻田、青蛙，这些都是夏夜乡间里平常的景物，但词人敞开全身心，去倾听、去感受，融入深深的情去表达，串成一个有声有色有情韵的诗篇。

为引导学生品出词的画面，品出词的情感，教师调动学生感官，随着词人去倾听、观察、想象、表达，让课堂奏响一曲夏夜交响乐。

1. 打开想象之门，入境感悟

教师有心引导学生诵诗词、想画面。学生从"明月别枝惊鹊"中，仿佛看到明月升起，鹊鸟惊飞，树枝簌簌作响；从"清风半夜鸣蝉"中，仿佛和词人一起听到清风中传来几声蝉鸣；从"稻花香里说丰年，听取蛙声一片"中，仿佛和词人漫步在黄沙道中，闻到稻花香，听到一片蛙声。有人说："报说丰年的主体，写出来却是那一片蛙声，构想奇妙。在词人的感觉里，俨然听到群蛙在稻田中齐声喧嚷，争说丰年。"这是一幅多么动人的画面。后来读作家申赋渔的《光阴》一书，在"夏至"篇中说道："'稻花香里说丰年，听取蛙声一片。'蛙声是丰年的预告，不可不鸣。"①不禁又想起若锋在执教这节课时，引导学生感受蛙鸣之热闹，期盼丰收之喜悦的情景。

为了让学生品味稻花香，教师链接出示张抗抗《稻花香》中的有关语句辅助理解："水稻开花，正是夏天最热那会儿，温度越高，花香越浓。那香味儿就像……就像，嗳，这么跟你说吧，就像炒熟的爆米花……"

偶然读到张抗抗的这篇文章，自然想到将某些语段引入课堂，的确让学生有了别样体会。稻花香不同于栀子花香、茉莉花香，它是朴实的，饱含着

---

① 申赋渔：《光阴》，北京：北京十月文艺出版社，2021年3月版，第62页。

丰收的意蕴，词人通过嗅觉展现丰年稻香。再读诗句，仿佛也跟词人一样闻到夏天里醉人的稻花香。

"谁在稻花香里说丰年？你们就是田间小蛙，在溢满稻花香的田间呼朋引伴，在说些什么呢？"教师巧问妙引，让学生化身为小蛙，展开想象，进行口语交际，表达丰收的喜悦之情。

2. 架设品读之桥，用心感悟

有时，我会想，若锋大概就是从唐诗宋词中走出的古典美女吧，她总能以诗一般的语言引导学生，向美的意境深处漫溯。教学中，她以诗化的语言创境引读，给听者带来美的享受。

师：稻花飘香的夜里，有皎皎月光惊鹊鸟——
生：明月别枝惊鹊。
师：稻花飘香的夜里，有徐徐清风伴鸣蝉——
生：清风半夜鸣蝉。
师：稻花飘香的夜里，有欢快蛙声说丰年——
生：稻花香里说丰年，听取蛙声一片。
师：在那个乡村夏夜，词人全身心融入，看到了——
生：明月清风，浅浅星河。
师：听到了——
生：夏蝉鸣叫，蛙声欢闹。
师：嗅到了——
生：稻花飘香。
师：触到了——
生：徐徐清风，点点山雨。

叶嘉莹先生说："稼轩的词之所以好，不仅因为其词之豪放，更在于其中有一种深微婉曲、低回要眇的韵致。"[1] 诗人在夜行途中，闻到稻花香，听到青蛙的叫声，看到天上稀疏的星星，感受到了农村的美好。词人的深情在字里行间，词人始终心系人民，漫步于稻花飘香的夏夜，词人心头有一种甜蜜之感。学生浸润于诗意的语言，进入诗意情境，充分感受词作中传递出的那份深情。

二、资源适时引入，串成一条珍珠链，美丽环环相扣

1. 链接经典诗词，展现经典之美

教学上阕时，教师链接王维的《鸟鸣涧》。"月出惊山鸟""明月别枝惊鹊"，一个"惊"字，看似打破了夜的静谧，实际上把夏夜衬托得更幽静了。教师引导学生感悟以动衬静的妙处，诗人通过视觉和听觉给我们带来看似动实则清幽的夏夜。链接学生诵读过的《诗经·周颂·丰年》，在有节奏地读中去倾听先民们丰收的歌吟。

教学下阕时，教师链接有关夏雨的诗词，引导学生诵读。

师：刚才明明还月明星稀，清风徐徐，顷刻间风云变幻，夏天的雨，说下就下，而且热烈粗犷——

生：黑云翻墨未遮山，白雨跳珠乱入船。

师：炎热的夏天，你还会看到——

生：东边日出西边雨，道是无晴却有晴。

师：梅雨时节，你还会听到雨声伴蛙鸣——

生：黄梅时节家家雨，青草池塘处处蛙。

在诗句诵读中，学生更深入地体会到夏日的特点。

2. 链接词人资料，读懂词人之心

为了让学生体会"美的感受，诗意的表达，源于一份情"，教师出示资

---

[1] 沈立岩：《为有荷花唤我来：叶嘉莹在南开》，北京：中国大百科全书出版社，2022年1月版，第128页。

料：辛弃疾，山东人，字幼安，号稼轩。在罢官闲居以前就说："人生在勤，当以力田为先。"遂以稼轩名，自号稼轩居士。学生从资料中，了解"稼轩居士"的由来。

有人评价这首词："从作者的翛然心境和灵活笔调看来，却分明和他的主要风格——胸襟浩瀚与气势纵横相通，洒脱而不失其凝浑，平易而不失其精切。"

在教师的讲述中，学生对辛弃疾这位文豪武将有了更深的了解。他能提剑上马战沙场，有保家卫国的理想和抱负，遭到排挤，被免罢官，即使壮志难酬，也依然关注人民疾苦，关心农事，与民同忧，与民同乐，丰年稻香是稻花的香，更是词人心头的甜蜜与深情。词人闲居带湖期间，常常来往于黄沙岭，此时定睛一看，竟然是他熟悉的小店，像故人、像老友一样，在你需要时"忽见"，这是一场多么美的、不期而遇的遇见，令人欣喜。透过这首词，穿越时光，我们看到一个伟大的词人。心静总能自然凉，葆有一颗清静的心，也能遇到一个诗意的夏天。

三、读写有机融入，点亮一盏诗意灯，经典久久相伴

正像若锋所悟，这首词中的"清风明月、鸣蝉惊鹊、稻香蛙鸣、疏星微雨、溪桥茅店"这些景物，被作者浑然天成地组合在一起。词人融入深深的情，通过视觉、听觉、嗅觉、触觉等感官，全身心敞开去拥抱那个夏夜，把这些寻常景物串成动人的诗篇，也因为词人夜行时的"入情入境"，才让我们体会到词人对自然的热爱以及一份喜悦与深情。词人通过多种感官，展现一个个生动具体的景物特点，这情景交融的整体就化作一个艺术的形象，作为夏夜的典型，深入到现实生活中精微的地方，就是中国诗词的言有尽而意无穷。而教师的聪慧则在于，不仅自己对文本有妙悟，而且有心让学生体会并学会运用方法去感悟。一个有情怀的教师就是这样心心念念，时时处处为学生的成长用心用情。

教师适机链接莎士比亚的《你的长夏永不凋落》，引导学生读读诗句"你将在不朽的诗中与时间同长""这诗将长存，并且赐给你生命"。

引导学生以"漫步在稻花飘香的夏夜，＿＿＿＿＿＿＿＿＿＿＿＿＿＿，

_____在心中长留，永不凋落"进行练笔。夏至来临，学生学会像词人一样带着诗意的心行走，去体会平凡事物中的美和深情。

　　2020年的这个夏至，这阕《西江月》，因了若锋的演绎，增了明媚，添了深情。明月清风，稻香蛙声，在眼前，在心间，永不凋落。

　　在这节课之后，若锋从"音画结合由此及彼共审美，品诗词景物知节气物候；有效链接由表入里巧勾连，咏诗词内核感时节诗意；搭建支架由扶到放巧读写，抒诗词意蕴悟节气意义"等方面进行理性梳理，为自己的课加了一个唯美的注脚。她如是说："课已落幕，但不曾结束，注入深情的任务过程其实就是一种学习的经历，足以在反思和总结中建立可以复制的框架和模块，以这节课为例，当继续思忖古诗词教学与二十四节气文化的相融相契，美美与共。"

　　回想那天课堂上的若锋，着一袭素雅长裙，如一朵白色芙蕖，盈盈地开着，别样美丽。不由得想起水木年华组合演唱的歌曲《为梦而生》：

　　　　为梦而生一生为梦而活着
　　　　我不要无所谓的存在过
　　　　为梦而生一生为梦而执着
　　　　就让它沸腾着我的血液我的脉搏

　　我知道，若锋心中始终有个梦，那是她心心念念的诗意语文，是她孜孜以求的诗意课堂。记得2018年7月，她自费去杭州听王崧舟老师的课，她发来图文，和我分享她当时的满心喜悦。她说："就像你读的那首诗一样，有个目标，让人欢欣鼓舞。"我知道，她指的是读书会活动中，我们读过的汪国真的《嫁给幸福》。

　　她带着满怀的热忱嫁给了诗意，此生无悔。白落梅说："人世间所有转山转水的奔走，无非是为了遇见——遇见风景，遇见心中所求。"这些年，若锋追梦的脚步从未停歇。她执着地将自己的诗意与深情注入课堂，带着孩子们在文字中翩翩起舞，带着孩子们在阅读之旅中遇见美好。2021年6月，我写了一篇《夏至，永不落幕》的小文，怀念那些一起走过的日子。我想说，有缘在语文路上遇见你，在我心中，你的深情永不落幕。

你在，我在，岁月在；诗在，梦在，深情在。时光不负有心人，相信在若锋的诗意引领下，诗意之花一定会在孩子们的心中盛放，永不凋落。

酒意诗情谁与共——《声声慢》构·悟·评

《声声慢》教学构思

教学参考资源

目标设定：

1. 融情于读：在读中感受宋词之美，喜欢读李清照词，热爱中华优秀传统文化。

2. 融思于写：借助意象体会词人情怀，走近词人内心，用文字表达情感。

教学设想：

一、引出宋词，导入新课

1. 在中华文化瑰宝中，如果说唐诗是其中的一颗明珠，那么，宋词则是一颗光辉夺目的巨钻。说到宋词，你喜欢的词人有哪些？

2. 在灿若星辰的优秀词人中，我们都很喜欢李清照。今天，就让我们一起走进她的这首千古绝唱《声声慢》。

二、初读词文，读出韵味

1. 自由读词。

读准字音，读好停顿，读出节奏。

2. 读准字音。

这里的"窗儿"的"儿"要读得饱满。

3. 读出节奏。

词分为上阕和下阕，之间要稍作停顿。

4. 读出味道。

圈出词眼，读出"愁"情。

三、想象画面，理解词意

1. 读着这首词，你的脑海中浮现出哪些画面？

2. 理解意象。

词人将内心无法言状的那种孤独、寂寞和忧愁融入具体可感的物象中，借景抒情，给人呈现出一种画面感。这种具体可感的物象就叫作"意象"。

四、赏析意象，品味愁绪

出示自学提示：词人抓住哪些意象写出了内心的愁呢？把它圈画出来，并作批注。

意象一：淡酒——愁的象征

出示：三杯两盏淡酒，怎敌他、晚来风急！

预设：此处酒的"淡"，反衬出愁的"浓"。

小结：并非酒太淡，而是愁太浓，酒力压不住心愁。看来酒是浇不了愁的，只能是举杯浇愁愁更愁呀！

意象二：秋风——渲染愁情

1. 预设：秋风总是伴随着萧瑟与凄凉而来。

2. 链接：断香残酒情怀恶，西风催衬梧桐落。——李清照《忆秦娥》

3. 创境引读：当这份凄凉涌上心头的时候，酒也挡不住啊！（齐读）——三杯两盏淡酒，怎敌他、晚来风急！

意象三：过雁——怀乡之思，音信之盼

1. 为什么作者看到大雁如此伤心？

"大雁"多指南归，南归代表一种思乡的愁绪。

2. 链接：云中谁寄锦书来？雁字回时，月满西楼。——李清照《一剪梅》

3. 创境引读：可如今丈夫已死，就算有千言万语，也无人可托，无处可传，她的内心是多么的绝望。（齐读）——雁过也，正伤心，却是旧时相识。

意象四：黄花——比喻女子憔悴的容颜

1. 预设：这里的黄花，意指女子憔悴的容颜。如今花谢花飞飞满天，红消香断有谁怜？

2. 关于"黄花"这个意象，你在哪首词中还读过？

3. 链接：莫道不消魂，帘卷西风，人比黄花瘦。——李清照《醉花阴》

4. 创境引读：如今花谢花飞飞满天，红消香断有谁怜啊！（齐读）——满地黄花堆积，憔悴损，如今有谁堪摘？

意象五：梧桐——孤寂悲凉

1. 预设①："梧桐"和"细雨"常常在一起出现，"梧桐"通常代表一种凄凉、悲苦、无依无靠的愁。"细雨"更是代表了一种绵绵不断、烦闷苦恼的愁绪。

2. 预设②：一声梧桐一声秋，一点芭蕉一点愁。在丈夫病亡之后，梧桐就成为李清照诗词中常见的一种物象了。

3. 链接：断香残酒情怀恶，西风催衬梧桐落。梧桐落，又还秋色，又还寂寞。——李清照《忆秦娥》

意象六：细雨——哀伤愁丝

1. 链接：小风疏雨萧萧地，又催下千行泪。——李清照《孤雁儿》

2. 创境引读：如今这两种意象交织在一起时，何其悲凉！（齐读）——梧桐更兼细雨，到黄昏，点点滴滴。

3. 小结：读诗词，我们要懂得抓意象。当你懂得透过这个意象想画面的时候，你也就走进了词人的内心，就能读懂她的那份情。

4. 齐读整首词。

五、聚焦淡酒，感悟愁情

1. 关于"酒"这个意象，中国古代的文人墨客，都对它情有独钟。得意之时，酒来助兴；离别之时，酒来抚慰；落魄之时，酒来遣愁。你能说出一两句关于酒的诗句吗？

预设：诗仙李白——五花马，千金裘，呼儿将出换美酒，与尔同销万古愁。

诗佛王维——劝君更尽一杯酒，西出阳关无故人。

诗豪刘禹锡——今日听君歌一曲，暂凭杯酒长精神。

诗圣杜甫——艰难苦恨繁霜鬓，潦倒新停浊酒杯。

2. 质疑：如果说酒是男人的挚爱，翻阅《漱玉词》，我们会惊奇地发现，作为女词人的李清照，常常写到酒。在那样的封建社会，作为女人的李清照，为什么也可以如此肆意喝酒呢？

3. 播放微电影，了解李清照生平。

看完这段视频，你有什么新的体会？

4. 链接李清照写酒的词，创境引读。

少女的幸福、婚姻的甜美、亡国的恨、丧夫的痛、颠沛流离的苦，世间最美好最沉重的情感李清照都尝遍了，她把这些爱恨情愁融入了酒中。

（1）少女时期，天真任性，以酒怡情——

常记溪亭日暮，沉醉不知归路。——《如梦令》

（2）婚后生活和美以酒传情——

金尊倒，拼了尽烛，不管黄昏。——《庆清朝慢》

（3）夫妻别离以酒寄相思——

东篱把酒黄昏后，有暗香盈袖。——《醉花阴》

（4）故土沦亡，家园难回，借酒浇愁——

故乡何处是？忘了除非醉。沉水卧时烧，香消酒未消。——《菩萨蛮》

（5）丈夫病逝，用酒诉说内心无尽的悲苦——

三杯两盏淡酒，怎敌他、晚来风急！——《声声慢》

六、以酒为借，拓展延伸

1. 可以说，酒见证了李清照跌宕起伏的一生，酒交织着她已逝的美好年华，叠印着她记忆中的故园美景，尤其在这凄风苦雨的深秋黄昏，往事像电影中的镜头一样，一幕一幕地涌上心头——此时的李清照会想起些什么？拿起你们手中的笔，写一写吧！

2. 出示写话训练.

打开记忆这扇窗，往事涌上心头＿＿＿＿＿＿＿＿＿＿＿＿＿＿＿＿，如今只能饮下这杯＿＿＿＿＿＿＿＿的酒。

3. 追问：曾经出身高贵，夫唱妇随，何其安乐！可是这一切如今已成为过往云烟，这是为什么？

预设：因为靖康之变造成国破家亡。

小结：是啊，因为靖康之变，国破家亡！正所谓："覆巢之下，焉有完卵？"孩子们，有国才有家啊！回首往事，人生如梦！那曾经的过往在哪里？在怅然若失中，她开始了寻觅——（配乐齐读全词）

七、根据意象，尝试背诵

八、吟唱歌曲《声声慢》

九、根据板书，总结学法

1. 通过这节课的学习，你对李清照是否有了更深的了解？
2. 梳理学法。
3. 总结：一般愁字别样情，半世漂泊感生平。作为一个女人，李清照何其不幸；作为一个诗人，她又何其伟大！在那样一个特殊的年代，苦难并没有压垮她生命的弹簧，她以"不徒俯视巾帼，直欲压倒须眉"的才华，为我们留下了光华灿烂的作品，当之无愧地成为了中国文学史上最伟大的一位女词人，被称"千古第一才女"！

作业设计：

1. 悦读：读一读《李清照传》，与同学交流阅读感受。
2. 悦写：写一写阅读《李清照传》的读后感。

板书设计：

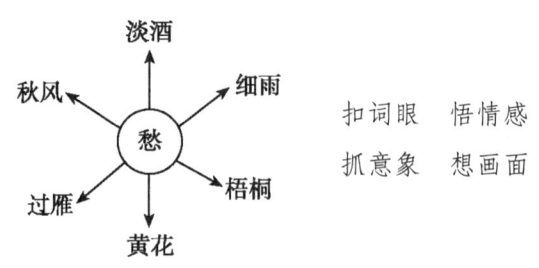

声　声　慢
宋·李清照

淡酒　细雨　秋风　愁　梧桐　过雁　黄花

扣词眼　悟情感
抓意象　想画面

（执教者：潘慧娟　指导者：陈爱华）

品《声声慢》，悟词韵匠心——《声声慢》教学感悟

李清照，这位词坛奇女子，诗词、音律、散文皆精通，一生波澜起伏，却以斐然词作在文学史上熠熠生辉。她既有温婉细腻的女儿情长，又具心系家国的豪迈气魄，令无数男儿也为之钦佩。

在经典诵读课引领学生领略李清照南渡前清新婉约的词作后，我想借一首词，深度感悟她的诗词造诣与人格魅力，《声声慢》无疑是最佳选择。这首词作于靖康之变后，彼时李清照历经国破、夫亡、家散之痛，漂泊江南，词中借"淡酒""秋风""过雁"等诸多意象，将她晚年的孤寂愁苦抒发得淋漓尽致，结尾一"愁"字，更是神来之笔，道尽无尽凄凉。

备课过程中，我沉浸于对李清照的研究，查阅大量资料，观看视频、聆听音乐，试图走进她的内心世界。然而，随着对词作理解的深入，我却越发感到忧虑。此词情感深沉复杂，与南渡前词作风格迥异，对于小学生而言，理解难度很大。我既担心学生难以领会其中深意，又害怕自己讲解不够透彻，还忧虑课堂时间把控不当。

迷茫之际，爱华副校长的建议为我拨开迷雾。结合学生知识储备与词作特点，我们将教学重点确定为"抓意象想画面，扣词眼悟情感"。

课堂上，我以词眼"愁"为突破口，引导学生自主探寻词中的意象，感受词人的愁苦。学生积极思考，从一个个意象中体会到那份沉重的哀愁。随后，我聚焦"淡酒"意象，拓展中华酒文化，并串联李清照词中含"酒"的作品，让学生领悟到这杯"淡酒"里，既有少女时的纯真欢乐、婚姻中的甜蜜幸福，更有亡国之恨、丧夫之痛、漂泊之苦，人生百味尽在其中。在情感升华之时，借助《故梦》的悠扬旋律，引导学生想象李清照国破家亡后独坐窗前的情景，进行写话训练，加深对七组叠词的理解，回顾她的坎坷人生。

为呈现更优质的课堂，我进行了两次磨课。爱华副校长带病悉心指导，让我收获诸多宝贵经验。她让我明白，诗词教学要有核心问题引领，做到"形散神聚"；朗读要注重层次和方式的多样化，创设情境引读，教师范读能更好地营造氛围；导入应贴近学生生活，让诗词更接地气；适当讲解词眼、

意象等知识，拓宽学生视野；拓展教学可选择同时代或同作者作品；鼓励学生个性化解读，引发情感共鸣。

展示课上，我与学生仿佛穿越时空，走进南宋，倾听易安的声声倾诉。因我对李清照的偏爱，课堂稍有延时，但看到学生眼中闪烁的光芒，我知道，这就是语文学习的魅力所在。

一首《声声慢》，成就了一堂难忘的课，圆了我的"易安情结"，更让我从爱华副校长身上，领悟到无私奉献的教育情怀。教育之路或许充满挑战，但只要心怀热爱，定能引领学生走向更远的未来。

（福建省长乐师范学校附属小学　潘慧娟）

酒意诗情谁与共——《声声慢》教学评析

说来也巧，2019年元旦前，我想读读宋词，无意中在书房看到夹在书丛里的一本《李清照词鉴赏》，翻开扉页，上面写着：一九八八年购于榕城新华书店。往事重临心头，学生时代，曾经那么喜欢李清照，这些年读的书杂了点，竟忘了三十年前我曾那么醉心于易安词。我想，借着和潘慧娟老师一起备课的机会，重温易安词，真是再好不过了。教师喜欢固然是好事，可是要让六年级的学生也能真心喜欢，却不是那么容易的事。我能感觉得出慧娟对李清照的《声声慢》是情有独钟的，对这首词的喜爱之情流露在备课到上课的整个过程。慧娟显然在备课时查阅了不少资料，对这首词有自己的解读，如何依据小学生学情，有所取舍，有所聚焦，于是我们开始了探讨。

慧娟说："李清照，是我最喜欢的女词人，她长于诗词，通彻音律，工散文，多才多艺，她的一辈子命数多劫，却以独特的诗词造诣，在历史上有着重要的地位。她不只是一个柔情的女子，更是一位豪爽的女文人，她的那份对国家社稷前途的忧患情怀足以令当朝男子汗颜。一首词，成就了一节课，了却了我的一份易安情结。"

慧娟语文教学功力深厚，妙语如珠，教学中可圈可点之处不少，我还是从教学资源整合的角度谈一些感受。

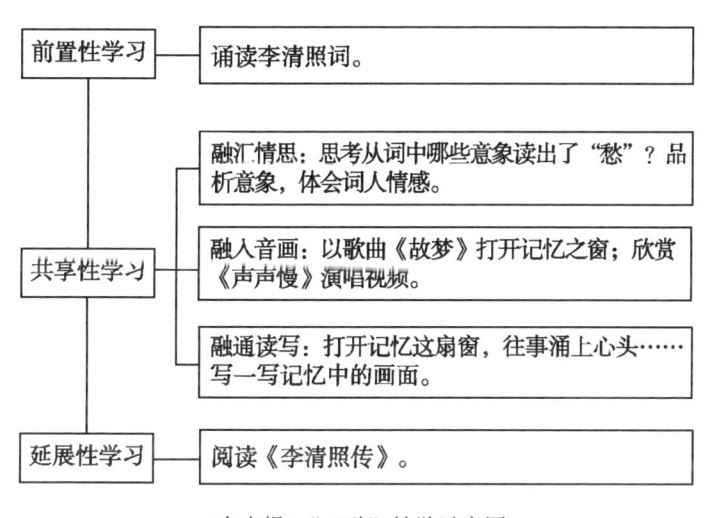

基于"融·悦"教学理念,宋词《声声慢》教学设计思路如下。

```
前置性学习 ── 诵读李清照词。

            ┌─ 融汇情思:思考从词中哪些意象读出了"愁"?品
            │  析意象,体会词人情感。
            │
共享性学习 ──┼─ 融入音画:以歌曲《故梦》打开记忆之窗;欣赏
            │  《声声慢》演唱视频。
            │
            └─ 融通读写:打开记忆这扇窗,往事涌上心头……
               写一写记忆中的画面。

延展性学习 ── 阅读《李清照传》。
```

《声声慢》"三融"教学示意图

一、面上梳理,点上聚焦,点面交汇,汇成意象之味

李清照的这首《声声慢》,意象密集,极有特色,七组叠词,写出心中之愁无以复加。一种意象,一层愁,层层的愁叠在一起,驱不散化不开。在读通读熟后,教师引导学生紧扣词眼"愁",一线穿珠,贯穿本堂课的学习。教师抓住"融入作者主观感情的具体可感的物象"进行教学。"读着这首词,你的脑海中浮现出哪些画面",以此引导学生想象感悟。在李清照的笔下,一杯淡酒,一阵秋风,一群过雁,一场细雨,一棵梧桐,一朵黄花都言说着她浓浓的愁情。弱水三千,只取一瓢饮。在学生读出画面后,教师引导学生聚焦在"酒"这个意象上。

李清照将内心无法言状的那种孤独、寂寞和忧愁融入具体可感的物象中。借景抒情,给人呈现出一种画面感。"酒"作为古诗词中的一种意象,古代文人都对它情有独钟。得意之时,以酒助兴;离别之时,以酒抚慰;落魄之时,以酒消愁。教师先引导学生说说千古诗词中带酒的诗句,再引导学生走进诗仙、诗佛、诗圣的诗句,去品一品酒中的不同滋味。从"千金裘,呼儿将出换美酒,与尔同销万古愁"中品出李白借酒抒怀;从"劝君更尽一杯酒,西出阳关无故人"中品出王维借酒送别;从"艰难苦恨繁霜鬓,潦倒新停浊酒

杯"中品出杜甫以酒倾诉内心的孤寂。教师以这样的话语进行过渡：如果说酒是男人的挚爱，翻阅《漱玉词》，我们会惊奇地发现，作为女词人的李清照常常写到酒。在那样的封建社会，作为女人的李清照，为什么如此钟情于酒呢？让我们一起走进她坎坷的一生吧！教师从诸多意象中，引导学生聚焦于"酒"，由此，走近李清照，体会她的内心情感。教学主线明朗，整节课清清爽爽，不显得纷繁杂乱。

二、课内品读，课外链接，内外交织，织成诵读之景

教学中，教师自然链接校本诵读课上学生学过的李清照的其他词句，实现课内课外无缝对接，诵读声中，学生体会着诗词之美。

师：世间最美好最沉重的情感李清照都尝遍了，她把这些爱恨情愁融入了酒中。少女时期天真任性，以酒怡情——

生读：常记溪亭日暮，沉醉不知归路。——《如梦令》

师：婚后生活和美，以酒传情——

生读：金尊倒，拼了尽烛，不管黄昏。——《庆清朝慢》

师：夫妻别离，酒寄相思——

生读：东篱把酒黄昏后，有暗香盈袖。——《醉花阴》

师：故土沦亡，家园难回，借酒浇愁——

生读：故乡何处是？忘了除非醉。沉水卧时烧，香消酒未消。——《菩萨蛮》

师：丈夫病逝，用酒诉说内心无尽的悲苦——

生读：三杯两盏淡酒，怎敌他、晚来风急！

精心选择校本课程中读过的诗句，师生合作，温故知新，课堂上琅琅诵读声串成了一道美丽的风景。不是酒淡，而是愁浓。正是："只恐双溪舴艋舟，载不动许多愁。"酒中千般滋味，从课内的酒，拓展到课外的酒，再回到词中的这杯淡酒。借着诗句，引导学生体会李清照少女时期的幸福、婚姻的甜美、亡国的恨、丧夫的痛、颠沛流离的苦。

可喜的是，教师的用意，学生能明了，课后，有学生写下这样的学习感受：潘老师通过"酒"这一意象的丰富内涵，串联李清照不同时期写"酒"的诗词。在声声朗读中，李清照的爱恨情愁，对美好生活和故土家乡的深深留恋悄然印在我们的心田。

学生有这样的感悟，我想潘老师应该是欣慰的。

三、音乐造境，画面呈现，音画交融，融成追忆之情

偶然听到双笙演唱的一首古风歌曲——《故梦》，歌词有关爱、有关故土、有关对生活的追忆，淡淡的旋律中，故园旧忆如画缓缓展开。莫名地，我总觉得这首曲子和《声声慢》的情调很搭，听着听着，仿佛看见李清照孤独地倚在窗前看梧桐叶落，看孤雁飞过的情景。于是，我建议在教学中用上这个资源。这样的音乐，加上潘老师用心搜集素材，精心剪辑制作的微电影，让我们仿佛穿越了时光隧道，跟着一帧帧画面，走进了李清照的内心。"旧忆就像一扇窗，推开了就再难合上。"仿佛听到李清照倚窗低吟，"回忆像默片播放，刻下一寸一寸旧时光"。

音乐渲染中，学生似乎被带进了那个秋天的情境。教师以这样的话语引领着学生前行：酒见证了李清照跌宕起伏的一生，酒交织着她已逝的美好年华，叠印着她记忆中的故园美景，尤其在这凄风苦雨的深秋黄昏，往事一幕一幕地涌上心头——

拿起笔，写一写此时的李清照会想起些什么？在音乐的引导下，学生情动辞发，将自己的所见所闻所感化作了动人的文字。

生：推开回忆这扇窗，往事涌上心头，少女时代曾经多么无忧无虑地荡着秋千，如今只能饮下这杯孤独的酒。

师：是啊，少女时代的快乐如今不见了。

生：推开回忆这扇窗，往事涌上心头，曾经与丈夫一同赏花游玩，曾经与丈夫一同欣赏作品。如今只能饮下这杯寂寞的酒。

师：曾经夫唱妇随，夫妻恩爱的画面，如今已经不在了，她本可以将这些幸福与快乐延续下去的，她本可以和丈夫白头偕老，幸福地一直

过下去，可是这一切如今已成为过往云烟，这是为什么？

生：是因为靖康之变造成国破家亡。

师：是啊，因为靖康之变，国破家亡！正所谓："覆巢之下，焉有完卵？"回首往事，人生如梦！那曾经的过往在哪里？在怅然若失中，她开始了寻觅——（配乐齐读全词）。

曾经美好的画面，被无情的现实击碎，教师引导学生结合时代背景体会人物情感。

师：作为一个女人，李清照何其不幸；作为一个诗人，她又何其伟大！苦难像重物一样压在她生命的弹簧上，但这不能压垮李清照。她以"不徒俯视巾帼，直欲压倒须眉"的才华，当之无愧地成为了中国文学史上最伟大的一位女词人，号称"千古第一才女"！如果你还想了解更多关于这位女词人的故事，就请走进《李清照传》这本书吧！

从教师的课堂总结中，我们不难看出，这节课的教学不止于这一阕《声声慢》，不止于这一串关于酒的诗句，而是有意识地将学生引向自主、自由的阅读天地，从而领略这位"千古第一才女"的风采，感悟她的家国深情。

梁衡先生给了李清照这样的评价："她偏偏以心抗世，以笔唤天。她凭借着极高的艺术天赋，将这漫天愁绪又抽丝剥茧般地进行了细细的纺织，化愁为美，创造了让人们永远享受无穷的词作珍品。"[①] 酒意诗情谁与共？隔着千年的光阴，易安居士的深情我们都懂吗？我想，首先潘老师是懂得的，因为懂得，所以痴迷。令人欣慰的是，学生也懂。

因了潘老师的魅力，学生已经悄然喜欢上李清照了。在声声诵读中，学生读懂了她的婉约，读懂了她的凄苦。学生写下这样的学习感言：课堂结束的铃声虽然响起，但我依旧沉浸在其中，难以自拔，终于体会到了什么叫

---

① 梁衡：《把栏杆拍遍》，北京：北京联合出版公司，2024年1月版，第55页。

"言已尽而意无尽，意已尽而情无尽"的境界。李清照的率真，李清照的愁绪，李清照的才情感染着我。她的一生，体会过被捧上云端的幸福，也感受过痛彻心扉的哀伤。只有这样的女子才能创作出如此感人的诗篇！李清照，我为你着迷。

课堂上，完全沉醉于易安词中的潘老师美丽动人。我想，她是李清照这位"乱世中的美神"的知音，用心读懂易安居士的一片深情，读懂她的几多愁思。而她有心传承中华优秀传统文化，引导学生从李清照为后人留下的词作珍品中读懂别样的美，这样的情怀值得点赞。

在写这些文字时，脑中总有熟悉的旋律萦绕，循着依稀的记忆百度一番，正是曾静演唱的《一梦千年》：

> 声声慢的心事
> 有谁猜得透
> 婉约的宋词
> 是一杯线装的酒
> 一醉千年

老歌就是这样的动人心扉！宋词是一杯醉人的酒，带着我们在平平仄仄的时光里，感受着一片片人间深情，在字里行间流连，不忍释卷。

天容海色本澄清——《定风波》构·悟·评

《定风波》教学构思

目标设定：

1. 融情于读：在读中走近苏轼，感悟"归去，也无风雨也无晴"的豁达胸襟，学会正确面对人生风雨。

2. 融思于写：诵读体会词的意境，运用比喻表达个性化感受，体现词人的品格。

教学设想：

一、诵读旧诗，导入新课

1. 读学过的苏东坡的诗。

齐读《赠刘景文》《饮湖上初晴后雨》《题西林壁》。

2. 谈对苏东坡的了解。

出示：

苏轼（1037—1101年），北宋著名文学家、书画家，字子瞻，号东坡居士，四川眉山人，老百姓都爱叫他"苏东坡"。"唐宋八大家"之一，豪放派词人，与其父苏洵、其弟苏辙合称"三苏"。苏轼对中国思想、文学、艺术、文化等方面均产生深远影响。

今天，我们学习他的一首词——《定风波》。

二、初读《定风波》，整体感知

1. 初读《定风波》。

（1）指名读，正音。

词的开头部分是小序，词的内容分上下阕。

（2）读出节奏。

（3）配乐齐读。教师读小序部分，学生读上下阕。

2. 整体感知。

自读，结合注释，想想这首词的意思，和同桌说一说。

交流后梳理：这首词为我们描述了雨中和雨后这两个场景。

3. 理解"小序"。

交流后梳理：

三月七日，正是春季。词人和朋友去沙湖回来，途中，突然下起了雨，拿着雨具的人先走了，同伴都狼狈躲雨，词人却不以为意。一会儿雨过天晴，他有感而发，写下了这首词。

三、画人物形象，品读上下阕

（一）品味上阕

1. 品读上阕，想象画面。

轻声读读上阕，想想：你看到一个怎样的画面？

2. 反馈画面，相机评价。

（1）预设1：刮着风下着雨，苏东坡拄着竹杖，穿着草鞋，从容地行走。

（2）预设2：苏东坡一边悠然地行走，一边还高声吟诵。

创境：在雨中徐行，苏东坡不由得想起他十分倾慕的诗人陶渊明，于是脱口吟出：

> 结庐在人境，而无车马喧。
> 问君何能尔？心远地自偏。
> 采菊东篱下，悠然见南山。
> 山气日夕佳，飞鸟相与还。
> 此中有真意，欲辨已忘言。
> ——陶渊明《饮酒（其五）》

3. 用词形容，个性朗读。

（1）请你用一个词来形容苏东坡。读出这种感受。

（2）男女生合读。

男生：莫听穿林打叶声，何妨吟啸且徐行。

女生（和）：何妨吟啸且徐行。

男生：竹杖芒鞋轻胜马，谁怕？

女生（和）：谁怕？

男生：一蓑烟雨任平生。

齐读：一蓑烟雨任平生。

4. 看图背诵，小结上阕。

抓住关键词，展开想象，我们看到了这样一个苏东坡——（出示图）

几分悠闲、几分从容、几分洒脱。看着图，背诵上阕——（个别背，全班齐背）

小结上阕：我们品读了上阕，勾画了一幅雨中的情景，面对突如其来的风雨，他说："谁怕？一蓑烟雨任平生。"我们分明看到了一个从容洒脱、不惧风雨的苏东坡。

（二）品味下阕

1. 品读下阕，想象画面。

再轻声读读下阕，你又看到一个怎样的画面？

2. 反馈画面，相机评价。

（1）预设1：喝了酒，有点醉，风一吹，微微感到有点凉。这时，他看到山头初晴的斜阳相迎，心头又感到一丝温暖。

（2）预设2：苏东坡转身看一眼刚才走过的路，然后头也不回地走了。

回首向来萧瑟处，归去——（生接读）也无风雨也无晴。

3. 用词形容，个性朗读。

请你用一个词来形容苏东坡。

师生合作读。

全班：料峭春风吹酒醒　　　　师：微冷

全班：山头斜照却相迎　　　　师：回首向来萧瑟处

全班：归去　　　　　　　　　师：也无风雨也无晴

4. 看图背诵，小结下阕。

（1）小结：透过关键词的想象，我们看到这样的苏东坡——（出示图）几分超然、几分豁达、几分乐观。看着图，背诵下阕。（个别背，全班齐背）

（2）小结下阕：刚才我们品读了下阕，勾画了一幅雨后的情景，雨过天晴，他说，"归去，也无风雨也无晴。"

我们分明看到了一个超然潇洒、豁达乐观的苏东坡。

（三）熟读成诵

创境：风雨中，苏东坡依然那么潇洒地吟啸、徐行，你听——（播放录

音朗读）

1. 听录音朗读。

播放鲍国安朗读的《定风波》。

2. 快读整首词。

苏东坡的词，充满清旷豪放之气，读来使人耳目一新，心胸舒阔。

让我们打起节奏，快读这首词，读出这份潇洒与快意。

四、品味"风雨"，体会成就

1. 链接写此词的背景。

词人说"也无风雨也无晴"，这里的"风雨"，你们是怎么理解的？

（1）学生交流。

（2）出示"乌台诗案"，生读：

1076年，宋神宗时，朝廷推行新法，苏轼因作诗讽刺变法，被捕入狱，关在御史台103天。在御史台的大院里，树上经常落有乌鸦，因此，人们就叫这个地方为"乌台"。这个案件，史称"乌台诗案"。出狱后，45岁的苏轼，贬官黄州。

2. 体会"一生经历一生成就"。

他走过大半个中国，可以说是一生被贬一生外放，颠沛流离，受尽磨难。尽管如此，他每到一个地方，就成了当地老百姓的好朋友，为老百姓做了许多好事，一路上留下了赫赫功绩，你知道他都留下些什么？

（1）学生交流。

预设1：东坡肉——一道美食，家喻户晓。

预设2：许多诗词（比如《水调歌头》……）——他的诗词，传遍大江南北。

预设3：苏堤春晓、三潭印月——西湖十大名景的苏堤春晓、三潭印月，都是他当时修建西湖时留下的。

（2）师补充说明，出示课件（坐标轴）。

在浙江杭州：灭蝗灾、通盐渠、排水患

在江苏徐州：治洪水、建黄楼

在湖北黄州：救弃儿

在浙江杭州：治运河、建医院、修西湖

在广东惠州：筑河桥、建公冢、推农具

在海南儋州：办学堂

(3) 看到这些，你有什么感受？

小结：人生坎坷，成就辉煌。他一生都在为民造福，可以说，他为国为民立下了汗马功劳，创下了丰功伟绩。

3. 品读《自题金山画像》。

自题金山画像

［宋］苏轼

心似已灰之木，身如不系之舟。

问汝平生功业，黄州惠州儋州。

五、紧扣意象，拓展写话

1. 品读《苏东坡传》中秦观的评价。

在《苏东坡传》中有这么一句话："苏门四学士"之一的秦观，把苏东坡比作"天上麒麟"，又向苏东坡说："不将俗物碍天真，北斗以南能几人？"

师：秦观把苏东坡比作"天上麒麟"，因为在他的心中，苏东坡有着盖世才华，他对苏东坡可是佩服得五体投地。如果让你也来作个比喻，你会把苏东坡比作什么？为什么？

2. 学生练笔，反馈。

预设：青松、竹子、梅花、明月、太阳、莲花、菊花、兰花……

3. 小结。

苏东坡的品格，令人钦佩！他的精神，千百年来，照亮无数世人之心。他的诗词，也被广为传唱。

六、传承经典，常读常新

1. 播放视频：黄绮珊演唱的《定风波》。

读诗成曲，经典永流传。让我们记住多才多情的苏东坡，记住他为我们留下的千古名句。

2. 回顾名句。

无论晴雨——"淡妆浓抹总相宜"；

风雨袭来——"一蓑烟雨任平生"；

回首人生——"也无风雨也无晴"。

作业设计：

1. 悦读：读一读《苏东坡传》，为读书交流做好准备。
2. 悦写：写一写阅读《苏东坡传》的读后感。

板书设计：

定 风 波
苏 轼

雨中	谁怕	如竹（松）
雨后	归去	如月（日）

（执教者：陈艳　指导者：陈爱华）

享受备课三境界——《定风波》教学感悟

王国维在《人间词话》中讲道，"古今之成大事业、大学问者，必经过三种之境界。"在《定风波》的备课磨课中，我也经历并享受着备课三境界。

一、深入解读，寻觅资源——"昨夜西风凋碧树，独上高楼，望尽天涯路。"

《定风波》这首词给人空旷悠远，豁达开朗之感。备课前，我细读林语堂的《苏东坡传》，综合多本书籍，认真记录苏轼一生重要的时间节点、经历与作品，让人物轨迹清晰起来。观看《苏东坡纪录片》、诵读《苏东坡诗词》、品读余秋雨的《文化苦旅》、季羡林的《读书与做人》、白若梅的《一剪宋朝的时光》以及王崧舟老师的《爱上语文》等书籍中讲述苏轼的章节。沉浸其中，不禁被苏轼的学识才气与胸襟所折服。

如何让学生从一首词的学习中，去认识这个伟大人物？我以"读一首词，走近一个人，领悟一份情怀"的思路，初步拟定了第一份设计文稿。

"昨夜西风凋碧树。独上高楼，望尽天涯路。"此第一境也。

二、实践操练，涅槃重生——"衣带渐宽终不悔，为伊消得人憔悴。"

很快，爱校对我的教案进行了指导，她一针见血地指出问题——教师解读过深，资源堆砌，她以"读词想象画面——利用意象表达"的线索帮我梳理重构。经她一番点拨，教学环节清爽明晰起来，我喜欢上了这份设计。

在第一次试上时，王爱玲老师班上学生扎实的语文功底和对苏轼的了解，让我们看到设计的亮点和可行性。因为苏轼的魅力，因为爱校的智慧，我对这节课充满了信心与期待。

教学设计不断修整、聚焦，我渐渐找到了课感。最后一次试教，解决了教师讲得过多的问题，地图和坐标图的运用十分成功，学生动情，练笔更精彩。

"衣带渐宽终不悔，为伊消得人憔悴。"此第二境也。

三、点石成金，打通气脉——"众里寻他千百度，蓦然回首，那人却在，灯火阑珊处。"

开课前一天，心中总有个结，前半部分朗读训练总是有感情断层的感觉，要改吗？我向爱校求助。她指出，指导朗读时太刻意了，生生把孩子的朗读分割了层次，没有一气呵成。感谢爱校点石成金，打通气脉，我收获了很多。

感谢林新娟老师带的学生，他们有良好的学习习惯，课堂上目光炯炯，动情地朗读，让我感动。练笔中，学生把苏东坡比作"蜡烛""竹子""春蚕""石灰""雪中寒梅""天上的星星""峭壁中的青松"等，比喻丰富多彩。孩子们成全了课堂的精彩，让人沉醉不愿归去。

"众里寻他千百度，蓦然回首，那人却在，灯火阑珊处。"此第三境也。

爱校说："常读苏东坡，常怀琉璃心。"感谢这份经历，让我与一首"千古绝唱"相遇，与一个伟大的灵魂相遇。苏东坡说："人生如逆旅，我亦是行人。"生命是一次旅行，以一颗琉璃心，爱我所爱，处处有风景。

（福州市长乐区教师进修学校　陈艳）

天容海色本澄清——《定风波》教学评析

按照读书会的安排,陈艳的研讨课时间已定,内容未定。看她举棋不定,我一厢情愿地把苏轼《定风波》的教学任务交给她,好在她是乐天派,敢冲锋,能吃苦,有着心有激情不言愁、危难之处显身手的担当。共事十多年,积极主动,乐观坚强,这是我所了解的有着热心肠的陈艳。

对于苏轼的诗词,学生是不陌生的。跟随小学语文教材,学生读了一些苏轼的诗词。问题在于尽管学生读过苏轼的诗词,但对苏轼如月如松的品格还是缺少深入的了解。

《定风波》的教学,从已知出发,温故知新,旨在引导学生读懂一首词,同时,走近作者,激发学生阅读《苏东坡传》的兴趣,从阅读中汲取前行的力量。为达成目标,在教学资源的整合利用上,教师颇为用心。

基于"融·悦"教学理念,宋词《定风波》教学设计思路如下。

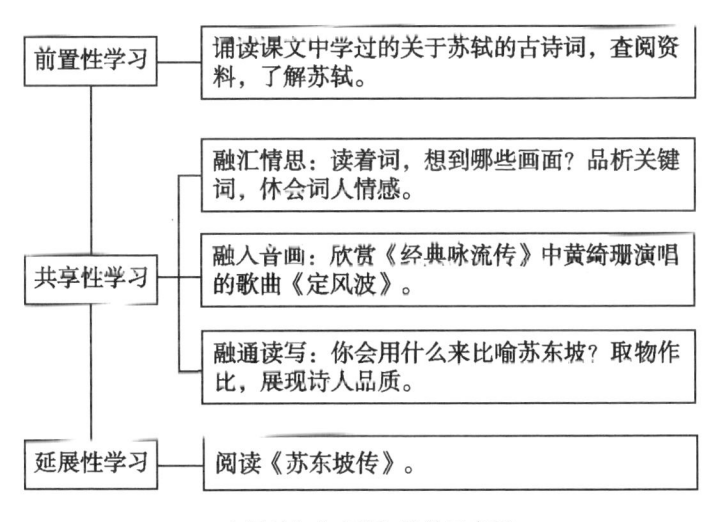

前置性学习 —— 诵读课文中学过的关于苏轼的古诗词,查阅资料,了解苏轼。

共享性学习 ——
- 融汇情思:读着词,想到哪些画面?品析关键词,体会词人情感。
- 融入音画:欣赏《经典咏流传》中黄绮珊演唱的歌曲《定风波》。
- 融通读写:你会用什么来比喻苏东坡?取物作比,展现诗人品质。

延展性学习 —— 阅读《苏东坡传》。

《定风波》"三融"教学示意图

一、扣词品读,有根有据想象画面,让一个形象在眼前屹立

在读懂词中小序,对这首词的写作背景有所了解后,教师引导学生读整首词,整体感知,厘清"雨中、雨后"两个画面。教师有心引导学生抓住关键词进行品读、想象。读上阕,抓住"何妨吟啸且徐行"中的"徐行""吟

啸"这两个关键词想象画面，感知苏轼形象，想象苏轼可能在吟啸什么？基于学生的体会，教师链接了陶渊明《饮酒（其五）》，引导诵读。

陶渊明正是苏轼的精神偶像，他曾说："然吾于渊明，岂独好其诗哉？如其为人，实有感焉。"悠然自在的田园生活，正是苏轼十分向往的一种生活状态。白落梅说：苏轼晚年几乎和遍陶潜诗，亦得东篱真韵。在雨中徐行，苏轼不由得想起他十分倾慕的诗人陶渊明。学生在诵读陶渊明的诗句中，进一步体会苏轼的思想品格。从一幅"雨中行吟"图中读出一个处变不惊、洒脱淡定的诗人形象。

读下阕，教师有意引导学生品读理解"归去，也无风雨也无晴"中的"风雨"，这里的"风雨"不仅指自然界的风雨，也指人生的风雨。当时苏轼经历了怎样的人生风雨？知人论世，教师以时间轴的形式展现苏轼一生颠沛流离，却一生为民造福的情怀。链接"乌台诗案"有关资料，学生了解了苏轼一生外放为官分别到过凤翔、杭州、密州、徐州、湖州、颍州、扬州、定州。他走过大半个中国，可以说是一生被贬一生外放，颠沛流离，受尽磨难。但他没有被挫折打败。每到一个地方，他都能成为当地老百姓的好朋友，为老百姓做了许多好事，一路上留下了赫赫功绩。

教师出示苏轼一生主要功绩，经过提炼的资料，直观地再现了苏轼一生遭遇磨难却造福百姓的坎坷经历。他不为名利，心系百姓，赢得爱戴。"古彭州官何其多，千古怀念唯苏公。"学生体会到苏轼面对人生风雨，却从容洒脱、超然豁达的诗人形象。

二、取物作比，合情合理评价人物，让一种情感在笔下定格

2019年，我以"常读苏东坡 永怀琉璃心"为题和读书会成员分享感悟。2023年，读了作家简墨的书，看到她是这样评价的："他身如琉璃，内外明澈，独步天下的好人格和好性情救他自己出水火，使整个靡弱大宋因他也风雨清嘉。"[①] 很喜欢其中"身如琉璃，内外明澈"之说。

[①] 简墨：《宋词之美——情愫深深在词间》，北京：当代中国出版社，2014年1月版，第102页。

苏轼《饮湖上初晴后雨》一诗中有这样一句："欲把西湖比西子,淡妆浓抹总相宜。"有人说把西湖比作西子,这是千古一比。那么,在读者眼中,可以把苏轼比作什么呢?备课时,我想不妨结合学习,让学生写出自己心中的苏轼形象。陈艳有些担心学生的思维打不开,写不出什么内容,事实证明,学生的感悟能力不容小觑。

教师以《苏东坡传》中秦观把苏东坡比作"天上的麒麟"为例,让学生以"如果用 物作比,你会把苏东坡比作什么?为什么"为话题写一写。知人论世,联系苏轼的生平事迹,有的学生把苏轼比作竹子,有的比作春雨,有的比作青松,有的比作明月……学生的答案不一而足,而且能引用诗句名言表达自己的观点。

请看孩子们的精彩答案:

我会把苏东坡比作天上的星星,因为他虽一生多次被贬,却依旧乐观向上,像天上的星星闪耀、忧国忧民、为民造福,在人们心中树立了很好的形象。

我会把苏东坡比作竹子,因为苏东坡是一个豪爽、洒脱的人,不仅不惧怕现实生活中的风雨,也不惧怕人生的风雨,他就如竹子一样"千磨万击还坚劲,任尔东西南北风"。

我会把苏东坡比作峭壁中的青松,因为苏东坡一生坎坷,颠沛流离,但他依然乐观向上、热爱生活,创作诗歌、帮助老百姓、创办学堂。"大雪压青松,青松挺且直",他的坚强、隐忍、百折不挠,令我钦佩。

我会把苏东坡比作"雪中寒梅",因为他不惧人生的风雨,不惧朝廷的贬谪,以顽强的毅力克服种种困难,为人民做了许多善事。一生清高正直,不正如那傲立雪中的寒梅?"宠辱不惊,闲看庭前花开花落;去留无意,漫随天外云卷云舒。"不正是进退自如、坚强洒脱的苏东坡吗?

听完这节课一年后，我读白落梅的《苏东坡传》，读到书中多处对苏轼的评价，她说："于我心中，苏轼如皓月，明亮无亏蚀，若清风，疏淡不萧瑟。""苏轼似雨，所到之处山水有灵，百姓蒙泽。""他是河边翠竹，岩上青松，无惧寒雪，无畏摧折。""苏轼的文采、品格及气度，一如那猗猗绿竹，百世流芳，传唱千年。"在作家笔下，苏轼如明月，如清风，如翠竹，如青松。回想当时孩子们在课堂上的发言，没想到六年级的孩子竟与作家心有灵犀。所以，我们要相信学生，给他一个平台，他会给你无数惊喜。

从课堂上学生的话语中，可以看出他们读懂了苏轼的坚韧不拔，澄澈光明，他们在用心表达对苏轼的钦佩之情。笑对人生风雨，心系天下苍生的苏轼已然活在学生心中。相信在苏轼如竹坚韧、如松不屈、如月高洁的精神的影响下，学生行走于成长路上，将多一份从容，多一份深情。

若锋写下这样的观课体会：教师以秦观的巧比为例引导练笔，让学生调动意象把心中所感付诸笔端。学生的答案精彩纷呈，苏轼伟大的形象化作梅花、竹子、莲花等。学生表达后，教师又以"月"作比喻，联想苏轼的生平，有对宦海沉浮不定的感慨，也有政治上的失意情绪，但他内心澄澈，转瞬光明。苏轼像月亮，自己光明，亦照亮他人。

我想，若锋以自己的慧眼，看出了这个练笔设计的用意，也以自己的慧心读懂了诗词中苏轼的高洁品性。

三、读诗成曲，真心真意传承经典，让一种精神在心中闪亮

课临近结束，教师将《经典咏流传》中黄绮珊演唱的歌曲《定风波》再现于课堂，引导学生欣赏，传唱经典，致敬苏子，将课堂教学再次推向高潮。

我很喜欢黄绮珊演唱的《定风波》，曾经单曲循环了无数遍。她带着自己的生命感悟演唱，她的演绎人歌合一，真情流露，动人心扉。她说："无论处高、处低、处贵、处贱，你要感谢你过去的光荣，也要感谢你过去的苦难。"而苏轼正是这样一个历尽人生磨难却进退自如，宠辱不惊，一切云淡风轻，身处困境，也能将风雨化为风景。正如歌词中所唱：

何时起飞何处落定　每一步都云淡风轻
一直寻找一双眼睛　能看清岁月的身影
都说生命是一次旅行　总在穿越自己的心灵
梦有多远爱有多深　原来只是一道风景

苏轼始终有一颗澄明守正之心。在他眼中，人生已没有风雨与晴天的分别。一切都是自然而然的人生际遇，一切都是命运的最佳馈赠。苏轼就是一个超凡脱俗的乐天派，眼前所见，无一不是好人。

"好将一点红炉雪，散作人间照夜灯。"苏轼将他的豪放旷达化作一轮明月照亮了无数后人，让我们明白，无论风雨，心有阳光，则人生无处不明媚，无时不灿烂。诵读诗文，传承经典，滋养心灵，这就是我们带学生读《定风波》的意义。

也许是执教了苏轼《定风波》的缘故吧，我觉得此后的陈艳更多了一份"也无风雨也无晴"的洒脱。行走于语文教研之路，她总是充满热情的鼓与呼。有人说：缘何人生快乐多，只因常读苏东坡。苏轼的诗词值得我们声声传诵，苏轼的精神值得我们代代传承。林语堂先生说："苏东坡已死，他的名字只是一个记忆，但是他留给我们的，是他那心灵的喜悦，是他那思想的快乐，这才是万古不朽的。"我们都需要像苏东坡一样永怀琉璃之心，永葆赤诚情怀。所以，我们将诵读经典，推广阅读视为使命，引导学生从中华优秀传统文化中汲取力量，从容面对风雨人生。

铿锵之声荡心间——《满江红》构·悟·评

《满江红》教学构思

目标设定：

1. 融情于读：在读中走近岳飞，受到"精忠报国"家国情怀的熏陶，懂得抓紧时间做有意义的事。

2. 融思于写：在诵读积累的基础上，学会运用"莫等闲，白了少年头，空悲切"这个名句。

教学设想：

一、时光匆匆说岳飞，日积月累明事理

1. 交流积累的珍惜时间的名言警句，导入："莫等闲，白了少年头，空悲切。"

2. 出处介绍。

出自课文：五年级上学期"日积月累二"，提醒学生学习语文重在积累。

出自校本教材第 46 页。

3. 读词揭题：词分上下阕，这一句就在上阕中。（生齐读）

今天，我们就对这一名句追根溯源，走近岳飞，走进他的《满江红》。（板书课题）

4. 联系传记阅读，提取信息：读词先"知人"。（板书：知人）关于作者岳飞，我们近期阅读的人物传记《岳飞传》中这样介绍，用心读，说说你提取到哪些信息？

出示：

风云人物名片

姓名：岳飞

字：鹏举

生卒：1103—1142

历史地位：抗金名将，中国历史上著名军事家、战略家，南宋中兴四将之一。

生平经历：岳飞于少年时投军，作战勇敢，治军严谨。在抗击金军的战斗中，为宋朝立下了赫赫战功。1142 年 1 月，以"莫须有"的罪名被杀害。

二、读读议议《满江红》，解惑答疑懂岳飞

1. 读词。

指名分上下阅读词。

打节奏齐读。

2. 联系前置学习，直奔难点：读词须明意。（板书：明意）通过调查，课前预习中，大多数学生认为这几个句子理解有难度。这是问卷星调查结果。（出示问卷星柱状图）

（一）三十功名尘与土，八千里路云和月

1. 依照词的顺序，结合注释，说说自己的理解。

2. 联系传记阅读，了解岳飞到底收复过多少失地？阅读第92页。

岳飞到底收复过多少失地？

1130年，岳飞率军收复建康（今南京），杀敌三千余，成为南宋抗金斗争的一次重大胜利。

1134年，岳飞第一次北伐成功，攻克了襄阳、唐州、邓州、随州、郢州和信阳军，之后多年六郡一直是南宋政权强固的前沿阵地。

1136年，岳飞第二次北伐，收复了商州、虢州等地。同年岳飞率军第三次北伐，重创伪齐军，夺取蔡州。

1140年，岳飞第四次率军北伐，先后攻克鲁山、郑州、洛阳，于郾城大破金军"拐子马""铁浮图"，收复颍昌、临颍，进军朱仙镇，使金军一败涂地。

关注时间轴，提取关键词，你想说些什么？

1130年到1140年，岳飞率领岳家军，征战无数，所向披靡！这是一支令金人谈虎色变的军队，（出示）读："撼山易，撼岳家军难！"

3. 联系史料，沉浸诵读：岳飞32岁持节封侯，史无前例，却视之如尘土，一边是个人功名如尘如土，一边是为国征战披星戴月，你看到了一个怎样的岳飞？

个人为轻，国家为重，读——三十功名尘与土，八千里路云和月。

何等志向！何等气概！读——三十功名尘与土，八千里路云和月。

征程漫漫，岳飞时刻不忘——莫等闲，白了少年头，空悲切！

千古一岳飞，热血满江红！读——

4. 小结板书：莫等闲，白了少年头，空悲切！

（二）靖康耻，犹未雪。臣子恨，何时灭

1. 联系传记阅读，说理解。

读词，还要懂得历史。（板书：懂史）

出示传记节选文段，指名读：

靖康之耻：又称靖康之乱，因发生于北宋宋钦宗靖康年间（1126－1127）而得名。靖康二年（1127）四月，金国四太子金兀术率领大军攻破东京（今开封），将宋徽宗、宋钦宗父子二人及赵氏皇族、后宫妃嫔、贵卿、朝臣等三千余人掳走，押解北上，导致了北宋的灭亡，深深刺痛了宋人的内心，因此称为靖康之耻。

2. 结合诵读感受，创境引读：身处其间的岳飞悲愤难当！他心中所恨——一生接：靖康耻，犹未雪。臣子恨，何时灭。

他心中所念——一生接：靖康耻，犹未雪。臣子恨，何时灭。

他心心念念着的，就是——生齐接：靖康耻，犹未雪。臣子恨，何时灭。

因此，岳飞时时告诫自己——生齐接：莫等闲，白了少年头，空悲切。

靖康耻，犹未雪，所以——一生接：莫等闲，白了少年头，空悲切。

臣子恨，何时灭。所以——一生接：莫等闲，白了少年头，空悲切。

（三）壮志饥餐胡虏肉，笑谈渴饮匈奴血

联系典故读岳飞：这个典故很有名，早在岳飞之前一千多年的东汉时期，汉军被围困孤城数月，城中缺水断粮，将士们不屈不挠，苦苦坚守，守城将领将前来劝降的匈奴使者宰杀，使得匈奴闻风丧胆，兵败而逃。千年之后，岳飞用上这一典故，你读出一个怎样的岳飞？

四、多样互照读诗词，读写结合感情怀

1. 文白互照，师生共读。

2. 图文对照，感知"精忠报国"。

出示岳母刺字图

岳母在他背上刻下的是——生：精忠报国

这是一个伟大的母亲对儿子的殷殷期望——（板书：精忠报国）

它刻在岳飞背上，也刻在你们的心上——生齐读：精忠报国

3. 词乐共读，练笔感情怀：播放歌曲《精忠报国》。

出示小练笔：

读着这一阕《满江红》，听着这一曲《精忠报国》，_____。

（要求：结合岳飞事迹，用上"莫等闲，白了少年头，空悲切。"）

这一刻，浓浓的家国情怀不仅流淌在你们笔端，更流淌在你们心中，读诗词，就是在悟作者的情怀。（板书：悟情）

4. 诵读感情怀。

出示《满江红》上阕，这份情怀，掷地有声！一二组读——

出示《满江红》下阕，这份情怀，慷慨壮烈！三四组读——

出示《满江红》楷书作品，这份情怀，端正恭谨，一起读——

五、古今相承诵经典，心怀责任立志向

1. 链接《少年中国说》，诵读立志：敢将日月再丈量，今朝唯我少年郎！读词：莫等闲，白了少年头，空悲切。

学生领诵：少年智——则国智，少年富——则国富，少年强——则国强，少年独立——则国独立，少年自由——则国自由，少年进步——则国进步，少年胜于欧洲——则国胜于欧洲，少年雄于地球——则国雄于地球。

2. 联系生活，心驻家国：播放电影《满江红》片尾剪辑视频，学生跟进诵读。

3. 这一刻，英雄的光辉穿越千年照耀着我们的灵魂，让我们一同以国家兴亡为己任，镌刻"精忠报国"（板画：印章），一起告诫自己——莫等闲，白了少年头，空悲切。

4. 板画小结：走进《岳飞传》。（板书：岳飞传）读一阕词，记一句话，铭刻一份情，这就是读书的意义。（板画：书）

作业设计：

1. 悦读：阅读《岳飞传》，与同学交流阅读感受。

2. 悦写：写《岳飞传》读后感悟。

板书设计：

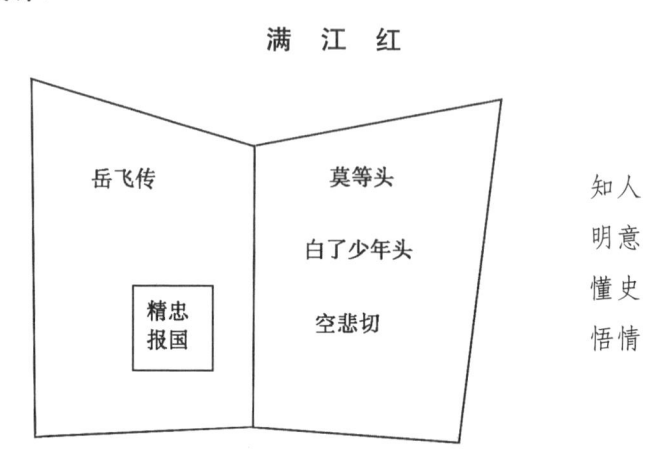

满 江 红

岳飞传　　莫等头
　　　　　白了少年头
精忠　　　空悲切
报国

知人
明意
懂史
悟情

（执教者：林寒冰　指导者：陈爱华）

一阕《满江红》，一份深深情——《满江红》教学感悟

2018年10月的那个夜晚，加完班刚走出校门，陈艳老师打来电话，"11月读书会有一节课，你愿意上吗？"上这样的课，就意味着和爱校有一次亲密的接触，意味着可以再次亲近她，聆听她的教导，怎会不愿意？那一刻，真心是有一种幸福涌上心头，那一夜，觉得月色特别美好，风也特别轻灵！可幸福之后，面临的便是选课备课的纠结。接下任务的第一个夜晚便失眠了——有关古诗"雨"的群诗阅读，是否可以尝试？11月底，正值小大雪之间，不然上有关"雪"的古诗？又或者有关"二十四节气"的绘本教学？……林林总总，几天下来，只要一得闲，脑海中就是各种诗词各种资源纷繁交错。

苦恼迷茫中，爱校说，"就上爱国诗词吧"。可苏轼的，辛弃疾的，陆游的……怎么选择？这样迷迷糊糊的，又一周即将过去了，留给我的时间越发少了，我总不能什么都没有又去找爱校呀！那几日，即便现在想起，那种焦灼依旧清晰！

爱校告诉我们，备课，最怕摇摆不定，既想上这个，备着备着遇上坎儿了又放弃，备课就要定下教材然后一路向前，遇到困难不是逃避，而是逐个解决。爱校说，你那天不是说道《满江红》吗？就上这首词。那一刻，如醍醐灌顶……

我埋首于关于岳飞的各个版本的解读之中，越是走近岳飞，越是发现所知甚少，越是没有底气提笔。又找爱校，爱校耐心地说出自己对备课的一些心得，说起岳飞，说十二道金牌，说《精忠报国》……越是接近爱校，就越是佩服。那些日子，写的草稿有好几十页吧，又一个晨曦微白，终于完稿了！

爱校为我重新梳理了框架，引导我融合资源，贯通读写。抓住"莫等闲，白了少年头"这一"日积月累"中的名句展开教学，引导学生借助注释，同桌交流阅读体会，上阕抓住"三十功名尘与土"一句指导读，下阕在读的功夫上再作处理……我一边听一边记，写满了两页A4纸！爱校的细致，爱校的灵动，无不深深感动着我，何其有幸，得爱校这样悉心的指导！我暗下决心，一定要鼓足劲，不让爱校失望。又是几个夜晚的未眠，又是几次得到爱校的指点，终于，教案基本定下了。

第一次试教后，爱校肯定了我，又为我提出了更为细致的建议，如课堂导入可以进一步明晰简练，课堂拓展可以剔除多余，板书设计可以更明了扼要，语调不可以过于高亢……怎能忘这一次次的指点修改，怎能忘爱校带着感冒咳嗽，一次、两次亲临试听，怎能忘爱校带着微恙的身体竟在来校指导之后崴了脚！这无数点点滴滴，温暖着我这个年岁不短教学却青涩的"后辈"！

时至今日，距离开课结束已许久，回忆里有艰辛但更多的是收获！收获着满满的、沉沉的一种叫作家国，叫作教育的情怀！更感恩着一路那么多那么暖的陪伴！

（福州市长乐区洞江小学　林寒冰）

铿锵之声荡心间——《满江红》教学评析

行走于语文教学之路，寒冰可不是拒绝融化的冰，恰恰似熊熊燃烧的火。就像伙伴们评价的那样：貌似纤弱，却有大大的能量。性情温和、善解人意、做事负责的她申请了读书会的一节展示课，要和孩子们共读什么呢？我想，是追求完美的缘故吧。在选课题时，她有了一些纠结，是《诗经·黍离》，还是陆游的诗，又或是《满江红》呢？一时之间，难以取舍。我建议她还是先尝试一下岳飞的《满江红》，因为教材里有提到，学生有印象。直觉告诉我，她会上出不一样的《满江红》。事实证明，我的想法没有错。至今，课堂上的铿锵之声犹在耳边回响。

从五年级语文教材"日积月累"中"莫等闲，白了少年头，空悲切"这个名句开始追根溯源，寒冰带着学生经历了一次难忘的宋词学习之旅。整节课，教师遵循古诗词教学规律，引导学生诵读，课堂上书声琅琅，激情满满。此外，教师还注重整合教学资源，让课堂活色生香。

基于"融·悦"教学理念，宋词《满江红》教学设计思路如下。

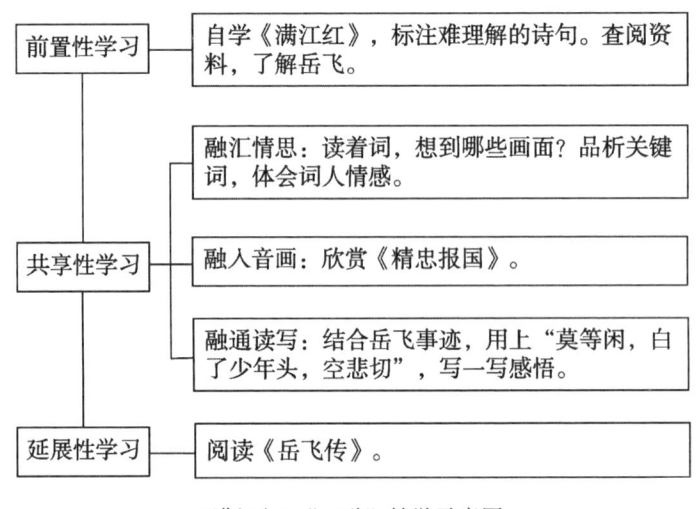

```
前置性学习 ── 自学《满江红》，标注难理解的诗句。查阅资料，了解岳飞。

共享性学习 ┬─ 融汇情思：读着词，想到哪些画面？品析关键词，体会词人情感。
           ├─ 融入音画：欣赏《精忠报国》。
           └─ 融通读写：结合岳飞事迹，用上"莫等闲，白了少年头，空悲切"，写一写感悟。

延展性学习 ── 阅读《岳飞传》。
```

《满江红》"三融"教学示意图

一、以歌曲辅读，唤醒情感

"没有音乐，语文将失去一半的美。"王崧舟老师所言极是。精选音乐，精心运用，可以点亮语文课堂，让教学摇曳生姿，给人以审美体验。音乐元素巧妙地为课堂增辉添色，教学更显丰盈灵动。和诗以歌，让经典诗词再现本应有的韵律、温度和情感，让古老的诗词焕发出了崭新的生命力。

教学上阕时，教师联系岳飞生平，引导学生感悟岳飞的家国情怀。结合"靖康之耻"这一历史事件，品悟"靖康耻，犹未雪。臣子恨，何时灭"的悲愤与岳飞深深的家国情怀。教学下阕时,链接"壮志饥餐胡虏肉,笑谈渴饮匈奴血"的历史典故,感悟岳飞"不破楼兰终不还"的英雄气概。在有所理解的基础上,引导学生诵读体会。

读岳飞的《满江红》,我会自然而然地想起屠洪刚演唱的《精忠报国》这首歌。这样的资源,不能错过。于是,课堂上这样的教学环节印在了听者的脑海中。

  师:岳飞,我们心中的英雄,慷慨激昂、壮烈豪迈的声音犹在耳畔。提到岳飞,这样的一幅画大家都不陌生,那就是——(出示图)
  生:岳母刺字。
  师:岳母在他背上刻下的是——
  生:精忠报国!
  师:这是一个伟大的母亲对儿子的殷殷期望——
  生:精忠报国!
  师:它刻在岳飞背上,也刻在你们的心上——
  生齐:精忠报国!
  师:何惜百死报家国,何惜百死报家国啊,你听——
  (出示歌名,播放《精忠报国》)

气势如虹,豪情万丈。由岳母刺字自然引入歌曲,歌曲映照的正是岳飞那颗炽热的丹心。敏容写下这样的听课感受:学生披文入境,充分感悟岳飞的精忠报国之后,教师适时播放歌曲《精忠报国》。当慷慨激昂的旋律回响在耳畔时,我心潮澎湃,热泪盈眶,浓浓的爱国之情油然而生。"狼烟起,江山北望……"课堂上师生动情地唱和着,那一刻,教师和学生一定思接千载,与岳飞进行生命的对话。那一刻,教师和学生一定心潮涌动,对满腔爱国情的岳飞敬佩不已。

教师熟悉、学生陌生的歌曲的引入,能引起学生的共鸣吗?且看一位学生写下这样的课后感言:林老师在课堂上为我们播放了《精忠报国》这首歌,课堂上，我们班的歌星在唱，林老师在唱，那豪迈的旋律在课堂上激荡、回旋。我被这一切深深震撼着。是的，"莫等闲，白了少年头，空悲切"，对诗句我有了更深的体会，我怎能以为自己年纪还小，怎能不珍惜时间，不好好学习？

一曲《精忠报国》在课堂响起，气势磅礴，让人热血沸腾。音乐的作用不容忽视，它唤醒了学生的情感，加深了学生的体验，就像学生说的"音乐拉近了我和岳飞的距离"。在音乐渲染下，学生明白了一阕《满江红》里藏着一颗火热的赤子心，一腔深切的爱国情。

郑芳认为教师链接诗文、运用《精忠报国》音乐以及电影《满江红》片段视频等教学媒介重构课堂教学，课堂高效、唯美、深情，充满诗意。屠洪刚演唱的《精忠报国》将课堂推向高潮，效果极佳。从五色评价的视角来看，这节课是红色的。

二、以练笔促读，直抒胸臆

在阅读《满江红》《岳飞传》时，教师让学生听屠洪刚演唱的《精忠报国》，再以"读着这一阕《满江红》，听着这一曲《精忠报国》，想到戎马一生的岳飞，你对'莫等闲、白了少年头，空悲切'一定也有了更深的理解，把自己的体会融入笔端，抒发这一刻的感想。"为任务驱动，写下自己对名言的感悟。"何惜百死报家国"，铿锵有力的旋律、壮丽恢宏的气势深深地感染着学生，学生的心中已然住着一位英雄，他们明白了应当更加珍惜时间，不负光阴，不负少年。学生的情感与作者同频共振，深厚的家国情怀不仅流淌在学生笔端，更流淌在他们心中。

音乐让学生的情感燃烧起来，教师把握时机，进一步激发学生表达心声的热情。教师让学生明白了读《满江红》这首词，明白岳飞"怒发冲冠""仰天长啸"的缘由，他心心念念的是：收拾旧山河。记住一句话，铭刻一份情，这就是读书的意义。

三、以经典比读，深化主题

在 2018 年版设计中，若锋读出这节课的起承转合，她认为课堂妙在从岳飞的《满江红》自然转到辛弃疾的《破阵子·为陈同甫赋壮词以寄之》。我想，这也可以算"寒冰善教，若锋善听"吧。现代著名作家梁衡说："我敢大胆说一句，这首词除了武圣岳飞的《满江红》可与之媲美外，在中国上下五千年的文人堆里，再难找出第二首这样有金戈之声的力作。"作家的评价引起学生的好奇，到底是哪一首词呢？于是，教师引入另一首经典作品——南宋爱国词人辛弃疾的《破阵子·为陈同甫赋壮词以寄之》，引导学生在比较中感悟，在品读中提升。

辛弃疾和岳飞同样文韬武略，同样满怀报国之志，立志收复国土，保卫国家。这一首《破阵子》，同样饱含磅礴之势。教师带着学生认真品读，在此基础上进行小结：唯有它，能与《满江红》相媲美，因为作者心中都镌刻着"精忠报国"，山河碎，心不安，他们遗憾"白发生"，害怕"空悲切"，所以他们要"莫等闲"，时刻记着为国建功立业，而不愿"白了少年头，空悲切"。

岳飞的《满江红》，韵律铿锵，气势跌宕，直抒胸臆，忠义满乾坤，读之让人感觉一腔浩然正气。陈廷焯有言："何等气概！何等志向！千载下读之，凛凛有生气焉。'莫等闲'二语，当为千古箴铭。"教师以"莫等闲，白了少年头，空悲切"这一经典名言一线贯穿课堂，引导学生读之、悟之、写之、记之，传承家国情怀。铿锵的旋律回荡在课堂，萦绕在学生心间，成为前行的力量。有学生写下这样的学习感言："往事越千年，英雄永流传。40分钟的课堂时间过得真快呀！课虽然结束了，岳飞却永远地留在我们心中！这节课，我在课堂上懂得了如何学习古诗词，更懂得了英雄深深的爱国情怀！保家卫国，将永远是我们心中的主旋律！"

"历史如尘烟消散，情感凝结成永恒。"泱泱华夏，仁人志士们发出的呐喊，铿锵的旋律将伴随着孩子们前行。正如学生所言：岳飞的《满江红》尤愧千古绝唱！岳飞，他的一颗赤子之心透过时间的尘埃熠熠发光，不仅激励着当时保家卫国的将士，也同样在今天激励着千千万万的中华儿女守卫着祖国疆土。

"少年强，则国强"，爱国之心，壮国之志，早已扎根在我心中！"莫等闲，白了少年头，空悲切。"读词即读人，我们以岳飞的爱国之情激励自己。

抬眼，那黑板上的粉笔字格外亮眼，一桩桩英雄事迹，铸成了他传奇的人生。我不由自主地沉浸在岳飞的英勇事迹里……今天的我们要做些什么呢？我们要珍惜时光，从小学习诗书，挑起重担，争做国家栋梁。向前，虽是未知的挑战，可背后仍有无数点点星光闪耀。

望着远山，心中回荡的仍是那句："莫等闲，白了少年头，空悲切。"

周汝昌先生说："此种词原不应以文字论短长，然即以文字论，亦当击赏其笔力之沉雄，脉络之条畅，情致之深婉，皆不同于凡响，倚声而歌之，亦振兴中华之必修音乐文学课也。"① 家国深情，绵延不息。"融·悦"教学实践追求的正是这样直抵心灵的教学效果，课上到了学生心里，经典潜移默化地滋养着学生。

2023年春节，张艺谋导演的《满江红》十分火爆，让这首词为更多人知晓。2023年3月6日，农历二月十五日，惊蛰节气，正是岳飞诞辰920周年纪念日。和寒冰一起再次整合资源，重构教学，我们以这样的教学展示，致敬经典，致敬英雄。正如有人说："我们之所以怀念他，是因为我们内心对于人性光辉还有一种渴望、一种尊重、一种致敬！"

2023年的教学重构中，课末，教师播放张艺谋导演的电影《满江红》片段，那气势磅礴、荡气回肠的"全军复诵"宛在耳畔，教师带着学生融入这三军将士，全班复诵《满江红》。

教师以这样的话语结课："这一刻，英雄的光辉穿越千年照耀着我们的灵魂，让我们一同以国家兴亡为己任，镌刻'精忠报国'，一起告诫自己——莫等闲，白了少年头，空悲切。走进《岳飞传》，读一阕《满江红》，记一句话，铭刻一份情，这就是读书的意义。春日明媚莫等闲，孩子们，让我们常读经典，从小立志向！强国有你，强国有我！"

正是由于寒冰的全身心投入，师生一起享受了一节荡气回肠的课，感受到经典的魅力。回望来时路，一次又一次地思考，一稿又一稿的修改，磨课中的那份付出是令人感动的。也正是经历了"为伊消得人憔悴"的追寻过程，才能感受到"蓦然回首，那人却在灯火阑珊处"的那份喜悦。敢于挑战，超越自我，终究成就更好的自己。祝福寒冰，愿她在小语百花园中辛勤耕耘，收获更多的美好。

---

① 《宋词三百首鉴赏辞典》，上海：上海辞书出版社，2017年4月版，第362页。

第四节　以绘本为桥，徜徉于阅读世界

融于绘本品清芬

2022年版课标"明确将绘本（图画书）纳入了第一学段课程内容'文学阅读与创意表达'和'整本书阅读'学习任务群，使得绘本被赋予了新的时代意义和课程价值。……培养孩子的整本书阅读能力，可以从绘本开始"。[①] 绘本以其特有的情趣，深受广大师生的青睐。将绘本资源引入课堂，师生一起透过那些精彩的图画与精妙的故事，发现阅读过程中的种种惊奇与美好，这样的阅读体验是幸福的。绘本的教学形式多样，同一绘本，因教学目标、学情等不同，教学的切入点不同，侧重点不同，呈现出多姿的教学样态。教学实践中，我们借助绘本，引导学生以读为本，关注画面、聚焦文字、留意细节、展开想象、学会表达，在绘本的引领下，快乐地徜徉于阅读世界。

读绘本《我是花木兰》，引导学生从中国式的表达中，感悟中国式的情怀，在学生心中播下做"新时代的花木兰"的爱国种子。正像学生所言："谁说巾帼不如须眉？花木兰就是英雄的典范，人们赞美她，歌颂她，我也崇拜她。她不怕艰难，她英勇善战，她不图名利。她的精神将激励着我勇往直前！"

读绘本《安的种子》，引导学生从三个小和尚的故事中明白：只有怀着一颗平常心，内心淡定从容，才能等到千年莲花盛开。从图文中了解什么是早

[①] 姚颖：《绘本教学十二讲》，北京：北京师范大学出版社，2024年3月版，第67页。

早创作《安的种子》的意图:"内心平静,则外在安然。所以,我把那个种成莲花的小和尚叫'安'。在这个浮躁疯狂的时代,多么需要一本简单安宁的书。我想把这颗小小的千年莲花种子,轻轻地,种在人们心里。"我们相信,"安的种子"种在学生心里,岁月流转,终将开出美丽的莲花。

我国作家熊亮创作的《纸马》,是一个充满中华传统文化元素的绘本,呈现的是中国式的表达,中国式的情怀。绘本以"纸马"为题,勾勒了一匹红色纸马驮着一个小女孩飞奔在冰天雪地中的画面,讲述了一个与纸马有关的盼团圆的故事。教师运用多媒体展现绘本中奶奶剪的那匹红色的纸马,配上马叫声,有声有色,课伊始,就吸引了学生的注意力,在欣赏剪纸艺术的精妙的同时进入绘本阅读。教师有意识地引导学生关注纸马,那鲜红的色彩让灰暗的画面顿时亮起来,寄寓着真情与希望,让冰天雪地也有了暖意。课末,教师将身着中国红的纸马贴在黑板上,让它载着爸爸妈妈和小女孩的爱奔向远方,凸显绘本主题。在《天之大》的背景音乐中,师生一起品味绘本中的温暖、温情和温馨。那份温暖与感动直抵心灵,是一种美的情感体验,这也正是读绘本的意义。

每逢传统佳节,我们引导学生阅读节日绘本,了解节日的来源、习俗、故事传说等,唤起学生心灵深处对中国传统文化的热爱并长存记忆之中。引导学生结合生活实际体味传统文化内涵,激发学生对中华传统文化的热爱之情,坚定自觉传承中华美德的信念。

我们开展了关于节气审美的课题实验,引导学生依照节气读绘本,从中了解节气丰富的文化内涵,受到情的感染,美的熏陶。引导学生在读绘本中,汲取中国智慧,提升思想境界。

一、应时而读——根据节气特点,选择适宜的绘本,引导审美感知

教师们带着学生遵循自然的节奏,向美而行,通过相关绘本的阅读,感受节气文化的博大精深,感悟中国智慧,在与节气同行的旅程中感受和记录生活的美好。

1. 凸显知识点,选择以节气知识为主题的绘本,在读中感知节气之美

绘本《豆豆游走的二十四节气》中的插图采用拼布、刺绣等手工工艺完成，图文并茂，别有风味。读这本书，孩子们可以跟随豆豆的脚步，经历四季的轮回，了解二十四节气的知识和特征，感受时间的变化，感受生命的成长。

这个绘本适宜任何一个节气阅读，教师引导学生整体感知二十四节气的特点，再聚焦某个节气，品读图文，深入了解节气的物候、习俗等。如，在冬至节气，读《豆豆游走的二十四节气》，教师带领学生游走在二十四节气里，从封面捕捉四个节气元素，以此为切入点，带领学生深入阅读，让学生联系生活了解节气知识，学习绘本的阅读方法。学生从富有童趣的语言以及封面封底等感知绘本的图文之美，同时从南方人吃汤圆、北方人吃饺子的冬至习俗中感受家庭生活和谐之美，从绘本刺绣作品的一针一线中感受传统文化之美。

小寒节气，教师带着学生读《小寒》绘本，先引导学生用猜读的方法了解围绕蜡梅的一个有关诚实的故事，再引导学生自读绘本，用填空式概括绘本的主要内容：农历（腊月初八），鼠奶奶煮好了（腊八粥），邀请（邻居来做客）。鼹鼠爷爷带来了（蜡梅花）的礼物，要分给（最诚实）的孩子，可是（鼠哥哥）、（鼠妹妹）、（兔姐姐）、（小松鼠）都有过（没有说实话）的经历，他们以为（没人能得到蜡梅花），可是鼹鼠爷爷认为（能承认自己说过的谎话，就是最诚实的表现），最后每个孩子都得到了一枝蜡梅花。

教师引导学生图文结合，捕捉主要信息，复述故事。孩子们从绘本中感知小寒节气的物候特征，了解了小寒时节一个重要的节日——腊八节，以及关于腊八粥的传说，同时从关于蜡梅礼物的故事中感受诚实品质的美好。

2. 紧扣契合点，选择与节气特点相关联的绘本，在读中体会情感之美

一叶落知天下秋。秋分时节，教师引导学生读与落叶有关的绘本《风中的树叶》。这个由德国作家安娜·莫勒创作的绘本画美意丰，诗意与科普相融合，讲述了十片落叶的不同归宿，不仅有丰富的秋天元素，还引发人们对万物有时、生命循环的认知与思考。我们将节气文化融入这个绘本进行教学，形成绘本的中国式表达。

教师结合秋分节气知识，引导学生学习绘本，经历"初读绘本，感知美—细读绘本，欣赏美—再读绘本，抒写美"的过程，从中感悟生命之美。从看图感知到读文概括再到图文结合提炼小标题，教学设计有梯度，充分展现学生学习的过程，让学生不同的思维火花碰撞出言语魅力。教师先引导学生从"落叶救蚂蚱"和"松鼠垫窝"的故事中感知美好，再引导学生自主发现其他八片树叶的美，重点品悟"叶子装饰灯笼"的温暖和第十片叶子"化作春泥更护花"的深情，教学有发散有聚焦，让学生充分感受绘本的图画美、情感美和节气美。

二、因需而引——基于绘本内容，融入节气的元素，引导审美体验

在绘本阅读中，教师根据绘本内容特点，适当融入节气元素，体现绘本与传统文化自然相融的特点，丰富学生的审美体验，引导学生感知节气之美，领悟情感之美。

图画是绘本的灵魂。阅读指导中，教师从绘本的构图、线条、色彩等着手，引导学生了解绘本中的艺术表现形式，读懂画面背后的情感，在潜移默化中培养学生的审美能力。

结合绘本内容，自然融入节气元素，让绘本教学更丰盈，审美体验更深刻。根据绘本语言基调，适度拓展，引导学生品读词句，有利于培养学生的语感。我们引导学生读外国经典绘本时，基于绘本内容，在保持绘本主旨的基础上，自然融入节气元素，在传统文化的视野下重构教学，让学生得到思想启迪。如，在立冬节气，引导学生读美国李欧·李奥尼的《田鼠阿佛》，从这个带着作者自传意味的绘本中明白生活中需要阳光、色彩与文字，让诗意与美好照亮心灵，学会分享，学会做最好的自己。教学中，教师以绘本内容为依托，赋予绘本中国表达的特点。根据立春、立夏、立秋、立冬的节气特点，为学生提供了一些四字词，让学生积累、运用，不仅感受到词语的魅力、语言的温度，明白阿佛搜集词语的意义，还在语言实践中感受到时节之美。

三、顺势而写——突出绘本主旨，注重写法的迁移，引导审美表达

教师引导学生用声音再现绘本中画面与文字的交织、互动所构成的故事，在倾听中体会语言运用的特点，寻找表达空白点，引导创编，提升学生表达能力。

"图画书故事讲读的起点和终点、意义和趣味皆在于此——我们不仅要连缀和填充故事，更要发现故事和创造故事。"教师善于引导学生从绘本中汲取精神营养，获得生命的力量，并学会以故事为起点，发挥想象，进行审美表达，传递美的情感。

本书的五节绘本教学课例，选用的都是中国原创绘本。其中，有关于节日文化的，如，《清明节》《端午节》《中秋节》，通过学习，激发学生对传统节日的热爱之情；有关于节气文化的，如，《春山布谷》，引导学生了解节气特征、习俗等，从中感受二十四节气的魅力；有关于中式哲学的，如，《安的种子》，通过学习，引导学生明白遵循自然规律，静待花开的道理。

"绘本是运用文字和图画两种视觉媒介传达意义的、特殊的复合型文本。"我们践行"融·悦"教学理念，引领学生和着绘本图文合奏的美妙旋律，在阅读的晴空轻舞飞扬，这样的画面美妙动人。绘本资源丰富多彩，绘本阅读形式多样，教师有心在绘本阅读中培养学生的"图感"与"语感"，提升观察力与表达力。引领学生在绘本的世界与真善美相遇，在清浅的故事中，获得深刻的体验，从中感受生的欢乐，汲取生的力量。

春醒之时万物明——《清明节》构·悟·评

🅚 《清明节》教学构思

教学参考资源

目标设定：

1. **融情于读**：在追思中升华家国情怀，在诵读中传承中华优秀传统

文化。

2. 融思于写：了解清明节的来历，联系生活，读写结合，表达情思。

教学设想：

一、诵读诗词，赏析节气特点

（一）复习导入

1. 二十四节气诵读古诗词是我们的校本课程。现在，我们就跟随着二十四节气，行走在农历的天空下，重温经典古诗词。

2. 打节奏快读《二十四节气歌》。

3. 复习"立春、雨水、惊蛰、春分"节气诗词。

今年2月4日，立春牵手除夕，款款走来。齐读杜甫的《立春》。

2月19日，雨水邂逅元宵，草色一片朦胧。齐读韩愈的《早春呈水部张十八员外》。

3月6日，春雷响，惊蛰始，耕种从此起。齐读韦应物的《观田家》。

3月21日，春分日，元鸟至，我们郊游踏青。齐读白居易的《钱塘湖春行》。

4月5日，我们即将迎来春天的第五个节气——清明。（板书：节气）齐读杜牧的《清明》。

（二）品读《清明》

1. 读着这首诗，你看到了怎样的画面？

2. 创境朗读。

这首诗虽浅显易懂，却蕴含着生动的画面，丰富的情感，所以，它流传千古，家喻户晓，成为清明节的代表诗作——（齐读《清明》）

这首诗既有冒雨祭祖的忧伤与厚重，又有借问酒家的温暖与轻盈，意韵优美，意境深远。所以，一提起清明节，人们就会情不自禁地脱口而出——（齐读《清明》）

（三）飞花令"清明"

古风传千年，诗词话清明。接下来，我们以"清明"为主题词，玩个飞花令。

(四)赏节气习俗

1. 齐读清明诗词。读着这些诗词,你看到了怎样的画面?

  梨花风起正清明,游子寻春半出城。——宋·吴惟信《苏堤清明即事》

  清明时候雨初足,白花满山明似玉。——宋·喻良能《三月六日清明节道中》

  满眼游丝兼落絮,红杏开时,一霎清明雨。——宋·冯延巳《鹊踏枝·清明》

2. 清明时节,风和景明,繁花似锦,人们纷纷出门踏青游春。(板书:踏青)

除了踏青这一习俗,清明时节人们还会到郊外干什么?

3. 宋朝诗人晏殊曾这样描绘清明时节的春光烂漫,生机盎然。齐读《破阵子·春景》。

破阵子·春景
宋 晏殊

  燕子来时新社,梨花落后清明。池上碧苔三四点,叶底黄鹂一两声。日长飞絮轻。

  巧笑东邻女伴,采桑径里逢迎。疑怪昨宵春梦好,元是今朝斗草赢。笑从双脸生。

4. 在宋朝诗人欧阳修的笔下,清明时节的西湖满目繁华,游人如织。齐读《采桑子·清明上巳西湖好》。

采桑子·清明上巳西湖好

宋　欧阳修

清明上巳西湖好，满目繁华。争道谁家。绿柳朱轮走钿车。

游人日暮相将去，醒醉喧哗。路转堤斜。直到城头总是花。

5. 我们的先人就是这样浪漫地行走在农历的天空下，与大自然对话，用诗词诠释季节的味道。

二、借助绘本，品读节日来历

1. 清明，是二十四节气中一个特殊的节气。它既是节气，又是节日（板书）。清明节是怎么来的？答案就藏在绘本《清明节》中。快速浏览绘本，抓住时间、地点、人物、起因、经过、结果，试着用最简要的语言概括清明节的来历。

2. 绘本是图文的合奏。读绘本，就要图文对照着读，还要关注图画的细节。

3. 引读第18页对话。从重耳和介子推的对话中，你们听出了什么？

4. 十九年后，为了寻找隐居绵山的介子推，晋文公下令放火烧山。据说在烧焦的柳树旁，晋文公找到了一封血书。从这封血书中，你们又读懂了什么？

　　割肉奉君尽丹心，但愿主公常清明。柳下作鬼终不见，强似伴君作谏臣。倘若主公心有我，忆我之时常自省。臣在九泉心无愧，勤政清明复清明。

5. 历史上的晋文公果真勤政清明，励精图治，成为春秋五霸中第二位霸主，开创了晋国长达百年的霸业。

6. 第二年，晋文公又到山上祭奠介子推，他发现那棵烧焦的柳树复活了，就赐名为"清明柳"。望着复活的柳树，晋文公就像看见介子推一样亲切，他满怀敬重地走到树前折下一根柳枝，编了一个圈儿戴在头上。此后，戴柳圈、插柳枝就渐渐成为清明节的习俗。

7. 品读绘本，我们知道了清明节的来历源于一个人、一份情、一段历史故事。现在，请五个同学借助绘本插图接力讲故事。

8. 为了纪念介子推，晋文公设立了寒食节。一提起寒食节，我们就会想起一首诗。（生齐读《寒食》）

寒 食

唐 韩翃

春城无处不飞花，寒食东风御柳斜。

日暮汉宫传蜡烛，轻烟散入五侯家。

9. 因为寒食节就在清明节的前一两天，慢慢地，人们就把这两个节日合起来过了。（引读绘本）每到清明——人们就会带上冷食、果酒，去祭拜、怀念去世的祖先。清明节这天，除了祭拜去世的亲人，人们还会带上鲜花去烈士陵园扫墓，缅怀革命先烈。鲜花祭祖、文明扫墓是时代的新风尚，是对先人的一种缅怀。（板书：缅怀）

三、读写结合，缅怀先人恩情

1. 清明节，是缅怀先人的节日。此时此刻，老师想起了2017年逝世的祖籍福建的台湾诗人余光中，想起他的诗歌《春天，遂想起》。

（1）指名配乐读。

（2）春天，余光中先生想起了什么？

（3）采桑叶、捉蜻蜓是他儿时的快乐。江南的湖、江南的杏花春雨，承载着他浓浓的家国情怀。所以，一到春天，余光中先生就会触景生情，勾起无尽的乡思与乡愁。

2. 清明节，是缅怀先人的节日。一到清明节，我们就会自然而然地想起——（课件演示）爱国诗人屈原、革命烈士秋瑾、文坛巨匠鲁迅、助人为乐的雷锋、世纪老人冰心、著名作家林清玄。他们虽已逝去，但依然牢牢地记在我们心中，深深地影响着我们。

3. 在清明这样一个缅怀先人的节日里，你们又想起了哪位先人？他带给你怎样的影响？拿起笔写下你的心声吧。

四、和诗以歌，传承传统文化

1. 梳理板书。清明节，是二十四气中一个特殊的节气，人们沐浴春光，郊游踏青。清明节又是一个传统节日，人们祭祖扫墓，缅怀先人。（板画柳枝）

2. 一到清明节，我们就想起千年前杜牧那首脍炙人口的《清明》。齐读。

3. 我们还可以和诗以歌，传唱经典。播放歌曲《清明》。

4. 清明节，我们在追思中升华家国情怀，在诵读中传承传统文化。经典，留驻我们心间。

作业设计：

1. 悦读：读有关清明节的诗文。

2. 悦写：写一写过清明节的情景。

板书设计：

清 明 节

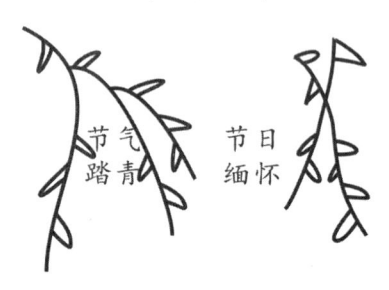

节气　　节日
踏青　　缅怀

（执教者：黄敏容　指导者：陈爱华）

诗书为媒，缘定清明——《清明节》教学感悟

我与清明节的浪漫邂逅，源于一段美丽的缘份。

一、缘起：在农历的天空下

我们学校致力于推动经典诵读，带领学生读童谣，读儿歌，读现代诗，读古典诗词。我们欣喜地发现，学生的眼睛亮起来了，精神丰盈起来了。可是，我总觉得我和孩子们一直游离在古典诗词之外，似乎就是为了背诵而背诵。

古典诗词和我们的生命有关吗？古典诗词能唤醒我们的灵魂吗？我们应该用怎样的方式来学习，才能和千年前的诗人们一同呼吸？我思索着，探寻着。此时，一个极具中国味的诵读课程走进我的视野，如一束穿透乌云的亮光，拔除我心中的迷茫。它就是常丽华编著的《在农历的天空下——二十四节气诵读古诗词》。常丽华老师以二十四节气为线索，带领学生走过春夏秋冬，穿越唐诗宋词，感受诗词的温度和气息，触摸诗词背后一个个伟大的灵魂。这是一个多么奇妙的课程，我怦然心动，萌生一份激情：我们也可以编写一个校本教材，带领学生亲近诗歌，亲近自然，用诗词诠释季节的味道。

二、缘聚：少年宫结对共建

你喜欢的，恰巧也是我喜欢的。当我们深情回眸的一刻，缘分就此注定。2018年12月，我们学校与长乐区教师进修学校以"经典诵读"为媒，结对共建乡村少年宫。在长乐区教师进修学校陈爱华副校长的指导下，我们以"二十四节气"为主线，开发校本课程《诗话节气——二十四节气诵读古诗词》，每个节气做到"一诗一词皆精彩，一字一曲总关情"，即一个节气读一首唐诗、一首宋词，确定一个"飞花令"主题词，唱一首歌曲。如：立春节气，我们诵读杜甫的《立春》、辛弃疾的《汉宫春·立春》，共玩"春"字飞花令，齐唱歌曲《春天在哪里》……漫步在农历的天空下，我们的生命正向着诗歌、向着大自然缓缓敞开。

三、缘定：飞花飘雨话清明

长乐区小学教师读书会要推选十节课例，我选择了《清明节》的教学。在爱校的指导下，我开始了不断修改教案、试教再试教的磨课历程。磨目标、磨教材、磨环节、磨细节，教学流程越磨越清晰，清明节所承载的文化内涵越磨越丰满，而我，也越磨越从容，越磨越有底气。终于，《清明节》一课犹如发酵的葡萄美酒，散发出它的幽香甘醇。学生披文入境，在追思中升华家国情怀，在诵读中传承传统文化，经典留驻学生的心间。

四、缘随：语文教的是底蕴

课已罢，情未了。在与爱校的一次次磨课中，我再次感悟到"语文课，教的是底蕴"。语文教师，只有腹有诗书，才能博观约取，对各种教学资源信手拈来；才能慧眼如炬，解读出"别人所未说、别人所未想、别人所未做"的深远意境；才能匠心独具，打造出一节节独属于你的原创课堂。

愿从此后，更加醉心阅读，做一个有文化底蕴的教师，不负韶华不负心，不负青春不负梦。

（福州市长乐区首占中心小学　黄敏容）

春醒之时万物明——《清明节》教学评析

早在2014年参加"整合教学资源，构建幸福课堂"课题研究时，敏容就积极地在语文教学中进行资源整合的尝试，正是有了自觉的资源整合意识，她的课总给人丰美有韵之感。尤其是2016年，她在课题结题活动中展示的《梅花魂》一课在资源的整合运用上颇有特色，课堂上音文相融、图文相映、动静相宜，呈现出和谐之美。更重要的是，这些年她有心带领教师们进行经典诵读校本课程的开发。正是因为有了这样的基础，她执教的《清明节》绘本阅读课，才给人留下难忘的印象。大容量、快节奏的教学让听课教师有了望尘莫及之叹。

团队成员黄玲玲说："清明时节听了一节《清明节》的教学，印象十分深刻。敏容老师的教学十分用心，那样的清明带着春天丰沛的雨水，带着春花浪漫的芬芳，还有儿童散学放纸鸢的快乐，直愣愣地扑进我的心房。我才关注到，原来清明节是二十四节气之一，它和气候有着密切的关系。这节课在我面前打开了一扇关于中国的二十四节气的大门。"这节课的教学，实现了"融"汇资源，"悦"享学习的目标。

基于"融·悦"教学理念，绘本《清明节》教学设计思路如下。

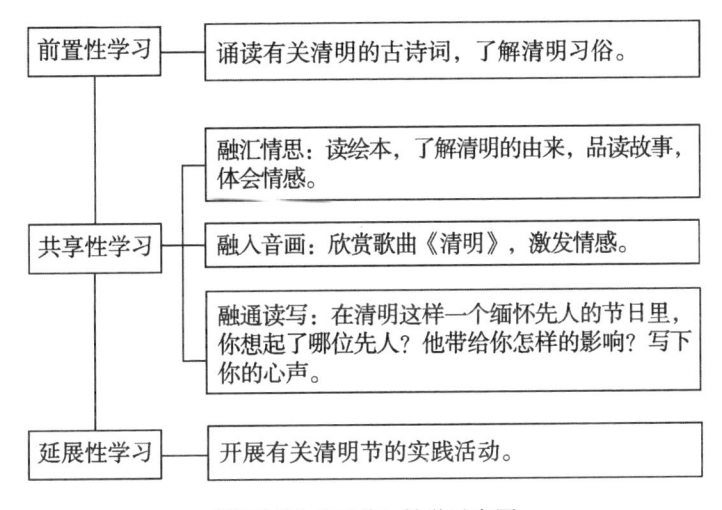

```
前置性学习 —— 诵读有关清明的古诗词，了解清明习俗。

共享性学习 ┬— 融汇情思：读绘本，了解清明的由来，品读故事，体会情感。
         ├— 融入音画：欣赏歌曲《清明》，激发情感。
         └— 融通读写：在清明这样一个缅怀先人的节日里，你想起了哪位先人？他带给你怎样的影响？写下你的心声。

延展性学习 —— 开展有关清明节的实践活动。
```

《清明节》"三融"教学示意图

一、踏花归来马蹄香——诗意在口中轻轻荡漾

二十四节气诵读古诗词是敏容和教师们一起开发的校本课程。教师们循着光阴的脚步，带着学生打开节气的画轴。课伊始，教师和学生一起重温经典古诗词，行走在农历的天空下，感悟时节之美。

师：今年2月4日，立春牵手除夕，款款走来。

（生齐读杜甫的《立春》）

师：2月19日，雨水邂逅元宵，草色一片朦胧。

（生齐读韩愈的《早春呈水部张十八员外》）

师：3月6日，春雷响，惊蛰始，耕种从此起。

（生齐读韦应物的《观田家》）

师：3月21日，春分日，元鸟至，我们郊行踏春。

（生齐读白居易的《钱塘湖春行》）

师：4月5日，我们即将迎来春天的第五个节气——清明。

（指名读杜牧的《清明》）

"春雨惊春清谷天"，沿着时间的脉络，教师带着学生从立春出发，一路

迤逦前行，定格于清明，春天的画卷在诵读中一一展开。经典诗词，从历史深处款款走来，走进学生心里，成为学生生命历程中不可或缺的精神营养。

记得2019年1月的经典诵读交流会上，我建议敏容在学校原有的基础上，编写校本教材《诗话节气——二十四节气诵读古诗词》，体现"一诗一词皆精彩，一字一曲总关情"的特点。没想到三个月后，借着《清明节》绘本教学，她和学生精彩地展示了诵读情况，实为语文教学的有心人。

二、才有梅花便不同——故事在脑中久久定格

有关清明的古诗词，人们耳熟能详的当数杜牧的《清明》。教师从已知入手，带着学生诵读《清明》，温故知新，琅琅书声中，课就这么自然而然地拉开了序幕。学生在诵读中想象全诗前抑后扬的两幅画面，从而感悟清明的厚重与轻盈。在读故事中，学生了解清明节的来历，以及清明节蕴含的深刻意义，饮水思源，缅怀先人。诗文融合，清明节的故事，在学生脑海中定格，明白了文化传承的意义。

在二十四节气中，清明既是节气又是节日，兼具自然与人文两大内涵。清明节是人们寄托哀思、缅怀先人的传统节日，又有着风清景明、游春踏青的美好。教师依托郑勤砚主编的《清明节》绘本，引导学生阅读"重耳和介子推"之间令人感动的故事，图文结合，读懂介子推"但愿主公常清明""勤政清明复清明"的一片丹心。学生在阅读中了解了"清明柳"的由来与清明节的习俗，读懂了晋文公的感恩、缅怀之情。教师引导学生以感恩之心诵读先人留下的有关清明的诗词，在唐诗宋词中聆听祖先的诉说，铭记先人恩德。

三、枝间时见子初成——感悟在笔下静静流淌

历史的天空星光灿烂，历史的舞台贤人辈出。教师引导学生在节日绘本阅读中，走近中国文化名人，感受他们的拳拳赤子心，深深中华情。在《清明节》教学中，教师链接余光中先生的诗歌《春天，遂想起》，引导学生明白那多湖的江南、杏花春雨的江南，正是诗人魂牵梦萦的故乡。江南的湖、江南的杏花春雨，承载着诗人深深的家国情怀。引导学生走近爱国诗人屈原、文坛巨匠鲁迅、世纪老人冰心、著名作家林清玄等，让学生在追思和缅怀中体会先人的情感。在此基础上，教师引导学生完成一个书写任务：在清明节

这样一个缅怀先人的节日里,你们想起了哪位先人?他带给你怎样的影响?以"清明,遂想起……"为开头写一写。以此引导学生在追思中升华情感。有的学生写下这样的话语:"清明,遂想起冰心奶奶。她让我懂得了爱,懂得了爱家人、爱陌生人,懂得了爱老人、爱小朋友,懂得了有了爱,世界才会更美好。"有的学生这样表达:"清明,遂想起屈原。屈原鞠躬尽瘁辅佐楚王,却遭人陷害,流放千里。当他得知楚国首都被秦军攻破后,怀石自沉于汨罗江,以身殉国。屈原是一位伟大的诗人,写下了许多爱国诗篇。屈原的爱国精神深深地感染着我,激励着我。"教师给学生搭建抒怀的平台,引导学生在清明节这个人们寄托哀思、缅怀先人的传统节日中表达思念之情。先人的嘉言懿行如润物的细雨化入学生内心,成为指引学生前行的精神灯塔。我们从字里行间看到了学生思想的拔节,精神的成长。记得《历史的天空》一歌中有这样一句歌词:"岁月啊,你带不走那一串串熟悉的姓名。"任时光匆匆,这些逝去的先人化作灿灿星光,照亮后人前行之路。

清明节,教师带着学生读故事、读诗文,在追思中升华家国情怀,在诵读中传承传统文化。有学生写下这样的感受:上完这节公开课,我知道了清明节既是一个节气,又是一个节日。清明节的来历,源于一个人、一份情、一段历史故事,是晋文公为了纪念介子推而设立的。清明节还是踏青节,每当清明来临时,人们都会到郊外去踏青寻春、放风筝、荡秋千……原来,清明节蕴含着如此丰富的文化内涵呀!正因为资源的融合运用,文学之光照亮学生的生命。

四、天光云影共徘徊——诗乐在心间袅袅回响

林清玄先生的《境明,千里皆明》中有这样一句话:"我也愿学习蝴蝶,一再地蜕变,一再的祝愿,既不思虑,也不彷徨;既不回顾,也不忧伤。"愿我们都能从迷茫中醒来,以一颗清明之心,撑篙划楫,进入传统文化的藕花深处,抵达语文教学的理想之境。

课末,师生齐唱歌曲《清明》,静静地听云菲菲唱的《清明》,课堂余音袅绕,传统文化留驻学生心间。

"撑一把油纸伞，打你身边走过，

一帘雨后，泄露了谁的羞涩。

路上行人，行色匆匆，洒一地寂寞，

雨纷纷，路长长，何不客栈停留片刻？

那一场杏花雨，为谁伤心飘落，

一壶山水，灌醉了我的沉默。

远处竹笛，隐隐约约，唱一曲牧歌。

风悠悠，醉醺醺，牧童又把黄昏错过。

谁又在清明把梦相托，

彻夜点一盏一盏烛火，忘了夜长梦多。

景色近四月，青涩了轮廓，

往事如昨，往事如昨，

把心情一遍遍涂抹。

……"

岁岁清明，缕缕思念，人间四月天，又是清明时。落花飞絮清明节。在这春天的节日里，师生们在诗词中追忆，在共读中缅怀，表达对先贤先烈的敬意。记得那天课后，我们以"清明，以诗文致敬"为主题进行经典诗文诵读，缅怀和追思就这样静静地跨过时间的鸿沟流淌着。从诗经的《国风·邶风·绿衣》到苏轼的《江城子》再到毛泽东的《蝶恋花·答李淑一》以及邓颖超怀念周总理的《海棠花祭》，读书会成员沉醉于诗词文化之中，以诵读遥寄一份思念。最后一曲《清明雨上》更是拨动了所有人的心弦，让人不由得泪眼模糊。

而今，2023年深秋，当我在键盘上重新梳理点评稿，不禁又百感交集。往事如昨，往事如昨……一节课，一首歌，无尽的情思在其中。

小舟轻驾向彼岸——《端午节》构·悟·评

《端午节》教学构思

教学参考资源

目标设定：

1. 融情于读：了解屈原生平经历，感受人物深厚的爱国情怀，拓展诵读《离骚》，感受屈原的文学成就及其矢志不渝的高洁情操。

2. 融思于写：知晓端午节习俗的来历，积累运用"路漫漫其修远兮，吾将上下而求索"这个名句。

教学设想：

一、直奔主题，走进端午

师：农历五月初五，端午节。每到这天，我们就会想到一个人——屈原。这节课，我们一起走进端午、走近屈原。

二、共读绘本，初识屈原

1. 关注文字，概述故事。

```
            《端午节》预习单
时间：_____
地点：_____
人物：_____
起因：_____
经过：_____
结果：_____
```

（课件出示预习单）

（1）交流、点评学生课前完成的《端午节》预习单。

（2）借助预习单，学生简要介绍绘本的故事内容。

247

2. 关注画面，明晰情节。

（1）教师示范，给绘本画面拟标题。

（2）学生为绘本画面拟标题，梳理故事情节。

秦楚之战　变法图强　惨遭陷害　两次流放　楚国灭亡　投江殉国

（3）借助绘本画面与标题，学生尝试简洁、流利地讲故事。

小结：阅读绘本除了读懂文字，还应关注画面，生动形象的画面有助于我们更好地读懂故事、厘清线索。

3. 关注链接，走近人物。

这本绘本有个特点，每一页都有个方块，相当于语文书上的"小泡泡"。阅读绘本，要关注方块内类似注释、旁白的文字，从中提取信息。

学生阅读各页方块内文字，进行交流。

（1）关注方块内文字一，知晓屈原生卒年及姓氏缘由。

（2）关注方块内文字二，结合课前阅读的《屈原传》，了解两次流放经历，感悟人物爱国情怀。

①提炼屈原的两次流放经历。

公元前305年，屈原力谏楚怀王反对联盟，被放逐到汉北。

公元前295年，屈原反对楚怀王入秦，被权贵记恨、诋毁，放逐到湘南。

②关注两次流放的时空跨度。

结合阅读《屈原传》第三章节，联系屈原生卒年，有这样一组数字跳入我们眼中。此时，你想说些什么？

学生围绕屈原的两次流放谈感受。

有这样两个画面浮现在我们眼前。你看到了什么，又想到了什么？

小结：年轻时意气风发、壮志激昂，如今白发苍苍、面容憔悴，面对二十四年的流离颠沛，屈原依然初心不改。

（3）关注方块内文字三，理解屈原不同时期的经典名句含义。

①创设语境，依次出示绘本方块内文字。

②师生、生生通过古今互文对读，理解诗句大意。

尽管惨遭陷害，尽管降职流放，屈原依然希望推行美政、报效国家。正如他在《离骚》中所说——

生读："亦余心之所善兮，虽九死其犹未悔。"——《离骚》

屈原长年流放在外，形容枯槁。当他在汨罗江边遇到一位渔夫问他："您怎么会落到这个地步呢？"屈原回答——

生读："举世皆浊我独清，众人皆醉我独醒，是以见放。"——《楚辞·渔父》

面对渔夫关切的询问，他这样说——

生读："世界上的人都是脏的，只有我一个人是干净的；所有的人都醉了，只有我一人是清醒的。因此我被放逐了。"

将文言文与今文对读，这么一读，理解文言文就轻松多了。就这样，国君昏庸、小人当道，国家逐渐走向衰亡。当屈原听闻楚国即将灭亡，长叹一声——

男生读："我知道死是不可避免的，我也不必再吝惜这残生。光明磊落的君子啊，你们是我的榜样！"

这就是屈原生平最后一首诗《怀沙》——

女生读："知死不可让，愿勿爱兮。明告君子，吾将以为类兮。"——《怀沙》

"人生自古谁无死，留取丹心照汗青。"屈原，结束了他悲壮的一生，以死明志——

全班齐读："知死不可让，愿勿爱兮。明告君子，吾将以为类兮。"——《怀沙》

小结：历史永远定格在这一刻，公元前278年农历五月初五，汨罗江畔，屈原身负重石，纵身投江，那般决然、义无反顾。

三、共吟诗文，品悟情怀

1. 了解作品，略知《楚辞》。

走近一位历史人物，走进一段历史故事。屈原，他的名字代代相传，不仅因为他的家国情怀，也因为他的浪漫诗篇，他开创了新的文学形式——

楚辞。

(1) 知晓屈原生平作品。

(2) 结合《屈原传》,了解作品《橘颂》。

屈原为进一步鼓励他的学生树立坚定的理想,提高自身优秀品质,由此创作了《橘颂》,他想通过歌颂橘树之美,给学生们树立个学习的榜样。

——《屈原传》P48

小结:屈原托物言志,借橘树表达自己坚贞不移、矢志不渝的高洁情操。也寄托着他对当时楚国贵族青年的希望,希望他们像这橘树一样,将来报效国家!

(3) 吟诵《离骚》,上下求索。

①学生齐读《离骚》节选。

屈原的作品,以《离骚》最具代表性,堪称"经典"。千百年来深深地震撼着人们的心灵,成为我国诗歌史乃至世界诗歌史上最为激动人心且具有"永久的魅力"的浪漫诗篇。

②欣赏歌曲。

古往今来,《离骚》一直为人们所喜爱,还被谱成乐曲传唱,让经典以这样的方式永流传。

学生欣赏、哼唱歌曲。

③交流讨论,理解人物情怀。

吟诵着诗文、欣赏了歌曲,《离骚》这一章节中哪一个诗句最能引起你的共鸣?

出示:路漫漫其修远兮,吾将上下而求索。

结合屈原一生中不同时期的经历,谈谈你对"路漫漫其修远兮,吾将上下而求索"的理解。

小结:不论何时,不论何境,屈原始终没有放弃对祖国的爱。这一诗句、这种情怀，正是他一生的追求、一生的真实写照。

四、以写咏情，表达心声

今天，当我们捧读《屈原传》《端午节》绘本，走近这位伟大的爱国诗人，吟咏、传唱《橘颂》《离骚》这些耳熟能详的诗句，我们的心中也一定有很多话想说。请你试着以这一名句为开头或结尾，结合阅读感受，联系学习、生活实际，写下自己的感悟。（课件出示）

"路漫漫其修远兮，吾将上下而求索。"_____	_____"路漫漫其修远兮，吾将上下而求索。"

小结：在写作中引用名言，将为文章增色不少。可以像这样，放在段首，也可以用在结尾，当然也可以巧妙地用在段中，也可以用作题记等。希望你们在今后的写作中，学会活用这些经典名句，让经典成为你笔下最精彩的点睛之笔。

五、知晓习俗，铭记伟人

1. 观察绘本画面，知晓端午习俗。

吃粽子、喝雄黄酒、划龙舟。

2. 学生齐读端午节童谣。

端午节，艳阳照，家家门上插艾蒿。

挂丝线，戴香包，娃娃乐得蹦又跳。

吃粽子，划龙船，纪念屈原永记牢。

五月五，是端午，用一个节日来纪念一个人，这在中国传统节日中并不多见。如今，这个节日，更是列入了联合国非物质文化遗产。

总结：端午将至，当街头巷尾即将飘来悠悠的粽香，当远处的江面即将传来震天的鼓声。走近——（生：一个节日，五月初五），认识——（生：一位伟人)吟诵他的——(生:浪漫诗篇),传承——(生:一种情怀,上下求索),相信历史的长河,这条龙舟将永远承载着家国情怀,上下求索、矢志不渝,如同他的浪漫诗篇、经典名句,代代传承,驶向属于华夏儿女独有的精神家园!

作业设计:

1. 悦读:诵读《橘颂》《离骚》,阅读《屈原传》,深刻体会屈原的家国情怀。

2. 悦写:写一篇《屈原传》读后感。

板书设计:

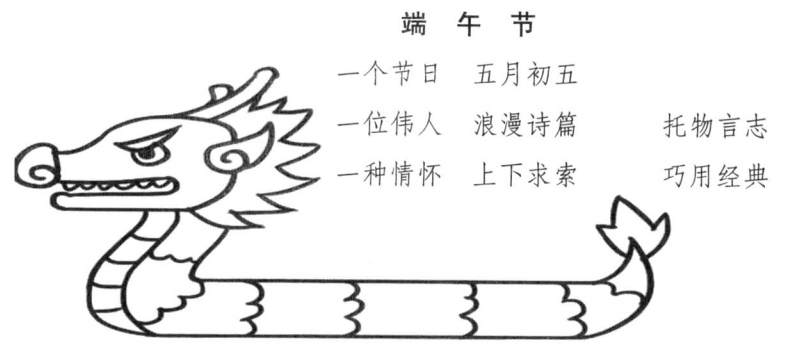

<pre>
           端 午 节
        一个节日   五月初五
        一位伟人   浪漫诗篇   托物言志
        一种情怀   上下求索   巧用经典
</pre>

(执教者:高香秀 指导者:陈爱华)

端午·求索——《端午节》教学感悟

"节分端午自谁言,万古传闻为屈原。"提及端午,自然会想到屈原,他的爱国情怀与浪漫诗篇。作为语文教师,我们如何引领学生亲近这些经典文化,传承民族精神?在爱校的指引下,我有幸踏上了"求索"之旅。

共读好书 同诵经典

经爱校推荐,我组织五年级学生开展《屈原传》整本书阅读活动。通过阅读,屈原的形象在学生心间日渐伟岸。从书中,学生初识了他的作品《九歌》《天问》《离骚》等。我带着学生尝试诵读经典:"后皇嘉树,橘徕服兮……"有阅读作铺垫,学生几乎是自学完成了对《橘颂》的理解,并当堂熟读成诵。对于《离骚》的吟诵，我在年段安排了大课，三两个班级学生集中一起，以赛激趣、以赛促读、促悟、促背。学生读得有滋有味、背得不亦乐乎，各班涌现出许多诵读小能手。我想，这就是经典的魅力！

情动课堂　弘扬文化

在阅读《屈原传》、绘本《端午节》，诵读《橘颂》《离骚》的基础上，我开启了《端午节》阅读交流课的磨课历程。爱校提出了课堂核心目标：盘活资源，品悟人物形象及高尚情操；活用经典，实现读写迁移；在传统文化中立德树人。

第一次试教，课堂提问散乱零碎，教学节奏拖沓。爱校细心指导我重新梳理教学环节，直奔阅读重点，教给阅读方法，提升学生语文素养。再次试教时，教学主线逐渐清晰，由探讨人物形象到了解文学成就，从中感悟其爱国情怀，学生的随堂练笔情动而辞发！

"如何让课、让人物立在学生心中？课堂少了碰撞心灵的深度对话。"欣喜之余，爱校的话如醍醐灌顶，引发我的第三轮磨课。在师父的点拨下，一组数字浮现眼前：屈原生于公元前340年，公元前278年投江殉国。60多年的人生中，流放时间长达28年！教学设想随之诞生：将人物一生经历提炼为一组数字、两个画面，由此感怀其为家国九死不悔、上下求索的情怀。随后的试教中，对于教学细节的斟酌与调整，师父一次次细心地提醒我，让我深感教学艺术之精妙！

终于，端午节的前五天，这节课与大家见面了！带着历史的回音，带着今人的虔诚，我与学生一同经历了这场传统文化的精神洗礼！

岁月不语　情怀依旧

课已罢，情未了。距离执教此课将近六年时光，那段难忘的备课经历，师生共读齐诵的时光，暗香涌动生长的课堂，依然如此鲜活地跳跃眼前。

当《义务教育语文课程标准（2022年版）》颁布，当"文化自信""文化认同""文化传承"这些呼吁铿锵有力地回响在我们耳边，我莞尔一笑：爱校,这些年,您带我们一路追寻的教育,有了印证。

(福建省长乐师范学校附属小学 高香秀)

小舟轻驾向彼岸——《端午节》教学评析

2024年9月10日,第40个教师节。这天,我收到了一张没有署名的贺卡,上面写着:难忘乡下人家的恬淡,追忆一曲离骚的衷肠。一朝沐杏雨,一生念师恩。祝您节日快乐!我知道这是香秀寄来的,字里行间藏着两节课,一节是曾获得福州市阅读教学比赛一等奖的《乡下人家》,一节是深受好评的《端午节》。《乡下人家》是香秀第一次参加福州比赛执教的课例;《端午节》一课,作为区"家国情怀"主题研讨课,融入了屈原的故事及《离骚》等经典,获得好评。

与香秀相识已经很多年了,她始终坚持在语文教学之路上下求索,初心不改,情怀不变。犹记得2015年,福建省级课题研讨活动中,和香秀一起走近《诗经·采薇》,去触摸"杨柳依依、雨雪霏霏"背后的情感。香秀精彩的演绎给听者留下了深刻的印象。当读书会讨论要展示一节端午节研讨课时,香秀主动领走这个任务。我认为,说到端午节,我们总会自然地想起屈原这位伟大的浪漫主义诗人;说到屈原,我们总会自然地想到《楚辞》这个伟大的作品,这样,无形中这节课的难度系数就大了。众所周知,《诗经》《楚辞》是中华文学的两座高峰,我们始终心存敬畏,香秀认为这样有难度的课她要挑战一番,是有着"明知山有虎,偏向虎山行"的勇气。为了点燃教师的探究之火,香秀自觉承担了《诗经》及《楚辞》有关篇章的教学展示。于是,因缘际会,中国诗歌史上两大高峰,她都试着去攀登。我们一起来琢磨《端午节》绘本的教学,希望孩子们在读诗词、读人物中,真正明白端午节承载的文化意义,传承家国情怀。

基于"融·悦"教学理念,绘本《端午节》教学设计思路如下。

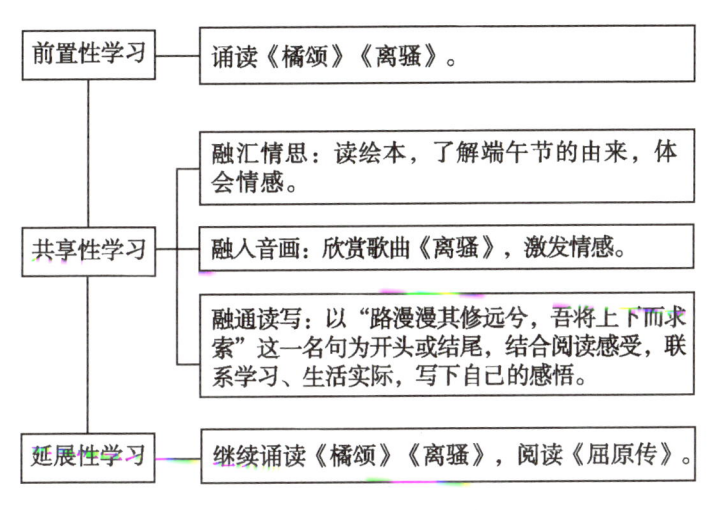

```
前置性学习 —— 诵读《橘颂》《离骚》。

共享性学习 ┬ 融汇情思：读绘本，了解端午节的由来，体
          │ 会情感。
          ├ 融入音画：欣赏歌曲《离骚》，激发情感。
          └ 融通读写：以"路漫漫其修远兮，吾将上下而求
            索"这一名句为开头或结尾，结合阅读感受，联
            系学习、生活实际，写下自己的感悟。

延展性学习 —— 继续诵读《橘颂》《离骚》，阅读《屈原传》。
```

《端午节》"三融"教学示意图

一、从绘本出发，走进一个传统节日

节日绘本有不少版本，不同版本的节日绘本对节日的由来等有不同的呈现方式，我们根据不同的节日选用不同的版本引导学生阅读，紧扣节日主题，厚植家国基因，促进学生幸福成长。我们选择了李丰绫创作的《端午节》绘本，引导学生走近屈原，感先贤之馨德。走进原创的中国节日绘本，传统节日这道"记忆长空中远远闪烁的星光"照亮了学生精神世界。

端午文化蕴藏着华夏民族"招屈子英魂、祈社会和谐、求国家安康"的美好心愿。端午节又称"诗人节"，教师引导学生诵读有关节日的诗词。如，文秀的《端午》、梅尧臣的《五月五日》、张耒的《和端午》等，以诗词致敬屈原。同时，引导学生走进屈原的作品《橘颂》，感悟屈原托物言志，借橘树表达自己"苏世独立，横而不流"的高洁情操以及对当时楚国贵族青年的希望。

教学中，教师从端午节这个节日导入，引导学生读绘本细节，关注节日习俗。学生在读绘本时，发现每一页图上都画有粽子。从细节中读懂绘本设计者的"别有用心"。吃粽子，是端午节特有的习俗，是为了纪念爱国诗人屈原，粽叶飘香，端午情深。课末，教师引导学生回归绘本，了解节日习俗的意义，明确端午节的文化内涵。图文结合，学生读懂了：屈原投江后，为了

让鱼儿不伤害他的身体，人们用芦苇叶包上蒸熟的糯米团投入江中；为了让毒虫不伤害屈原的身体，人们将一缸缸雄黄酒倒入江中；为了能找到屈原的遗体，人们划着小船在汨罗江上找了几天几夜。于是，端午节有了吃粽子、喝雄黄酒、划龙舟的习俗。此时，教师再带着学生读童谣：

  端午节，艳阳照，家家门上插艾蒿。
  挂丝线，戴香包，娃娃乐得蹦又跳。
  吃粽子，划龙船，纪念屈原永记牢。

这样，教学从绘本出发，又回到绘本，首尾呼应，让学生在读绘本中，对端午节这个传统节日的习俗与意义有了深刻的了解。教师以绘本为载体，让学生学会捕捉信息，寻觅端午节的精神文脉，感悟端午节的文化内涵。

二、从经典出发，走近一位伟大诗人

"节分端午自谁言，万古传闻为屈原。"吟诵专家徐健顺老师说："端午节的核心意义是血脉不断，斯文长存！"端午节的故事口口相传，端午节中蕴含的爱国精神也将代代相传。教师引导学生诵读有关节日的诗词，以诗词致敬屈原。这位伟大的诗人穿越两千年的迢遥时光，行吟泽畔的形象依然立于人们心中。学生从绘本的小方块中获得这样的信息：屈原在流放过程中，写下了《离骚》《天问》《九歌》等忧国忧民的长篇诗歌，开创了新的文学形式——楚辞。教师引导学生诵读经典名篇《离骚》，领悟屈原一心推行美政，为理想上下求索，九死不悔，正道直行的情怀。学生诵读着屈原这位伟大诗人的诗篇，将爱国主义精神根植于心。随着"亦余心之所善兮，虽九死其犹未悔""路漫漫其修远兮，吾将上下而求索"的诵读，学生经历了一次经典文化的精神洗礼。

1. 聚焦诵读，让教学有所依托

教师适时出示绘本中屈原的经典作品，以文白对读的形式，让学生走近经典，感受经典的魅力。

师：屈原长年流放在外，形容枯槁、面色憔悴，当他在汨罗江边遇到一位渔夫问他："您怎么会落到这个地步呢？"屈原这般回答——

女生齐读："举世皆浊我独清，众人皆醉我独醒，是以见放。"

师：面对渔夫关切的询问，他这样说——

男生齐读："世界上的人都是脏的，只有我一个人是干净的；所有的人都醉了，只有我一人是清醒的。因此我被放逐了。"

师：将文言文与现代文对照着读，这样，理解文言文就轻松多了。

师：国君昏庸、小人当道，国家逐渐走向衰亡。当屈原听闻楚国即将灭亡，长叹一声，道——

男生齐读："我知道死是不可避免的，我也不必再吝惜这残生。光明磊落的君子啊，你们是我的榜样！"

师：这就是屈原生平最后一首诗《怀沙》。

女生齐读："知死不可让，愿勿爱兮。明告君子，吾将以为类兮。"

师："人生自古谁无死，留取丹心照汗青。"屈原，结束他悲壮的一生，以死明志——

全班齐读："知死不可让，愿勿爱兮。明告君子，吾将以为类兮。"

师：历史永远定格在这一刻，公元前278年农历五月初五，汨罗江畔，一位老者身负重石，纵身投江，那般决然、义无反顾。

全班齐读："知死不可让，愿勿爱兮。明告君子，吾将以为类兮。"

教师巧妙地将绘本中的《渔父》《怀沙》等经典作品进行重组，引导学生在回环复沓的诵读中走近屈原，倾听他内心深沉的呐喊，感受他炽热的爱国深情。

2. 聚焦语用，让教学有所提升

在诵读感悟的基础上，教师引导学生以"路漫漫其修远兮，吾将上下而求索"这一名句作为开头或结尾，结合阅读感受，联系学习、生活实际，写下自己的感悟。学生纷纷表示，要将这一经典名句作为人生座右铭，向着明亮那方前行。有的学生这样表达感悟："想到屈原从小立志为国，坚贞不移、百折不挠，一生都初心未改。我要朝着自己的目标坚定地走下去，心中一次次告诫自己：'路漫漫其修远兮，吾将上下而求索。'"

入乎其内，出乎其外。教师不仅引导学生积累经典，还通过语言的运用，引导学生将屈原的爱国精神化入内心，成为指引前行的精神灯塔。"浩然正气，流芳千古；佳节永志，屈子风骨。"端午节的意义在于弘扬人文精神，屈原虽已逝去，但他那上下求索的精神却化作一种民族的文化因子，融入学生的血液。他的爱国情怀也镌刻在学生心中，成为难以磨灭的中国记忆。

三、从传记出发，传承一种家国情怀

教师关注绘本文字，引导学生概述故事，紧扣故事六要素——时间、地点、人物、起因、经过、结果，将故事脉络厘清。关注绘本画面，引导学生拟小标题，以"秦楚之战—变法图强—惨遭陷害—两次流放—楚国灭亡—投江殉国"为主线讲述故事，自然地将《屈原传》的章节引入绘本阅读，引导学生读懂屈原的家国情怀。

结合《屈原传》第三章节，学生了解了屈原的两次流放，屈原一生有20多年的时间，被流放在外。即使被流放，他心里仍牵挂着楚国；尽管惨遭陷害，他依然希望推行美政、报效国家。

结合《屈原传》第48页的语句"屈原为进一步鼓励他的学生树立坚定的理想，提高自身优秀品质，由此创作了《橘颂》，他想通过歌颂橘树之美，给学生们树立个学习的榜样"，让学生读懂屈原托物言志，借橘树表达自己矢志不渝的高洁情操，也寄托着他对当时楚国贵族青年的希望，希望他们像这橘树一样将来报效国家。教师巧妙地链接有关内容，让学生对屈原创作《橘颂》的意图有了深刻的认识。在教师的引领下，学生不仅了解了端午节的由来，更读懂了屈原忧国忧民之心。

课末，教师简笔勾勒了一艘龙舟，配以这样的结语：这节课，我们一起走进一个节日——端午节，认识一位伟大的诗人——屈原，吟诵他的浪漫诗篇，传承他的爱国情怀。相信历史的长河，这条龙舟将永远承载着他的家国情怀，上下求索、矢志不渝，如同他的浪漫诗篇、经典名句，代代传承，驶向属于华夏儿女独有的精神家园！

教学至此，水到渠成，教师对本课的学习脉络进行了梳理：走进一个节日，了解一位诗人，感悟一种情怀。龙舟的简笔画画龙点睛，寄寓着希望：家国情怀，代代相传。

杨雨教授说："屈原已经逝去，但作为中华民族之魂，他依然流淌在我们的血液里，长存在我们的记忆里。"求索精神是屈原思想的主体，也是中华民族赖以生存和发展的精神支柱，我们的责任是引导学生赓续中华精神，让"心正而后身修，身修而后家齐，家齐而后国治"的家国情怀深植心间。

课后，我们从学生的学习感言中，了解到这节课带给学生的影响。一位学生写下了这样的真实经历：上完课后，我被老师指名留下背诵《离骚》。当所有同学离开后，我站在台上，面对台上台下的老师，我变得紧张，我深吸一口气，让自己镇定下来！缓缓地背着《离骚》，我一句一句地背着，很快，老师指定的章节就一字不落地背了下来。我感到不可思议，我居然能背下来，还背得这么流利，太不可思议了！老师带我们走进了端午节，走进了屈原的内心世界，体会他"举世皆浊我独清，众人皆醉我独醒"的思想，传承他"路漫漫其修远兮，吾将上下而求索"的精神，这种精神将一直激励着我！

可爱的孩子，让我忍不住在评课现场和她合了影。但愿她从此真正爱上经典，在传统文化的滋养下，成为有诗意有情怀的人。

余光中先生说："屈原伟大的作品和情操，是我们的文化胎记，不可磨灭。"他写的《漂给屈原》中有这样的诗句：

　　有水的地方就有人想家/有岸的地方楚歌就四起/你就在歌里，风里，水里。

是的，屈原的精神在诗里，在歌里，在师生的心里。汨罗有幸纳忠魂，斯人已逝，千百年来，端午之舟承载着屈原那矢志不渝、上下求索的爱国情怀流淌在历史的长河。

"愿你带着乡下人家的诗情画意与千古离骚的深情歌吟飞得更高，抵达理想之境。"这是我回复香秀的微信，是我对她的祝愿。也祝愿我们，一群志同道合的小语追梦人一起携求索之心，觅教学之道，以阅读为舟，将学生渡向美好的彼岸。

月在青天月在心——《中秋节》构·悟·评

《中秋节》教学构思

目标设定：

1. 融情于读：知道圆月意象的意蕴，在读中体会中秋节的美好，自觉传承节日文化。

2. 融思于写：了解中秋节的由来、习俗，在语言文字运用中表达心中所愿。

教学设想：

一、望月忆词，揭示课题

1.（课件出示"圆月"），指名交流关于"月"的四字词语。

2. 学生打节奏快读日常所积累的关于"月"的四字词语。

3. 由"花好月圆"引入传统节日并板书"中秋节"。

二、细读封面，概述内容

1. 细读绘本封面，认识绘本主要人物，交流绘本中所讲述的关于中秋节的内容。

2. 板书：由来、习俗、歌谣、传说。

3. 小结：通过自读，读懂这本书，并用几个关键词概括这本书的主要内容。

三、图文对照，走进中秋

1. 指名交流绘本中关于中秋节由来的相关语句，指导朗读。

2. 指名交流中秋节习俗。

3. 吃月饼是中秋节特有的习俗。默读绘本 P10～11，了解月饼的制作过程。

(1)课堂练习：月饼制作过程的排序。

(2)指名交流：用自己的话说一说月饼是怎么做出来的。

4. 课件出示绘本 P12 的歌谣《月姐姐》，自由读、带节奏读。

5. （课件出示电话铃声）口语交际：月儿打电话（师生合作扮演妈妈与月儿）的形式表演绘本 P14、P15 的内容。

6. 讲故事 PK，学生分别讲述《玉兔捣药》《吴刚伐桂》《后羿射日》的故事。生生互评。友情提醒：学生上台讲故事的时候，评委们要认真听。

7. 诵读文言文《姮娥奔月》，引导学生阅读绘本《嫦娥奔月》，享受不一样的文本的阅读滋味。

8. 课件出示古诗李商隐的《嫦娥》，诵读。

四、链接拓展，明月寄情

1. 指导朗读绘本 P28～29 内容，（课件呈现绘本的环衬月夜图和最后一页月儿的爸爸妈妈图）感受今人望月思念之情。

2. 天上月圆，地上人圆，诗人张九龄望月思友人。（课件出示《望月怀远》）学生配乐读。

3. 中秋的这一轮明月，也让伟大词人苏东坡感慨万千，（课件出示苏东坡图片和苏教版四年级语文上册课文《但愿人长久》），师生合作读。

4. 学生感受苏轼和苏辙兄弟俩七年未见的深挚情感，欲见不能的无奈化作"但愿人长久，千里共婵娟"。（出示完整版《水调歌头》）指名读。

5. 但愿人长久，千里共婵娟。苏轼对月抒怀，望月当歌。（课件播放音乐版《水调歌头》）

五、课堂练笔，望月许愿

（课件出示课堂练笔）请用上四字词或古诗词描述自己望月许下的愿。

1. 望着天上这轮圆月，我许下了愿望：＿＿＿＿＿＿　＿＿＿＿＿＿

2. 如果你有很多个愿望想说，也可以学着白居易这样说：（课件出示：《赠梦得》）

3. 把你的愿望诉于那轮明月吧！学生练写。

4. 月到中秋分外明，且把愿望遥相寄。展示、评议。

六、品味佳节，传承文化

1. （课件出示绘本封面）今月曾经照古人，古人也曾望今月。在中秋节来临之际，让我们许下一个共同的心愿：但愿人长久，千里共婵娟。

2. 这节课，我们走进了绘本《中秋节》，知道了中秋节的由来、习俗，跟着月儿唱起歌谣，讲述了关于月亮的传说故事，还诵读了关于中秋节的诗词。（板书：诗词）

3. 中秋的月是最亮的，中秋的月是多情的。中秋，赏月、吃月饼、吃团圆饭，这轮思乡的月、象征着团圆的中秋月，早已深深镌刻在每个中华儿女的心里，成了难以磨灭的中国记忆。碧空如洗，圆月似盘，我们由衷祈愿：但愿人长久，千里共婵娟。

作业设计：

1. 悦读：读有关中秋节的诗文。

2. 悦写：写一写过中秋节的情景。

板书设计：

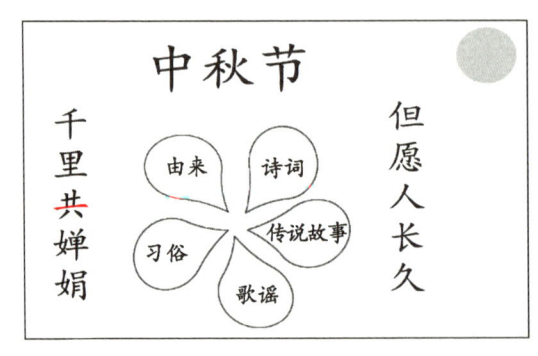

（执教者：林钟钦　　指导者：陈爱华）

溯中秋佳话　寻中国记忆——《中秋节》教学感悟

中秋之夜，那轮皎洁的明月，静静地悬挂在夜空中，牵动着每一个游子的乡愁，每一份深深的思念，那份难舍的情缘在时光的长河中愈发醇厚。年复一年，中秋的圆月诉说着一个不变的主题——团圆。如何在这佳节中，将那份情深意切演绎得淋漓尽致，对我而言是一场美丽的挑战。

在寻找教学素材的过程中，焦虑与期待交织。我渴望找到一本能够触动我心灵，又能够完美契合中秋节主题的绘本。爱校推荐了王早早版的绘本《中秋节》，如及时雨般出现在我的视线中。那封面上的"中国记忆"四个字，宛如一缕春风，吹散了心头的迷雾。我瞬间被那浓浓的中国风所吸引，书未读，心已醉。

得益于便捷的网络，我在极短的时间内与这本书相遇。每晚，我都会在固定的时间捧起这本书，细细品读其中的每一个故事，每一个细节。翻开书页，我被留守儿童——月儿的故事吸引。金秋时节，外公带月儿收果子，温馨的家庭画面跃然纸上。外公讲中秋由来，外婆制月饼、教歌谣，展现传统文化魅力。中秋夜，外公讲述月亮传说，丰富孩子知识，激发对文化的热爱之情。

面对这本充满魅力的绘本，我陷入了深深的思考。如何将其中的精髓传递给学生？如何让他们在阅读中感受到中秋的传统文化？我反复思量，有点茫茫然，不知如何处理，似乎都抓不住重点。在爱校的悉心指导下，我的教学思路逐渐清晰明朗。依托王早早的绘本《中秋节》，扣住"但愿人长久，千里共婵娟"，带领学生看图读文，望月怀远，走近中秋节；解析封面，激发学生阅读绘本的兴趣；复述传说，让学生在故事中领悟团圆的真谛。

在精心磨课的过程中，我悉心雕琢着教学的每一个细节。从含"月"的四字词语巧妙导入，带领学生感受中秋的韵味，到细致解读封面、通过图文对照揭示绘本的深层内涵，再到通过拓展阅读拓宽学生视野，以创意写话激发学生情感，我力求每一个细节都完美呈现。课件设计也愈发精致动人。特别值得一提的是，在挑选《水调歌头》音乐视频时，龙峰老师的建议让我找到了完美的诠释，为课堂增添了浓厚的艺术氛围，让中秋的诗意与情感在课堂上流淌。

但愿人长久，千里共婵娟。虽说中秋已过，但那份团圆的美好依然留在我们心中。我们依然举杯向月，与吴刚对饮，与嫦娥共舞，享受着这份难得的幸福。在回忆中，我们静守着中秋月夜的明朗，感悟着人生的美丽，珍惜着亲情的温暖。让我们将这份美好珍藏在心底，继续前行在语文教学的道路上，采撷一路芬芳。

（福州市长乐区实验小学　林钟钦）

月在青天月在心——《中秋节》教学评析

这些年，钟钦的变化与成长有目共睹。我想，这跟她的好学是分不开的。学舞蹈、学书法、学诵读……她一直处于学习状态，"学而不厌，诲人不倦"。钟钦给我的印象总是那么果断、利索，每有任务，二话不说，爽快接受又能快速完成。为了能在中秋节前上好这节展示课，8月初，她就开始研读绘本、找感觉、理思路，在微信中交流了自己的困惑。我说，有自己的思考总是好的。我提出了一些建议，她总是回复"马上改"，这是个有执行力的教师。

中秋佳节，指导学生读儿童文学作家王早早创作的《中国记忆·传统节日》之《千里共婵娟·中秋节》，突出月圆人圆的主题。绘本中生动的故事、中国风画面以及穿插其中的诗词、谚语等自然地唤起学生心灵深处对中国传统文化的热爱之情。伴随着绘本的阅读，节日中那些颇具特色的中国元素，也将镌刻在学生心里，成为难以磨灭的中国记忆。

对于王早早创作的这本《中秋节》绘本的教学，钟钦没有忘记自己作为语文教师的使命，她以绘本为载体，引导学生说故事、读诗词、写祝语，自然达成听说读写的目标。

基于"融·悦"教学理念，绘本《中秋节》教学设计思路如下。

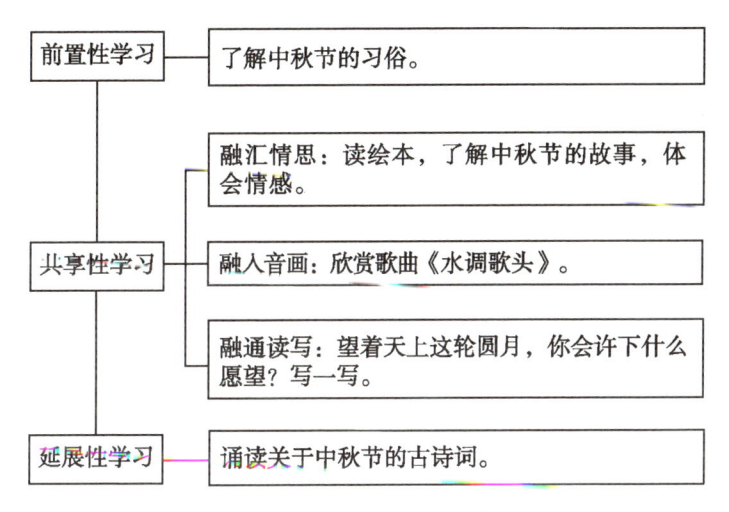

```
前置性学习 —— 了解中秋节的习俗。

共享性学习 ┬── 融汇情思：读绘本，了解中秋节的故事，体会情感。
         ├── 融入音画：欣赏歌曲《水调歌头》。
         └── 融通读写：望着天上这轮圆月，你会许下什么愿望？写一写。

延展性学习 —— 诵读关于中秋节的古诗词。
```

《中秋节》"三融"教学示意图

一、关注中秋传说，引导学生绘声绘色讲故事

爱听故事，喜欢活动，这是小学生的天性，教师顺应学生这一特点，聚焦绘本中有关中秋节的传说故事，如《玉兔捣药》《嫦娥奔月》《吴刚伐桂》等，让学生在故事情境中学习，身心舒展，情趣盎然。教师为学生搭建了一个"月亮传说故事 PK 赛"的舞台，公布了比赛规则：声音响亮，一颗星；表情自然，两颗星；语言生动，三颗星。台上，学生大胆地想象，生动地讲述；台下，学生安静地聆听，积极地评价。在"讲—听—评"过程中，培养了学生倾听、表达、思考的能力。学生精彩的展示，给听者留下深刻的印象。

这样的教学，我觉得真正用好了绘本这个教学资源。王早早创作的这套《中国记忆 传统节日》图画书，特点是以故事为主线，进行传统文化的渗透。教师引导学生在讲故事、听故事的情境中学习，不仅让学生的能力得到锻炼，还让学生在美丽的传说中，感受到中华传统文化的魅力。

二、关注明月意象，引导学生有滋有味读诗词

八月十五，皓月当空，清辉朗照。在这月圆之夜，人们祭月、赏月、吃月饼，对亲人的思念以及祈盼丰收、幸福之情都寄托于这一轮明月之中。课始，教师紧扣这一轮亘古皎洁的圆月意象，引导学生积累含"月"的四字词语，自然地进入一个美好的意境。教师出示词语，学生有节奏地读：

月上柳梢　　圆月当空　　明月高悬　　风清月白

月满西楼　　皓月千里　　望月怀远　　花好月圆

月到中秋分外明。读到"花好月圆"时，我们会自然地想到一个传统节日——中秋节。教师从已知入手，调动学生知识储备，一则复习积累词语，二则由明月自然过渡到中秋的话题。

中秋节承载着深沉的血脉亲情和厚重的家国情怀，寄托着团圆的心理祈盼。在依托绘本进行节日溯源，了解中秋节的由来、习俗之后，教师引导学生进行文化追寻，读中秋节诗词，读懂中华民族独特的月亮文化。季羡林先生说："人人的故乡都有个月亮。人人都爱自己的故乡的月亮。"一轮皎洁的中秋月，牵动无数中华儿女的心，唤起游子心中浓浓的乡愁，那是一种家国情愫，更是一种文化表达，传达的是一种文化认同、一种文化归属。

天上月圆，地上人圆。诗人张九龄看着海上升起的这轮明月，想起了远在天涯海角的友人。在《平湖秋月》的优美旋律中，教师带着学生诵读《望月怀远》。从"海上生明月，天涯共此时"感受"细腻深微的情致"和"清新高远的格调"。再出示苏教版四年级语文上册课文《但愿人长久》，引导学生在读中体会苏轼和苏辙的兄弟情深，体会中秋夜，苏轼对七年未见的弟弟的思念之情。带学生诵读千古名篇《水调歌头》，再跟着音乐版《水调歌头》，轻轻唱和，课堂上一种因月而起的深情如水漾开去，余音袅袅。

"海上生明月，天涯共此时""但愿人长久，千里共婵娟"。从古到今，文人墨客以月寄情，以月托物，以月言志，写下许多经典诗词。教师带领学生们穿越时空，读懂中秋明月中所寄寓的家国情。明月耀天心，真情满人间。苏轼的千古咏月名作《水调歌头》，更是拨动了亲人在国外、省外的孩子们的情感之弦。

三、关注语言范例，引导学生诚心诚意写祝语

中秋节有赏月、吃月饼、望月许愿的习俗。"但愿人长久，千里共婵娟"，这是苏轼的心愿。那么，在这花好月圆之夜，学生又有怎样的情感要表达呢？教师为学生搭建了一个倾诉的平台。以"望着天上这轮圆月，我许下了愿望：_____。"写一写心声，给学生一个情感的出口。教师带学生读白居易的

《赠梦得》:"为我尽一杯,与君发三愿。一愿世清平,二愿身强健。三愿临老头,数与君相见。"仿照诗句进行表达。于是,在教师营造的天清如水、月明如镜的意境中,在诗句的启发下,学生写下了自己的美好心愿。有的学生这样表达:"望着天上这轮圆月,我许下了愿望:一愿国家强盛,二愿身体健康,三愿为国效力。"有的学生这样倾诉:"望着天上这轮圆月,我许下三愿:一愿世间多清福,二愿亲人身体健,三愿自己学业成,为国作贡献。"家国两相依,学生的心中有国有家,家国情怀的种子已悄然植于心中。中秋的月是皎洁的,中秋的月是多情的。这轮象征着团圆的中秋月,成了孩子们心中难以磨灭的中国记忆。夜空中一轮圆月似玉盘,我们由衷祈愿:但愿人长久,千里共婵娟。

课末,教师再次将学生的目光引向绘本封面,点明读《中秋节》绘本的意义,"唤起心灵深处对中国传统文化的热爱并长存记忆之中"。

林凤读出了这一教学环节的深意,并作了诗意解读:课临近尾声,教学在回到绘本封面"中国记忆"时戛然而止,留下满室的清辉和暖暖的文化印记,引发我们内心深处的共鸣。"但愿人长久,千里共婵娟。"诗句穿越千年,照亮古人的殷殷期盼,也照亮今人的切切思念。在这样的共读中,我们会发现,传统文化的根一直都在我们中华儿女的心里,正如,那一轮圆月亘古皎洁地住在夜空。

课后,有学生写了这样的听课感受:一节课,短短四十分钟的时间,却让我懂得了许多。这短暂的时间里,我也着实被中秋文化所吸引。它就像一颗璀璨的明珠,闪烁着光芒;就像一壶酒,越悠久就越醇香……相信,中秋文化将被人们铭记于心,将会代代相传!

"隔千里兮共明月",这一轮中秋明月在执教者的心中,在听课者的心中,在所有华夏儿女的心中,成为难以磨灭的中国记忆。

阅读中秋绘本,了解中秋习俗,诵读中秋诗词,传承中秋文化,这正是我们的初心。"月有阴晴圆缺,人有悲欢离合。"且忘却烦忧,拥抱美好,正如明朝徐有贞所言:"阴晴圆缺都休说,且喜人间好时节。好时节,愿得年年,常见中秋月。"

267

喜欢林清玄先生《天心月圆》中的一席话：心中有月亮的人，就是觉醒了自我的光明、平等、温柔、圆满的本质，这本质一旦觉醒则永不消失，在禅宗是为"开悟"！也就是"有明月之心"。一轮圆月在天上，也在我们的心中，我们共一轮语文的明月，让清辉洒满心间，情韵袅袅，摇曳生姿。

布谷声中时节美——《春山布谷》构·悟·评

《春山布谷》教学构思

目标设定：

1. 融情于读：读绘本，了解谷雨节气的特点和习俗，感受节气之美。
2. 融思于写：结合绘本内容，运用五觉法，写一首关于谷雨的小诗。

教学设想：

一、谈话导入，走近绘本

1. 节气导入。

师：时光流转，草木荣枯。花、鸟、虫等在不同节气应时赴约。今天，我们来读一个绘本，赴一场和节气有关的春山之约。

2. 读封面。

（1）读题目。观察封面，从文字部分你了解到哪些信息？

（2）知作者。绘本是图文协奏曲，它有两个作者。文字作者是——吴烜，图画作者是——郭淑玲。

（3）读画面。

师：绘本的封面和封底可以连成一幅画，从图上你又获取了什么信息？布谷鸟声声叫唤，谷雨时节来临。

3. 介绍谷雨节气。

谷雨，一个散发着清香的名字，是春天的最后一个节气。

二、品读绘本，感知节气之美

（一）读绘本，知内容

师：这个绘本讲了哪些和节气有关的故事？让我们跟随着布谷鸟的叫声一起走进绘本。开火车读，边听边思考文中写了什么？

1. 共读绘本。

（1）猜读。

妈妈去哪儿了？

妈妈在麦田里做什么呢？

（2）梳理内容。

师：读到这，说说绘本写了什么？

学生交流：挖荠菜、摘香椿、布谷鸣。

2. 自读绘本。

师：绘本还讲了什么呢？默读绘本余下的部分，边读边思考，绘本写了什么内容？

（1）学生交流：浮萍生、采桑葚、戴胜叫。

（2）梳理谷雨的物候、习俗。

（二）读画面，欣赏美

过渡：绘本既有文字又有画面。梳理完文字部分，我们来欣赏图画部分，思考哪一幅图给你留下的印象最深？

1. 学生交流。

过渡：多么美丽的春山，多么有趣的物候现象，多么有意思的习俗。如果用上"五觉法"阅读绘本，画面会变得更丰富。

2. 学习谷雨二候。

（1）读布谷鸟鸣图。

师：谷雨二候——鸣鸠拂其羽。如果用五觉法读图，可以怎么说呢？看老师是怎么说的。

出示：四月，麦苗长得很高，布谷鸟"扑棱"一下飞起，叫声在田野上回荡。（教师从什么角度写的？）（板书：视觉、听觉）

学生练说，教师相机指导。

四月，春山_____，布谷鸟_____。

（2）布谷鸟寓意。

师：布谷鸟声声鸣叫，告诉我们什么呢？请大家默读绘本。

①布谷催耕，告诉我们，要抓紧时间插秧播种，这样，秋天就会收获很多粮食。

②链接古诗。

布谷布谷，插秧种谷。布谷催耕，古诗中这样写道，读——

布谷飞飞劝早耕，春锄扑扑趁春晴。——清·姚鼐《山行》

③师：除了布谷催耕，妈妈还告诉我，谷雨节气有什么特点？

这几天都会下雨。俗话说，雨生百谷。地里的麦苗喝了水，就开始抽穗了。

师：除了布谷鸟，文中还介绍了什么鸟？——戴胜鸟

3. 学习谷雨三候。

①从图上看到了什么？

②交流戴胜鸟的知识。

③出示戴胜鸟图，它对应的是谷雨三候中的第三候——戴胜降于桑。

4. 创境朗读。

师：谷雨来了，布谷鸟、戴胜鸟在每年的这个时候应时赴约。它们用自然语言提醒人们，女生读——

妈妈笑着说："布谷鸟飞回来，就是告诉我们，要抓紧时间插秧播种，这样，秋天就会收获很多很多粮食。"

男生读——

爸爸说："那是戴胜鸟，你看它头顶上的羽冠多美！谷雨时节，它就飞到桑树上来，提醒我们要采桑养蚕了。"

小结：二十四节气与农业活动息息相关，这些物候现象就是自然时钟，准时提醒人们时节的变化。除了动物应时赴约，谷雨还有一个物候现象是——萍始生。

5. 学习谷雨一候。

师：观察这幅图，你看到了什么？运用"五觉法"来说一说。

谷雨时节，春山绿绿的，倒映在＿＿＿＿＿＿，浮萍＿＿＿＿。（视觉）

谷雨时节，风从春山路过，我听到河水＿＿＿＿，老牛＿＿＿＿。（听觉）

谷雨时节，阳光＿＿＿＿，双手拨开浮萍＿＿＿＿＿＿＿＿＿＿。（触觉）

谷雨时节，＿＿＿＿＿＿＿＿＿＿＿＿＿＿＿＿＿＿＿＿＿＿＿＿＿。

6. 小结：谷雨时节，春天无边无际地伸展。从视觉、听觉、触觉不同角度阅读绘本，春山竟如此美丽。

7. 梳理写法。

师：这就是谷雨三候——一候萍始生；二候鸣鸠拂其羽；三候戴胜降于桑。

师：学到这，说说作者的写作秘密是什么？

小结写法：把自然中观察到的物候现象融入文中，这是作者创作绘本的秘密。

（1）师：除了物候，还写了什么呢？

挖荠菜、摘香椿、采桑葚。

（2）（课件出示炒香椿鸡蛋的画面）说说你看到了什么？

师：随着热气飘出，你还闻到怎样的香味？

师：你们看，香椿鸡蛋的香味像袅袅的雾飘向我们。

原来，嗅觉、味觉描写，不仅可尝，还可观可感。

（3）除了书中写道的习俗，你还知道哪些谷雨习俗？

赏牡丹、祭仓颉、喝谷雨茶等。

8. 赏美文。

师：二十四节气就是这么神奇！也许千年前这一天，人们就坐在一个亭子里喝着谷雨茶，欣赏着盛开的牡丹花，聊着仓颉造字的故事。千年后，节气依然在我们的生活中。老师和同伴们在清明谷雨时节也去赏牡丹了。有位老师还把欣赏牡丹的活动写成了文章。

师：学到这，你发现作者第二个写作秘密是什么？

作者就是这样把观察到的物候现象、经历过的习俗活动，融入绘本，再运用"五觉法"创作这本《春山布谷》。

三、调动五官，抒写节气之美

1. 师：老师阅读了《春山布谷》这个故事，把它改编成了一首小诗。

谷　　雨

四月的谷雨散发着清香，
布谷声声催人忙，
清清的河水铺上了浮萍，
唱着歌儿奔向青山，
远处的水田　近处的草地，
绿色无边无际地伸长，
迷人的香椿　美味的荠菜，
香气像流动的雾将我围绕。
最后的春天，我无比留恋。

2. 梳理方法。

师：老师用了什么方法把《春山布谷》写成一首小诗？

3. 学生练笔。

师：你们也来试试用文字描绘书中的景象，可以把谷雨节气看到的风景、经历过的习俗写进去。

4. 教师点评。

四、深读绘本，感受节气含义

过渡：鸣鸠语芜声相应，又是人间一度春。我们跟随着布谷鸟望见了四月的春山，布谷鸟鸣预示春雨来临，告诉我们要快快耕种，还代表着什么呢？请同学们读一读。

出示：这时，又有一只布谷鸟飞来，叫着："布谷布谷，快快种谷。"妈妈说："布谷鸟一叫，春天就要离开，炎热的夏天就要到了。"

我喜欢春天，不想春天离我而去。

爸爸握着我的手，安慰说："春去春会来，孩子，那时你又长大一岁，又会懂很多事了。"

远处郁郁葱葱的青山，似乎也在盼望着春天再次来临。

师：读完这些文字，你有什么体会？

师：布谷声中夏日新。谷雨是春天的最后一个节气，谷雨的结束意味着春天结束，夏天要来了。但是，春去春会来，花谢花会开，所以，倘若有一天，你听到春天最后一声布谷鸟鸣，你不必悲伤也无须感慨，因为——

燕子去了，有再来的时候；杨柳枯了，有再青的时候；桃花谢了，有再开的时候。
———朱自清《匆匆》

五、教师小结，相约节气

（播放《上春山》音乐）

师：花开花落自有时，春去春来自轮回。我们在布谷鸟声中，赴一场春山之约，欣赏天美景。来年谷雨，我们相约一起再《上春山》！

师：今天，我们一起赴一场文字与图画的盛宴，相信通过今天的阅读，你已爱上了绘本，爱上了谷雨，爱上了春天。

作业设计：

1. 悦读：读绘本《仓颉造字》。
2. 悦写：修改小练笔，把谷雨小诗读给同学听。

板书设计：

春 山 布 谷

浮萍生	挖荠菜	视觉
布谷鸣	摘香椿	听觉
戴胜叫	采桑葚	触觉
		嗅觉
（物候）	（习俗）	味觉

（执教者：黄玲玲　指导者：陈爱华）

五觉，展开想象的双翼——《春山布谷》教学感悟

《春山布谷》是一本将谷雨节气的物候变化与传统习俗巧妙融入故事的绘本。它文字清新雅致，画面色彩柔和、浪漫唯美。教学中既要读文又要读图，还要读意图。书本虽画面唯美，但要挖掘文本内容中的范式指导学生表达比较困难。在爱校的指导下，我终于找到了读文与读图的平衡，也收获了宝贵的教学经验。

一、读文字，知物候，明习俗

绘本的文字部分篇幅较长，约一千两百字。对六年级学生而言，他们虽然具备一定的文本处理能力，但乡下学生梳理长文、提取信息的能力较弱。在爱校的指导下，我将绘本分为两部分教学。前半部分我带领学生用猜读法阅读故事，梳理内容并概括小标题；后半部分让学生自主阅读并学着归纳。这样既给予示范，又降低了学习难度，体现以生为本、以学定教的理念。学生借此了解谷雨三候（布谷鸣、浮萍生、戴胜叫）和习俗（挖荠菜、摘香椿、采桑葚），加深对谷雨节气的认知，明晰物候与节气的关系。

二、读画面，调五觉，丰想象

教学中，文字部分聚焦节气知识，图画部分注重语用表达。根据绘本画面特点，引导学生运用"五觉法"读图，进入故事情境，去感受主人公的所见、所闻、所听、所食、所触、所想。

因是借班上课，学生缺乏"五觉法"训练。在试教中发现他们不能"凌空舞蹈"，表达零碎。为了解决这个问题，设计了三个层次的语用练习。一是出示方法，教师范说。以封面"布谷鸣"为例示范，引导学生用"五觉法"观察图画说话。二是搭建支架，学生练说。在"萍始生"处，通过填空方式搭建支架，让学生从"五觉法"角度练习表达。三是下水范写，学生练笔。归纳写法，出示教师下水文，让学生欣赏学习后进行练笔，逐步提升表达能力。

三、读节气，晓其意，感其情

2022年版课标强调引导学生感受语言文字之美，感悟作品内涵。《春山布

谷》蕴含谷雨节气符号信息——"降水丰沛，百谷生长""布谷催耕""惜时惜春"等。这节课除了要读语言、赏画面，还要明意义。教学时，通过"在诵读中感悟节气内涵""在图画中欣赏节气美景""在拓展中深化节气意义"，从绘本情境延伸到生活情境，让学生理解节气真意。

在爱校的指导下，《春山布谷》这堂课成为学生了解节气的窗口，也为我执教绘本提供了新的思路。我们可以通过"五觉法"训练，引导学生展开想象，感受文字的魅力。

（福州市长乐区江田中心小学友爱校区　黄玲玲）

布谷声中时节美——《春山布谷》教学评析

2019年元宵节雅聚，黄玲玲完成了一个美篇作品，其中的文字，让读书会的老师们惊艳，大家感觉这是个文艺女青年。第二届读书会的第一节研讨课由黄玲玲展示，我们想结合课题研究，依托二十四节气的读写，培养学生的审美力。因为正在探索中，没有可供参考的现成模式，黄玲玲成了拓荒者，她执教的绘本《风中的树叶》一课给听者留下深刻的印象。2024年秋天，她再次展示绘本教学，精彩依旧。

中国原创绘本《春山布谷》由吴烜创作、郭淑玲绘图，荣获"大鹏自然童书奖"入围奖。这是一本跟节气有关的绘本，作者用充满韵味的文字，将春天里的最后一个节气——谷雨的特征、民俗和三候的变化融入其中，引导读者感受传统文化的魅力。这个一千多字构成的故事展示了田间春景的生意盎然，也展现了家庭的和谐幸福。绘本粉紫的色调，让画面充满诗意，让人感受到时节的美妙。

基于"融·悦"教学理念，绘本《春山布谷》教学设计思路如下。

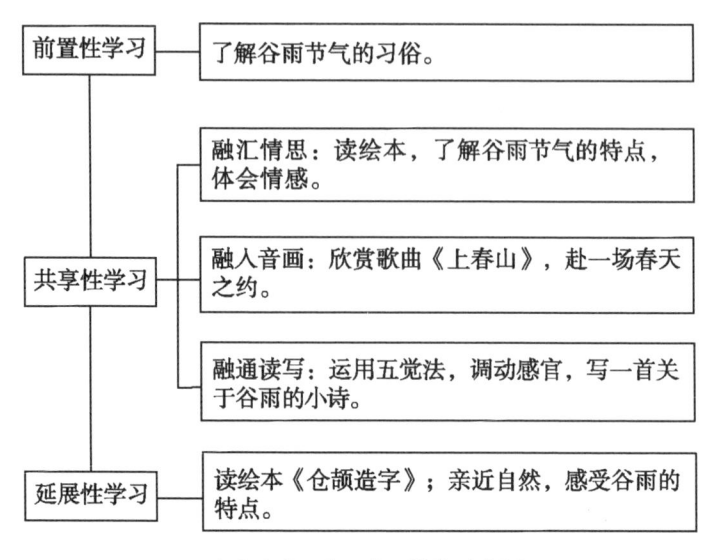

```
前置性学习 ── 了解谷雨节气的习俗。

              ┌─ 融汇情思：读绘本，了解谷雨节气的特点，
              │  体会情感。
共享性学习 ──┼─ 融入音画：欣赏歌曲《上春山》，赴一场春天
              │  之约。
              └─ 融通读写：运用五觉法，调动感官，写一首关
                 于谷雨的小诗。

延展性学习 ── 读绘本《仓颉造字》；亲近自然，感受谷雨的
              特点。
```

《春山布谷》"三融"教学示意图

一、捕捉图文信息，梳理绘本之脉

"图画书像是一串珍珠项链，图画是珍珠，文字是串起珍珠的细线，细线没有珍珠不能美丽，项链没有细线也不存在。"[①] 绘本是图画和文字的共鸣曲，教师引导学生图文结合，获取信息。引导学生用三个字来概括主要内容。先读绘本文字，整体感知。以师生合作读、猜读、默读等形式把握绘本主要内容。学生在审美感知中，对绘本内容有了整体把握。再读绘本画面，在整体感知的基础上，捕捉印象深刻的画面。作者巧妙地把谷雨三候的常识融于绘本故事中。谷雨三候：一候，萍始生；二候，鸣鸠拂其羽；三候，戴胜降于桑。同时还讲述了食香椿、摘桑葚等谷雨习俗。图文合奏，走近绘本，体会美妙。学生厘清了绘本之脉：谷雨物候——浮萍生、布谷鸣、戴胜叫；谷雨习俗——挖荠菜、摘香椿、采桑葚。教师引导学生图文结合，从中获取信息，培养"图感"，提高审美能力。

二、借助布谷意象，领悟节令之美

教师以布谷鸟的叫声为引，带领学生在阅读绘本中了解谷雨的物候和习

---

① 姚颖：《绘本教学十二讲》，北京：北京师范大学出版社，2024年3月版，第38页。

俗，用"五觉法"阅读美丽的图画与文字，图画与文字相融，交互辉映。在阅读思考表达中，引导学生发现自然美，书写自然美，升华"珍惜春光，珍惜时光"的主题思想。

教学体现绘本与传统文化自然相融的特点，丰富学生的审美体验，引导学生感知节气之美，领悟情感之美。绘本中"布谷"出现了 15 次，读者在布谷声声中读完绘本，布谷声声犹在耳畔。绘本故事起于布谷叫声，文中两次借妈妈的话，让"我"知道布谷鸟叫的意义。

第一处：妈妈笑着说："布谷鸟飞回来。就是告诉我们，要抓紧时间插秧播种。这样，秋天就会收获很多很多粮食。"

第二处：这时，又有一只布谷鸟飞来，叫着："布谷布谷，快快种谷。"妈妈说："布谷鸟一叫，春天就要离开，炎热的夏天就要到了。"

布谷鸟叫，催人耕种。千百年前，布谷鸟就鸣唱在古诗词中，如杜甫的"田家望望惜雨干，布谷处处催春种"；蔡戡的"天意却愁人意懒，故令布谷苦催耕"；释道潜的"柔桑蔽野麦初齐，布谷催耕雨一犁"；姚鼐的"布谷飞飞劝早耕，春锄扑扑趁春晴"。布谷声声，催人耕耘，田间一片忙碌。作家肖复兴在《布谷声中谷雨天》一文中写道："谷雨节气的到来，布谷鸟开始叫了，'咕咕，咕咕'的声音，很像'布谷，布谷'的发音，像是在催促人们要趁时播种了，否则，人误地一时，地就会误人一年了。所以，我们便叫这种鸟布谷鸟，生动，又形象，再也没有比我们中国人更会起名字的了。"布谷鸟叫也意味着春将离去。陆游在《初夏绝句》中说："纷纷红紫已成尘，布谷声中夏令新。"

三、教师范文引路，绽开表达之花

"绘本更重要的作用是通过让孩子感受欢乐和喜悦，打动其心灵，从而留在他们的心底。"教师发挥了自己热爱文学、善于写作的优势，把自己的阅读感受化作一首小诗，给学生以示范引领。教师补充了喝谷雨茶、赏牡丹花、祭祀仓颉等习俗，丰富了学生的认知。

教师为学生搭建支架，引导学生展开丰富的想象，把静态的文字与画面读活，读出谷雨之美。巧妙地借助绘本插图，设计练习，引导学生表达。

谷雨时节，春山绿绿的，倒映在_____，浮萍_____。（视觉）

谷雨时节，风从春山路过，我听到河水_____，老牛_____。（听觉）

谷雨时节，阳光_____，双手拨开浮萍，_____。（触觉）

谷雨时节，_____。

学生调动五官，从视觉、嗅觉、听觉、触觉、味觉等方面展开想象，感悟谷雨时节"布谷鸟鸣""戴胜降于桑""萍始生"的独特之美。学生不仅学会了观察表达，还获得了审美体验。

我喜欢把调动多种感官学习的方法称为"五觉法"。"觉"有觉知、觉察、觉醒、觉悟之意，教师引导学生以视觉、听觉、嗅觉、味觉、触觉五种真切的感受觉知世界，增强体验，体悟情感。在教师范文的启发下，学生运用"五觉法"，调动多种感官，写出自己心目中谷雨之美，学会了诗意表达。教师润物无声地在学生心中播下节气文化的种子，感受到传统文化的魅力。

四、了解创作意图，体会惜春之情

绘本作者写下这样的创作感言："我仔细打量过村头孩子明亮的眼睛，看到他们如春水似的纯真，如同看到繁花开在枝头，心际也像田野一样舒展。""美丽的春天，还留在孩子们漆黑的双瞳。""春天在他们眼里，还是那样慈爱多情，从未离去。"

尽管是暮春时节，但作者感觉"春天还是那样多情"，就像歌里唱的那样："春去春会来，花谢花会再开。"谷雨，是春天最后的回眸一笑。春天的布谷鸟，唤醒了我们，春天里的美好也久久萦绕我们心间。让人欣慰的是，我们关于节气诗词、绘本教学带给学生心灵感悟，就像学生在练笔中所言："虽然已是暮春，但我们不负春光，努力前行，满心欢喜地迎接更加灿烂的夏日。""谷雨节气后，夏天来临。我们始终相信，春天从未离去，它在我们心中留下了痕迹。我们珍惜春光,蓬勃生长,迎接灿烂的夏天。"为激发学生的惜春情感,教师引导学生欣赏歌曲《上春山》,向学生发出邀约,相约来年春天,共赏美好春光。

上 春 山

二月天杨柳醉春烟
三月三来山青草漫漫
最美是人间四月的天
一江春水绿如蓝
春色闹人不得眠
春雨涨满池塘唤睡莲
春花儿开遍呢喃的燕
春风得意正少年
我上春山约你来见
我攒了一年万千思念
今天原是平常一天
因为遇见你而不平凡

的确,平常一天,因为有了节气绘本的共读,师生一起遇见了时光的美好。

记得 2019 年《风中的树叶》一课教学结束后,玲玲说:"我开始钻研如何将小练笔与二十四节气课题相融合,怎么引导孩子表达自己的感受。在听了一系列节气研讨课后,我学了很多的本领。读古诗,学习古人故事,改编成文包诗、现代诗。学散文、看绘本、写日记等,这样的学习方式让每一个节气都成为一个值得期待的日子。孩子们用文字拥抱节气,曾经十分普通的日子在与节气相逢后,都变得美好而深刻。"从绘本教学出发,每个节气,玲玲都自觉地传播节气知识,带着孩子们"走进二十四节气,走进中国文化,在农历的天空下健康成长"。在她的引领下,孩子们也成了小小诗人,抒写着对节气的感悟。这节课之后，她执教了一节有关大雪节气的研讨课。教师巧引妙导，调动学生五官，放飞学生想象，让学生插上思维的翅膀，跨越千年与诗人对话。于是，学生笔下生花，精彩的文字自然流淌于纸间。这节课，让读书会的同伴们赞赏有加。

那天课后，我采访了玲玲班上的一个女孩。她说："我喜欢黄老师的课，黄老师让我爱上阅读，不怕写作。"是啊，一个能倾心引导孩子们沉醉于曼妙的语文世界的教师，学生怎会不喜欢？爱其师，信其道，玲玲指导的学生思维活、知方法，中年级就能写文包诗、写小说，这就是一个语文教师的魅力。听完玲玲执教的节气研讨课，秀琴写下这样的感受：一所农村的学校，一位年轻的老师，一节扎实灵动的语文课，为我们还原了语文课堂最初的模样，让我们看到了孩子们无限的潜力，也让我们坚定了前进的信心！"看到了"，"坚定了"，我想，这正是教研的一种意义。别看玲玲是一位农村教师，她可是读书会第一届到第七届从不言弃的资深成员，为玲玲的执着、坚守、耕耘、收获，深感高兴。

玲玲执教《春山布谷》的前四天，我们相聚梅花镇赏景看海，我们在"落霞与孤鹜齐飞，秋水共长天一色"的画作前合影。凉亭小憩，玲玲还在琢磨着教学设计，她竟然可以一心二用，赏景备课两不误，不禁为她点赞。是的，在大自然的怀抱中，打开思路，更真切地感受世界的美妙，何乐不为？

谷雨是春天里的最后一个节气，一春为花忙，春终将离去。开到荼蘼花事了，春将归去又何妨？赏过春花，我们迎接夏日，依然奔赴美好。

此心安处莲花开——《安的种子》构·悟·评

《安的种子》教学构思

教学参考资源

目标设定：

1. 融情于读：概括绘本主要内容，图文结合，读懂安的智慧。

2. 融思于写：用上带"安"的词语，写一写读绘本的感悟。

教学设想：

一、关注封面，捕捉信息

1. 认真观察封面，你获得了哪些信息？

总结：读绘本，要从读封面开始，封面封底可以联系着读。

（板书：读封面）

2. 了解绘本的图画作者和文字作者。

二、初读绘本，整体感知

1. 师生合作读绘本，思考：这个绘本讲了一个什么故事？

（预设：冬天，一位老师父分别给本、静、安每人一颗古老的莲花种子，结果只有安种出了莲花。）

2. 思考：这个绘本的题目为什么是《安的种子》？

三、品读绘本，领悟智慧

1. 默读绘本，同桌合作，找关键词，作批注，完成表格。

人物	想法	做法	结果	原因
本	我要第一个种出来！	跑、埋、刨、摔	没发芽	急于求成
静	怎样才能种出来呢？	查找、放、罩	枯死了	违反规律
安	我有一颗种子了。	装、挂、种	盛开了	学会等待

2. 认真观察表格，你有什么发现？

总结：通过读文字，我们厘清了绘本脉络。（板书：读文字）

3. 聚焦"安"的行为。

师：三个人中，只有安种出了莲花，仅仅学会等待，就可以种出千年莲花吗？让我们一起走进安的世界。

出示，学生读：拿到千年莲花种子后，他把种子放进布袋里，拴在胸前，他像往常一样为寺院买东西，像往常一样打坐修行，像往常一样为寺院清扫积雪，像往常一样做着斋饭，像往常一样挑水散步……

你读懂了什么？

4. 引导读细节。

读绘本，不仅要读文字，还要读图。图画里有许多细节等待我们去挖掘，请快速浏览绘本，看看为了种出莲花，安还做了什么？

5. 出示集市图。

观察图，你有什么发现？

思考：安拿着种子，向谁请教？安会问些什么？卖藕人和安说了什么？

交流小结。（板书：读细节）

6. 出示安播种图。

当春天来临，安在池塘的一角种下了种子。你看到了什么？

盛夏的清晨，在温暖的阳光下，古老的千年莲花轻轻地盛开了。（配乐读）

此刻，你的眼前浮现出怎样的画面？

7. 链接诵读。

这一池的莲花陶醉了安，也陶醉了历代文人墨客。（配乐读有关莲花的诗句）

想象：望着这一池的莲花，安会说些什么？

四、拓展延伸，升华情感

1. 了解"安"的本义。

出示"安"甲骨文，你看到了什么？

用"安"字组词，积累关于"安"的词汇。

2. 出示《大学》章节，对应理解。

知止而后有定，定而后能静，静而后能安，安而后能虑，虑而后能得。

①有节奏地诵读。

②男女生文白对读。

③结合绘本理解。

安的行为体现了《大学》中讲的一种智慧。

知止：了解自己的目标，明确自己的定位。安的目标便是——种出莲花。

安定：意味着在追求目标之路上坚持不懈，不被外界的风风雨雨所动摇。安并不像本那样急于播种。

静心：人生常常充满纷扰，而要在这喧嚣中找到安宁，就要学会静心。安还是如往常一样——扫雪、做斋饭、挑水……

安然：心如止水，平和安详，任何风雨都不能动摇内心的平静。当看到静的种子发芽时，安依然——心如止水，不急不忙。

深虑：深虑是对生活的深度思考，对未来的明智规划。当春天来临时，安在池塘的一角种下了种子。

获得：得以达成目标，收获人生成就。盛夏的清晨——古老的莲花盛开了。

五、练笔促悟，丰富体验

1. 出示作者王早早讲述的创作意图。

王早早是儿童文学作家，她的作品颇有深意和禅意，她在创作感言中写道：

> 内心平静，则外在安然。
>
> 所以，我把那个种成莲花的小和尚叫"安"。这个浮躁疯狂的时代，多么需要一本简单安宁的书。
>
> 我想把这颗小小的千年莲花种子，轻轻地，种在人们心里。

从作者的创作感言中，你懂得了什么？

为什么这个绘本的题目是《安的种子》？

小结：读懂作者的意图，能更好地体会绘本意思。（板书：读意图）

总结：通过读封面、读文字、读细节、读意图，我们学会了读绘本的方法。愿你们像安一样，安宁、安静，在喧嚣中学会静待花开。

2. 小练笔。

安用"等待"的智慧播下一颗种子，春风吹拂，绽放出生命的色彩。当春天来临，你们想播种下什么呢？用上带"安"字的词语写一写。（安定、安静、安然、安心、安宁……）

出示教师下水文，引导交流。

283

老师在读《安的种子》时，以《此心安处是吾乡》为题写下自己的感悟，发表在"融美悦心"公众号。学生分享部分内容，教师评析。

交流学生练笔，评价。

总结：这节课，我们学会了等待的智慧，愿世间所有的美好都如约而至。

六、推荐阅读，拓展延伸

1. 诵读苏轼的词。

老师的这篇《此心安处是吾乡》题目取自苏轼的一首词：

定风波·南海归赠王定国侍人寓娘

常羡人间琢玉郎，天应乞与点酥娘。尽道清歌传皓齿，风起，雪飞炎海变清凉。

万里归来颜愈少，微笑，笑时犹带岭梅香。试问岭南应不好，却道：此心安处是吾乡。

2. 链接文章，互文理解。

长乐区作家协会主席林秉杰老师也写了一篇《此心安处是吾乡》，文章对苏轼的这首《定风波》进行解析，推荐大家去阅读，并写一写自己的感悟。

作业设计：

1. 悦读：阅读长乐区作家协会主席林秉杰老师的文章《此心安处是吾乡》。
2. 悦写：写一篇课后感。

板书设计：

安的种子

读封面
读文字
读细节
读意图

（执教者：郑琳　指导者：陈爱华）

此心安处是吾乡——《安的种子》教学感悟

第一次上绘本课，茫然又激动，这是一种挑战，也是一次学习提升的机会。

备课

百花落，冬雪舞。莲香归何处？倚朱阑，望断来时路。

拿到《安的种子》绘本时，我被绘本中的图画迷住了，暖色调的国风色彩，也让浮躁的心沉静。在绘本中，安用等待的智慧在春天种下了千年莲花种子，待到盛夏，莲花绽放。

作为教师，我对绘本有了初步的领悟，但却犯了难：我该如何带领学生走进绘本？终于迎来了和爱校的第一次磨课，忐忑又兴奋。因为没有执教绘本的经历，第一次试教不理想。好在爱校悉心指导，温暖又心安。第二次说课，爱校表扬我找到了一点绘本教学的门路，但还是需要修改。哪怕只是一个小问题，爱校总能第一时间给我回复。竟不知用什么语言才能表达内心的感激，只能暗下决心，不辜负爱校的期望。幸得遇见爱校、陈梅老师，陈梅老师一个一个环节教我，每次的沟通都是几个小时，让一个绘本教学的门外人，在迷茫中遇见了光。

上课

小荷露，蜻蜓立。静候清风起。凭栏杆，风来吹绣漪。

都说人生有三见，见自我，见众生，见天地。生命是一段觉醒之旅，而觉醒的深浅决定行程的久远。见自我，我们可以在阅读中认识自己。见天地，人生是一场旅行。见众生，教育是润物细无声的滋养，也是百年树人的坚持。

课堂上，学生感悟安等待的智慧，品读"安"的本义以及《大学》中的智慧。一颗安宁的种子种在学生心里，愿他们能用豁达的智慧去面对生活中的风雨，愿祖国繁荣昌盛，愿世界安宁和平。我感叹学生由自我见众生的胸

285

襟，见国家见世界的眼界，这也许就是教育的意义。于天地，你我只是沧海一粟，不禁想起苏轼的千古名句：此心安处是吾乡。学富五车的苏轼历经命运的坎坷，方知随遇而安，若能心安，何处不是归宿呢？

课后

芙蓉笑，绿荷随。花叶相映美！枕轻舟，笙歌醉里归。

上完课的一瞬间，我感受到了李白"轻舟已过万重山"的惬意。若问我，还愿意上公开课吗？我的答案依旧很坚定：我愿意！

每次上公开课，是离爱校最近的时候，也是成长最快的时候。我教龄尚浅，爱校总能给予我足够的包容和耐心的指导，感激之情总浮上心头。细心的陈梅老师，帮我修改课件，小至课件字体字号，大至课件布局、构图等。山遥路远，有君相伴，一路向阳。时光易逝，多希望时间能慢点，因为这样的时光真的让人幸福心安！

收到学生写下的关于这堂课的感言，我惊叹他们的文笔，他们从绘本中习得道理，这些道理将助他们成为更好的自己。

前路漫漫，虽远必达。我想为自己播种一颗"安"的种子，安于当下，安于文学。此心安处是吾乡，愿你我皆能心安，在经历中获得人生智慧。

（福州市长乐区屿头小学　郑琳）

此心安处莲花开——《安的种子》教学评析

作为2018年参加工作的一位年轻教师，郑琳性格温和，热爱教学，身处农村完小，有着自己的坚守。她执教的《七言诗》《六月二十七日望湖楼醉书》等区级公开课，给听者留下深刻的印象。让她执教《安的种子》这个绘本，是因为知道她从学生时代开始就热爱文学，而且我觉得这个绘本的基调和她不急不躁的性格正好契合。尽管第一次执教绘本，对郑琳而言有压力，但好在她有自我挑战的勇气，她说："这是我第一次上绘本课，有期待也有挑战，但我非常愿意去尝试一下。"因为有心，所以精彩。研读，备教，一来二去，她找到了感觉，直至上完课，她还觉得意犹未尽。

绘本《安的种子》由儿童文学作家王早早创作、画家黄丽绘画，获得首届丰子恺优秀儿童图画书奖。以本、静、安三个小和尚对待千年莲花种子的态度与做法为叙述线索，娓娓讲述一个关于"从容安定，静心等待"的故事，蕴含着深厚的中国式哲学智慧。教师注重运用策略，引导学生走进绘本，体会其中韵味。

基于"融·悦"教学理念，绘本《安的种子》教学设计思路如下。

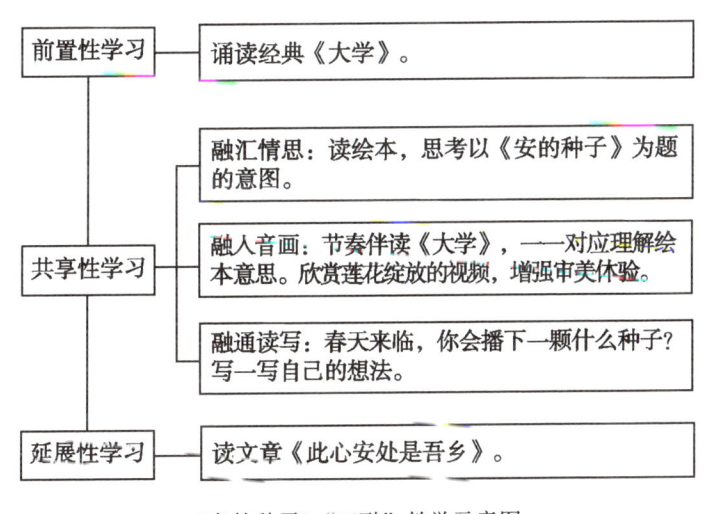

```
前置性学习 —— 诵读经典《大学》。

          ┌── 融汇情思：读绘本，思考以《安的种子》为题
          │   的意图。
          │
共享性学习 ┼── 融入音画：节奏伴读《大学》，一一对应理解绘
          │   本意思。欣赏莲花绽放的视频，增强审美体验。
          │
          └── 融通读写：春天来临，你会播下一颗什么种子？
              写一写自己的想法。

延展性学习 —— 读文章《此心安处是吾乡》。
```

《安的种子》"三融"教学示意图

一、运用赏读策略，聚焦图文信息，读懂绘本内容

绘本是文字和图画的合奏。绘本教学既要关注文，也要关注图。课始，教师引导学生观察封面。从下雪天的背景了解故事发生的时间，从占据封面一半的位置看出小和尚是故事中的重要人物，从捧的动作和凝视的神情感受小和尚对这颗种子的珍视。联系封底，可以猜测这颗种子是莲花的种子。教师从封面入手，激发学生阅读兴趣。

绘本交织讲述着本、静和安三个角色的故事，根据绘本的叙事特点，教师引导学生读绘本文字，提炼关键词，用列表比较的方式读懂本、静、安不同的做法与不同的结果，思考背后的原因。写法、读法、教法达成一致。

287

人物	想法	做法	结果	原因
	我要第一个种出来！	跑、埋、刨、摔	没发芽	急于求成
	怎样才能种出来呢？	查找、放、罩	枯死了	违反规律
	我有一颗种子了。	装、挂、种	盛开了	学会等待

在整体梳理的基础上，教师引导学生聚焦安的行为，体会安的性格特点。教师以"安拿到千年莲花种子后，把它放进布袋里，挂在胸前，他像往常一样为寺院买东西，像往常一样打坐修行，像往常一样为寺院清扫积雪，像往常一样做着斋饭，像往常一样挑水散步……"的话语叙述，引导学生体会安的平静淡定。从日常事情中，体会安的"不急不躁、不慌不忙、从容淡定"。学生初步读懂绘本后，教师把学生引向绘本的细节。出示集市图，引导学生发现藏在图中的秘密。学生认真观察，发现画面中，安拿着种子向卖藕人请教，引导学生想象请教的情境。"安看似一直没有种莲花，却始终没有忘记初心，直到合适时机的到来。"[1] 在互动交流中，学生明白了莲花种子应该在合适的时间，种在合适的地方。同时，教师让学生明白图画也是会说话的，绘本的图画中藏着许多秘密，所以要有一双火眼金睛去发现细节，读懂细节。

教师不仅让学生懂得读绘本要读细节，还要依托这个细节，进行观察能力、表达能力的培养。学生明白了安的等待是在了解事物的发展规律之后，呈现出的一种"安静、顺其自然"的状态。

二、运用互文策略，引入经典资源，领悟绘本内涵

这个中国原创绘本富有中国韵味，安如此从容淡定，是因为他了解了莲花生长的自然规律，知道选择合适的时间和环境去种下莲花种子，所以，在夏天迎来了一池莲香。绘本的后环衬页，种出千年莲花的安回归平淡的日常

---

[1] 姚颖：《绘本教学十二讲》，北京师范大学出版社 2024 年 3 月版，第 28 页。

劳作，这也正体现出中国式的美学思想：绚烂之极，归于平淡。教师引入《大学》的有关章节，将绘本内容与经典相融合，学生一一对应，体会静、安、虑、得。明白安有自己的目标，遵循自然规律，用心请教，在春天来临时，种下莲花种子，盛夏的清晨，千年莲花美丽绽放。教师引导学生读图画、读细节，在读懂绘本内容的基础上，围绕"当春天来临，你想播下什么种子"为主题进行课堂练笔，进行审美表达。

教学中，教师自然融入经典诵读的章节，让学生深入体会绘本意韵。教师和学生一起追溯"安"的字源，引导学生诵读《大学》中的章节："知止而后有定，定而后能静，静而后能安，安而后能虑，虑而后能得"。学生根据注释理解大意，在此基础上，联系绘本，一一对应，理解"知止、定、静、安、虑、得"的内涵。

师：知道应达到的境界才能够志向坚定；志向坚定才能够镇静不躁；镇静不躁才能够心安理得；心安理得才能够思虑周详；思虑周详才能够有所收获。"知止"即明确自己的目标。安的目标便是——

生：种出莲花。

师："定"意味着在追求目标之路上坚持不懈，不被外界的风风雨雨所动摇。绘本中的安是怎么做的呢？

生：他并不像本那样急于播种。

师："静"指人生常常充满了纷扰，而要在这喧嚣中找到安宁，就需要学会静心。安是这样做的——

生：他始终保持着一颗平静的心。

师："安"是指平和安详，任何风雨都不能动摇内心的平静。安是怎么做的？

生：安还是像往常一样，扫雪、做斋饭、挑水……

师：当看到静的种子发芽时，安——

生：依然内心安定，不急不躁。

师："虑"是对生活的深度思考，是对选择的理性权衡，是对未来的明智规划。绘本中的安的"虑"是指什么呢？

生：当春天来临时，安在池塘的一角种下了种子。他不是随便种下莲花种子的，他是有思考的。

师："得"指得以达成目标，收获人生成就。安的收获就是——

生：盛夏的清晨，古老的莲花盛开了。安的播种有了收获。

"静、安、虑、得"，教师以一颗安静之心引导学生进行阅读。将绘本阅读与经典诵读相融合，加深了学生的理解。经典给学生带来了心灵的滋养，更是一种文化熏陶。

三、运用探究策略，倾听作者心声，了解创作意图

教师以"这个绘本的题目为什么叫《安的种子》"为主问题，引发思辨，引导学生思考绘本题目的寓意，提升阅读品质。学生在深入探究中明白内心淡定从容，才能像安一样安然于心，不急不躁，静候春天的到来，等到千年莲花盛开，体会作者的用心。

在学生自主品悟的基础上，教师出示作者王早早说的话：

"内心平静，则外在安然。"

"我把那个种成莲花的小和尚叫'安'。在这个浮躁疯狂的时代，多么需要一本简单安宁的书。"

"我想把这颗小小的千年莲花种子，轻轻地，种在人们心里。"

在品读中，学生明白了作者王早早创作《安的种子》的意图。

《安的种子》是一本充满禅意的绘本，把优秀读物带给学生，在学生心中播下阅读的种子，这正体现了教师的爱与责任。我想，郑琳正是这样安静地带着农村学生阅读，不急躁，不张扬，守着一份岁月静好，倾听生命拔节的声音。

四、运用联结策略，借助教师范文，引导课堂练笔

绘本最后跨页大篇幅的绿色让人眼前一亮。碧绿的荷叶间，洁白美丽的

莲花盛开着，亭亭玉立。此时，教师引导学生联系学过的关于莲的诗句，在诵读中体会对莲花之爱。引导学生从中汲取营养，润泽生命，回到当下，为了让学生将阅读感悟写下来，教师这样进行引导。

> 师：安用等待的智慧播下一颗种子，只待春风吹拂，绽放出生命的色彩。当春天来临，你们想播种下什么呢？用上带"安"字的词语写一写。

在学生动笔之前，教师和学生分享了自己发表在"融美悦心"公众号上的文章《此心安处是吾乡》中的片段：

> 安用等待的智慧种下了莲花种子。当春天来临，我愿为我的学生播种一颗积极向上的种子，让他们在人生的道路上披荆斩棘，一路前进；当春天来临，我愿为我的学生播种一颗乐观自信的种子，让他们在遇到生活中的挫折时，学会坚强勇敢；当春天来临，我愿为我的学生播种一颗平和安然的种子，让他们在遇到风雨时，坦然面对，从容安详。

教师以一段文字表达了自己的心声，让学生感受教师的"安然""安详"，同时，打开了学生的练笔思路。

教师不仅联系自身，联系学生，还将学生引向经典。教师这样总结：这节课，我们通过读封面、读细节、读意图，学习了读绘本的方法。希望你们在今后自主读绘本中，也能应用这些方法。我们还学到了等待的智慧，愿世间所有的等待都能如愿。此心安处是吾乡，愿你我皆能心安，皆有人生的智慧。老师的这篇《此心安处是吾乡》题目取自苏轼的一首词。教师出示苏轼的词，师生共读，以此为引子，向学生推荐阅读福州市作家协会副主席、长乐区作家协会主席林秉杰先生的文章《此心安处是吾乡》，引导学生跟随作者的解读，进一步体会"此心安处是吾乡"，并将阅读感悟付诸笔端。教学延伸到课外，读写有机融合。

绘本中的安内心安定，以一颗平常心对待千年莲花的种子，安终于等来了千年莲花的美丽绽放。郑琳也正是这样，以一颗从容的心在语文园地用心耕耘，静待花开。正如她所说："我应该做的是带领孩子们去认识外面的世界，去聆听圣贤的声音，去感知传统文化带给我们的美好。"是的，若问心安何处？安于文化传承，这是我们共同的心声。

读课读人。记得 2019 年冬至，我们一起去永泰赏梅，郑琳写下这样的文字："白梅盛开，阳光灿烂，时光正好，褪去工作的压力，与大自然来了一次亲密的相拥。炊烟袅袅，鸡鸣犬吠，古风庭院，与一群志同道合的人，品茶品文，相约相聚，岁月静好，这就是文学的魅力和文人的浪漫。"人生有味是清欢，字里行间，可以读出一个教师内心的安然。

在表达备课感受时，郑琳说："那是非常充实的一段日子，因为可以全身心地、全神贯注地做一件事情。那一刻，可以忘却周围的喧嚣，可以静静聆听内心深处的呼唤。我十分珍视这次机会，因为时光和机会总会在你犹豫徘徊时悄然离去。对于这段经历，我充满了感恩，感恩爱校能够准许我加入读书会，感恩老师们的不吝赐教，感恩在自己教龄尚浅的时候能够登上区级公开课的讲台。"

郑琳说："加入读书会，第一次尝试备课、开课、评课、第一次上区级公开课，第一次尝试在陌生的学校开课，真的不记得多少的第一次让我破蛹成蝶。回首那段经历，恍如昨日，相逢的意义是彼此照亮，而对我来说，相逢的意义是我得到了成长。"

为郑琳的成长感到高兴！未来，我们依然安守语文的百花园，用心用情浇灌阅读之花。相信光阴不负有心人，终有一天藏于我们心间的那朵千年莲花也将悄然盛开。无论晴日与风雨，愿与有心人一起如林清玄先生所言："用岁月在莲上写诗。"心安，无悔。

第四章

"融·悦"教学实践之节气行吟

第四章 "融·悦"教学实践之节气行吟

第一节 与时偕行，共生共长

2022年版课标在"教学建议"中强调："创设学习情境，教师应利用无时不有、无处不在的语文学习资源与实践机会，引导学生关注家庭生活、校园生活、社会生活等相关经验，增强在各种场合学语文、用语文的意识，建设开放的语文学习空间，激发学生探究问题、解决问题的兴趣和热情，引导学生在多样的日常生活场景和社会实践活动中学习语言文字运用。"[1] 语文教学资源无处不有，教师要有"从生活中来，到生活中去"的意识，将学生的学习引向生活，引导学生在生活中观察、体验，捕捉资源，并在实践中运用语言文字，提高核心素养。

张潮说："文章是案头之山水，山水是地上之文章。"书是"无形山水"，山水是"无字书"，无论是文章阅读还是山水游历，都能开阔胸臆，增长见识，提高审美情趣，让生命更敞亮。我们于2018年成立的教师读书会，有个共同的目标：读书读课读自然，见天见地见自己。教师循着生命的节奏投入阅读与实践活动，引导学生从字里行间，从节气变化中发现美、感受美。2023年，在纪念长乐建县1400年系列活动的一场盛会中，17位读书会成员展示了《情融四季——古诗词诵读》，将教师们执教过的课例，如朱熹的《春日》、王安石的《初夏即事》、白居易的《邯郸冬至夜思家》、葛胜仲的《蝶恋花·已过春分春欲去》、范仲淹的《苏幕遮·怀旧》等古诗词，以四季为主线串连起来进行诵读，得到赞赏与鼓励。

2021年，读书会有了自己的微信公众号，取名为"融美悦心"，希望为师

---

[1] 中华人民共和国教育部：《义务教育语文课程标准（2022年版）》，北京：北京师范大学出版社，2022年4月版，第45页。

295

生们搭建一个文字交流平台，达成"双练笔双提升"的目标，即师生共读共写，共生共长。公众号中分享了教师们的教学点评、游读见闻、研究心得等，分享了学生的听课感悟。2021年以来，共发表师生文章400多篇。通过这种方式，有效提高了师生的表达能力。

2016年11月30日，中国"二十四节气"正式列入联合国教科文组织人类非物质文化遗产名录，在国际气象界，这有着千年历史的时间认知体系被誉为"中国第五大发明"。因为有了二十四节气，让我们在感知自然的同时，感受到生活远比想象的美好。"诗人要从大自然去取得灵感，从自然的美中，通过心灵的感应，去发现并幻化出艺术的美来。"① 我们开展的"基于二十四节气读写的审美力培养的研究"，旨在引导学生知物候之美，知花信之美，知耕耘之美，知品性之美。引导学生从美学、诗词等不同角度寻找二十四节气的丰富内涵，感受文化的魅力，得到思想的熏陶，丰盈人文精神和审美情趣。一方面，引导学生从课内走向课外，感受节气之美；另一方面，将课外资源引入课堂，反哺教学，让学生感受自然之美。教师们在阅读与游读中感受时光律动，体验万千气象，让日常充盈着节气的文化馨香。教师们将心融于自然，将情注于山水，将积累的资源用于课堂教学，激发学生学习兴趣，增强文化自信。

我们整合课内课外资源，精心打磨了两组48节关于二十四节气的课例，挖掘二十四节气中蕴含着的人与自然和谐相处的智慧及丰富的审美元素，引导学生经历"寻美—悟美—创美"的过程，从而实现培养学生审美感知力、审美鉴赏力、审美创造力的目标。

我们引导师生融于自然，游读山水，心物相融，体悟生活之美。在大自然中，仰观俯察，愉悦身心。丰子恺先生说："自然是美的源泉、艺术的源泉，亦可说是人生的源泉。"② 教师把学生引向自然，在丰富的体验中感受大自然的律动，在细心的观察中提高审美情趣。

---

① 魏德泮：《歌词美学》，北京：作家出版社，2012年3月版，第157页。
② 于漪、黄音：《穿行于基础教育森林：教育实践沉思对话录》，上海：华东师范大学出版社，2020年9月版，第129页。

一、导向课外，融入生活，亲近自然

通过课内学习，教师有意识地将学生导向课外学习，体现语文学习与生活实践的自然融合。如，教学《蒹葭》一课，教师在引导学生诵读的基础上，链接白露时节教师游赏闽江河口湿地公园的视频，以诗教的方式引导学生亲近自然，与节气同行，与美好相伴。教师追寻"伊人"的下水文，既为学生提供了写作支架，又带给学生逐光而行的精神力量。课后，引导学生在家长陪同下游湿地公园，欣赏芦苇飘荡的情景，用视频和文字记录美好的感受，将诗歌教学与生活勾连，引导学生怀揣一颗诗心，拥抱美好生活。

二、引入资源，反哺课堂，滋养生命

教学中，教师适时引入课外资源，与学生分享自己依着节气游读自然写下的文章，激发学生表达欲望。师生共读共写，这是理想的语文教学状态，充满着生长的美感。如，教学朱熹的《春日》，教师将春分时节在景区内诵读的视频及游读文章引入课堂教学，引发了学生的情感共鸣。有的学生表示读了老师的文章，很想写一写春天了。这是学生真实的情感流露。

我们针对已经从小学毕业的学生进行语文学习问卷调查，从学生对"回想小学六年的学习，你印象最深的一节语文课是什么？为什么？"这个问题的回答中，可以看出，小学阶段教师跟随节气播下的关于经典、关于文化的种子，已经在学生心中生根发芽，并且对学生的成长产生了深远的影响。以下是两位中学生的反馈。

生：我印象最深的一节语文课，是林老师上的一节关于大暑节气的公开课。上了那节课后，我更深入地了解了大暑这个节气。我从诗人曾几的"经书聊枕籍，瓜李漫浮沉"、白居易的"何以销烦暑，端居一院中"、翁森的"读书之乐乐无穷，瑶琴一曲来薰风"中感受到古人的消暑乐趣。诗中"炎蒸乃如许，那更惜分阴"更让我懂得了要珍惜光阴、热爱读书的道理。这节课生动且富有意义，让我至今难以忘怀。

生：回想美好的小学时光，我印象最深的就是《蒹葭》这一课。"蒹葭苍苍，白露为霜，所谓伊人，在水一方。"这节课充满了诗意与美好，让我找到了诗和远方，也确立了我的梦想。我的目标是努力追寻我的梦，去寻找我的"伊人"。

在语文教学资源的利用上，我们注重"新、实、活、美"的原则，课内外阅读有效衔接，恰当取舍。精心选择关于二十四节气的阅读材料，让节气阅读与随堂练笔自然衔接，让读写形式更丰富，从而更好地培养学生审美能力。本书选取了有关节气的 8 节研讨课例进行分享。其中有关于元稹的节气诗，如《立春正月节》《春分二月中》《立秋七月节》《大寒十二月中》；有来自《诗经》的，如《蒹葭》；有宋朝的诗，如王安石的《初夏即事》；有宋词，如陆游的《卜算子·咏梅》；有美文，如林清玄的《六月·芒种》。春夏秋冬各选取两个节气的课例，课里课外相融合，记录了我们在农历的天空下行走的足迹与关于教学的感受，体现"天人合一"的思想。努力让古老智慧与现代生活有机融合，引导学生充分感受中华优秀传统文化的魅力。

第二节　春日寻芳，心醉旖旎

立春，与春同醒——《立春正月节》课里课外

立春，早梅迎雨水。《月令七十二候集解》中说："立春，正月节。立，始建也……于此而草木之气始至，故谓之立也。"立春，万物萌发山水醒。岁序更迭，华章再启。我们和春天一起醒来，"从今克己应犹及，颜与梅花俱自新"。立春，与有缘人同行，徜徉山川草木之间，觅春韵，赏春光，内心

安然。

立春一候，东风解冻，万物苏醒。风从东方来，春从风中始。东风唤醒了蛰藏一冬的小草。春到人间草木知，二月初惊见草芽。看那小草芽悄悄地从叶丛中冒出来，嫩嫩的，绿绿的，着实惹人怜爱。万物有灵，草木有心，人亦有情。置身草木中，细嗅青草香，静听春之声。不禁吟哦喜爱的诗句："山中好，最好是春时。红白野花千种样，间关幽鸟百般啼。空翠湿人衣。"

昨日的雨润泽着山中草木，一切欣欣然。南山步道上徐行，春寒料峭，心中却有暖意流淌。春山青青，一行人意犹未尽地聊着《只此青绿》。九百多年后，《千里江山图》随着舞者曼妙的舞姿在我们眼前铺展开来，江山的青绿唤醒了我们，惊艳了世人。这就是传统文化的魅力。

且品且行，只见道旁，小寒时节的花信——梅花依然娇俏。一株红梅，一株白梅，相依相映，红的明媚，白的素净，各美其美，相融相生。有不知名的鸟儿在一旁的枝头啾啾鸣唱。鸟鸣山更幽，走在春雨涤洗过的步道上，深呼吸，一股雨后青草香直入肺腑，顿生心旷神怡之感。悄然间，有熟悉的旋律与喜欢的歌词在心头响起："回眸处，灵犀不过一点通，天地有醍醐在其中。寒山鸣钟，声声苦乐皆随风……"来的来，去的去，一切随缘。

大家你一句我一句行"春"字飞花令，瞬间，春的气息溢满空间。

"俏也不争春，只把春来报。待到山花烂漫时，她在丛中笑。"

"等闲识得东风面，万紫千红总是春。"

"迟日江山丽，春风花草香。"

"好雨知时节，当春乃发生。"

"春草明年绿，王孙归不归？"

"律回岁晚冰霜少，春到人间草木知。"

"春冬移律吕，天地换星霜。"

……

依芳读的诗句"春冬移律吕，天地换星霜"，正是来自她执教的《立春正月节》，想来这首诗已定格在她的记忆里。想起2022年我们一起将身心融于这首诗的教学重构中，引导孩子们感受春的生机，并把他们引向生活，感受自然之美。

人与人，人与课之间是有缘分的。2022年2月7日，收到依芳的微信。她说，在老家过完年，本想静下心来整理教案，可父亲住院了，要过几天交稿。我怕她太劳累，建议她把这节研讨课让给别人上，可她说她很喜欢这个节气，她总觉得《立春正月节》这首诗与她有种特殊的情缘。2月17日，她又发来微信说父亲已出院，把教案初稿发给我。又一个语文痴情人！她说每次见到我，总会想到"纯净""美好"这样的词，内心也便安宁许多。可是，她不知道，正是像她这般有情怀的教师用她们的坚守唤醒了我，让我能坚持与她们同行。

上午听完课，聊课，从九点多到十一点多。应该说依芳是了不起的，开学才三四天，她就做好了课件，包括视频、音乐，而且对这首立春的诗有了自己的一些感悟。结合我们的教学重构课题，我说了一些建议。

一、预学，注重综合能力的培养

课向课前打开，从培养学生记忆力、理解力、想象力、运用力等方面引导自读，让学生背一句或整首诗，提出不理解的字词，想象画面，用词写句子。培养自主学习能力，为上课打下基础。

二、导入，体现语文与生活相融

2022年2月4日，举世瞩目的第24届冬奥会在北京举行，而这一天正是二十四节气的第一个节气——立春，张艺谋导演设计了以二十四节气倒计时的方式拉开开幕式的序幕，惊艳了世人，这是中国人特有的诗意与浪漫。教师将这一资源引入课堂，引导学生重温这一唯美画面，让"家事、国事、天下事，事事关心"的意识植根学生心中。

三、唤醒，充分展示教师的特长

教学中，教师本身是一种资源。我说，依芳老师是语文老师中古筝弹得最好的，是古筝老师中语文教得最好的。听她说，班上的学生特别期待老师为他们抚琴一曲。我说，正好结合诗意，展示教师魅力，满足学生心愿。结合诗的尾联，"万物含新意，同欢圣日长"，弹奏一曲，让学生想象春天来了，万物苏醒，欣欣向荣的画面，加深对诗意的体会，彰显了学校倡导的学科融合的理念，何妨一试。看来，依芳是心动的，她说正好以前弹过《春苗》这首曲子，我说那正是得来全不费功夫，正好亮相一下。听她说当年是以一颗诚心感动了教古筝的老师，用心跟着老师学弹古筝 8 年。我想起了我们诵读《爱莲说》时，她的古筝伴奏，如行云流水，为诵读活动增色不少。于是，我也开始期待，在这节课上，她以音乐唤醒学生，打开学生的想象之门，走进诗歌，走进生意盎然的春天，去享受诗与乐相融的美妙。

四、练笔，打开学生思维的大门

我建议她出示立春的迎春与咬春的图文资源，让学生了解立春习俗，引导学生说开去，如寻春、赏春等，然后写一段话，体现读写结合，在练笔中感受春天的美好。

五、拓展，将学习触角引向课外

温故知新，引导学生读二年级下册《找春天》一文，可以从"春天来了！我们看到了她，我们听到了她，我们闻到了她，我们触到了她"体会如何敞开心灵，拥抱春天，去听、去闻、去触，亲近自然，天人合一。还可以链接品读文中语句：

> 小草从地下探出头来，那是春天的眉毛吧？
> 早开的野花一朵两朵，那是春天的眼睛吧？
> 树木吐出点点嫩芽，那是春天的音符吧？
> 解冻的小溪丁丁冬冬，那是春天的琴声吧？

让学生在诵读中体会写法特点，再试着写一首关于春天的小诗。这是课的延展，意在让学生走出课堂，拥抱自然，得到春天的滋养。

当我们读完学生的课后感，才知道教师已经将春安在了学生心中。我们不妨来听听学生的心声：

> 那一天，在万紫千红的春天里；那一天，在春暖花开的教室里；那一天，在一堂春意盎然的语文课里，我们共品一首春的古诗。
>
> "春冬移律吕，天地换星霜……"杨老师带着我们学习《立春正月节》。她指导我们用各种节奏读诗，将古诗谱成了一首春天的乐章。乐曲中有融化的冰雪，有飞扬的柳枝，有滋润梅花的雨水，有融化残雪的初阳，更有诗人对大好春天的赞美。
>
> 我们在春的画面中徜徉。当我读到"春冬移律吕，天地换星霜。冰泮游鱼跃，和风待柳芳"时，我的眼前仿佛出现了这样的画面：冰雪在暖阳下悄然消融，溪水在春日里潺潺流淌；天空像重新清洗过一样，令人心旷神怡；迎春的花朵随着微风在轻轻地摇晃；经过雨水的洗礼，路旁的小草，着上了嫩绿的衣裳。孩童们在原野上奔跑欢唱，仿佛在庆祝着春天的来到……
>
> 在想象中，我们仿佛走入了诗人描绘的万物复苏、生机蓬勃的春天。在老师的娓娓讲述中，我们了解了节气知识：立春三候是指东风解冻、蛰虫始振、鱼陟负冰；迎春、樱桃和望春是立春的花信风；立春还有迎春、咬春的习俗。这些传统文化知识如春雨般滋润着我的心田。
>
> 在万紫千红的春天里，我们以"_____春"为题，将我们眼中的春天，用手中的笔尽情描绘。我们欣赏着同伴动人的诗文，从"结构布局、细致观察、修辞手法、情感表达、点睛之笔"等五个方面对"五星作品"进行准确而到位的评论，老师给予我们春天般温暖的微笑，那微笑是无声的鼓励，更是发自内心的赞赏。
>
> 这一天，我的心中荡漾着春意，我记住了这堂春意盎然的语文课，更记住了那万紫千红的春天。

真好！一节课，就这么润物细无声地唤醒了学生心中的春天，这便是

"融·悦"教学实践的理想状态。

上完《立春正月节》这节课,依芳写下这些感言:"上课那天,我为自己选了一身粉色的衣裙,我喜欢在这个春天刚刚来临时给学生带来初春的欣悦之感。课堂上,孩子们目光灼灼,我循循引导。俯身倾听,孩子们给了我出乎意料的惊喜。看到教室里四处都有举起的小手,那么多孩子渴望被我叫起,听到孩子们动情的诵读,春的欣悦荡漾在课堂上,我的心被欢喜包围着。你给孩子一片天空,他会织出绚丽的彩霞;你给孩子一颗种子,他会扮靓梦想的花田。"

我想:有这样柔情似水又热情似火的老师,何愁孩子们不闪闪发光呢?

春天的第一个节气——立春已向我们走来。"蹉跎莫遣韶光老,人生唯有读书好。读书之乐乐何如?绿满窗前草不除。"春日读书,满目美好。我们读课、读书、读自然,初衷是为了成为更好的自己,也为教育更美好,愿生命更从容。

我们带着学生一起行走于春天里,时光的经卷,镌刻着美丽的足迹。春天里的故事,定格在记忆里,有温暖,有深情。

这世界那么多人,多么幸运遇见你。

双手合十,为你,为心中有爱的你,为眸中有美的你,为同道而行的你。

愿新春以后,祥和吉利,百事都如意。

春分,听燕呢喃——《春分二月中》课里课外

立春的欢笑声、雨水的诵读声、惊蛰的飞花令,犹在耳畔。转眼,"溪边风物已春分"。春分,春天里的第四个节气。"春分者,阴阳相半也,故昼夜均而寒暑平。"春山叠翠,春意盎然。

春分,林花向日明。春分花信,一候海棠,二候梨花,三候木兰。海棠娇艳,梨花洁白,木兰高贵,千花百卉争明媚。晓芳发来几张图,告知吴小校园的紫藤花开了。只见图中紫藤花开得正美,如同紫色的瀑布自架上垂下。一阵惊喜,这一串串紫色的花呀,自是心头好。

初遇紫藤花，缘于来吴航中心小学和燕玲一起备《苏堤清明即事》。那天放学后，她带我们欣赏了校园一隅满架的紫藤花。静坐花下，有花香沁入肺腑。映入眼帘的还有墙上"春之歌""夏之悦""秋之韵""冬之乐"四幅关于二十四节气的画卷，节气的芬芳直入心头，瞬间对这一方小天地，心生喜欢。

果真"春风如贵客，一到便繁华"。春风温柔地拂过，春花美丽地绽放。晓芳发来语音，她说："每天埋头工作，匆匆忙忙来匆匆忙忙走，说老实话，如果爱校没提醒，我们都不会去关注身边的这些美。有时候确实要放慢自己的脚步，去关注自己生活中的这些事物，可能也会让自己的心平静下来，以更好的状态投入到工作中去。"听得出声音中透着几多疲惫，让人心疼，原本那么清亮的嗓音。不过，她有这样真实的感言，有如此平和的心态，也为她高兴。

尽管忙碌，尽管疲惫，可教育的良知还在，向美的初心不变。一路走来，正是一个个这样可爱的人，让我愿意相信，美好一直都在，春天从未走远。

翻看紫藤花下的合影，记起那天燕玲试教，小意特地申请来旁听，她说她要多学习，她说她不能掉队。一直劝她等身体养好了再来研究她要执教的《春分二月中》这节课。可她一直说不用担心，她会努力上好的，她很想带着自己班上的孩子一起感受春分的美好。这一份执着足以令人动容。

2024年端午节，正改着文稿，小意发来《又见紫藤花》一文，说是早上有了灵感，就写了我们清明节气冒着风雨坐动车去杭州观赏紫藤花的情景。读着文章，我从字里行间感受到了她的心静、情真。她以一份真心真意投入语文教研，所以成长看得见。

小意执教《春分二月中》，如何让这节节气研讨课更有实效，有一些环节安排，一些资源运用值得探讨。于是，我提了一些建议。

一、整体把握，走进诗境，感悟画面

在学生读通读熟的基础上，以主问题引导学生想开去，说开去。问一问学生："读了这首诗，你仿佛看到了什么？听到了什么？结合诗句说一说。"引导学生透过诗句去看一看，听一听，打开诗中的画面。

二、聚焦尾联，链接资源，读写结合

一节课的时间有限，一首诗可教学的点很多，教师应根据节气特点和学生特点，进行适当的取舍。元稹的节气诗，时常将物候融入其中。如，这首关于春分的诗，春分三候分别是：一候玄鸟至；二候雷乃发声；三候始电。诗人将三候自然地融于诗句中，相应的诗句是：梁间玄鸟语；云过听雷声；雨来看电影。教师可在学生了解春分三候的基础上，读相关诗句，体会物候特点。聚焦尾联的燕子，回顾三年级学过的郑振铎《燕子》一文的第一自然段，重温作者笔下燕子的外形特点，读读杜甫的《绝句》，从"泥融飞燕子，沙暖睡鸳鸯"动静结合的诗句中体会春天的生机和活力。再唱一唱儿时常唱的一首歌《小燕子》，用好歌词：小燕子，穿花衣，年年春天来这里，我问燕子："你为啥来？"燕子说："这里的春天最美丽！"引导学生想象燕子叽叽喳喳地在说些什么。结合诗句和自己对春天的感受，写一写春天的美丽。温故知新，将课文语段，学过的古诗及熟悉的儿歌有机融合，感悟春分物候特点，感悟春天的美好，书写春天的美丽，一举三得。

三、自然切换，师生合作，引导惜春

小结元稹这首诗中所写的内容，由《月令七十二候集解》："二月中，分者半也，此当九十日之半，故谓之分。"体会时光匆匆，不知不觉，时至春分，春天里的第四个节气，九十日之半，所以爱春更当惜春。转入诵读葛胜仲的《蝶恋花》：

> 已过春分春欲去。
> 千炬花间，作意留春住。
> 一曲清歌无误顾。
> 绕梁余韵归何处。
> 尽日劝春春不语。
> 红气蒸霞，且看桃千树。

才子霏谈更五鼓。

剩看走笔挥风雨。

师生合作，读唱结合，体会惜春留春之意。在资源运用上，体现"1+1"的教学重构理念。

四、紧扣习俗，设计作业，拓展学习

引导学生小结春分三候、花信等常识后，由春分节气习俗，春分立蛋的话题，引导学生春分这天做个立蛋小实验，并试着将实验过程的所做所感写下来，一段或一篇都可以。这样，将学习延展到课外，落实作业优化设计要求，让学生在动手动脑过程中感悟时节特点，提高实践能力。

教学中，小意以北京冬奥会开幕式倒计时视频导入新课，唤醒学生审美体验。引导学生联系节气动图，了解春分三候，培养学生观察能力。聚焦"玄鸟语"，链接诗文、歌曲等资源，加深理解。小练笔环节，引导学生再现春之画卷，激发学生赏春、惜春的情感。巧妙围绕三候中的"一候玄鸟至"展开教学，利用春分节气动图引出燕子，通过一系列有关描写燕子的课文（郑振铎的《燕子》）、古诗（《绝句》）、歌曲（《小燕子》和《蝶恋花·已过春分春欲去》）等课内和课外资源的巧妙链接，搭起学习支架，让学生进行课堂练笔，写下燕子的悄悄话。在写话中，学生进一步理解了诗句"梁间玄鸟语，欲似解人情"。这样的教学重构，既丰富了学生对诗句的理解，又拓宽了古诗教学的广度。

这节课后，小意发来信息：爱校，您好！春分节气课如愿了，有一肚子话想跟您说。这段时间让您为我的身体担心，心里很是过意不去，但有您的挂念又有一种幸福感。爱校，其实我们大家都很牵挂您，一边想着让您多休息别劳累，一边却又因为自己的困惑去打扰您。这个时候，我想大家也和我一样，心痛并快乐着。爱校，谢谢您！只要有您在，我们就有前进的力量。

我如愿地带着孩子们走进《春分二月中》节气课，孩子们的表现，很让我感动。观察春分动图时说出了春分一候的那个孩子，是我们班的一个调皮

生,平时上课开小差,更别说举手发言了。昨天他举起的小手着实让我感动。更让我感动的是孩子们跟着音乐唱儿歌《小燕子》时那满满的自信,我不由得走下去和这群"小燕子"互动,问他们为啥来。这是教学设计里没有的,当时看到我们班小美女唱儿歌时的表情,我都陶醉了。

爱校,还是要再次跟您说"谢谢您"。祝愿爱校爱笑!

读着这些文字,我禁不住眼眶湿润。多么可爱的老师啊!春天一样的温暖的话语,直抵我心间。教师以自己的真情让学生不知不觉间爱上了节气文化。和可爱的师生沉醉于语文课堂,如沐春风,内心充满愉悦感。遇见春天,遇见诗意,我们与春天一起向着明媚出发。

第三节 夏日弦歌,心怀热爱

立夏,葳蕤生香——《初夏即事》课里课外

立夏,林鸟哺雏声。夏天的第一个节气来临,夏木阴阴正可人,田埂野菜日日长。今朝风日好,我们相约来梁厝,只为闻闻阳光的味道,闻闻绿草的清香。当石路、茅亭、曲岸、流水、池塘、麦子、绿树、青草映入眼帘时,一时竟不知是"庄周梦蝶"还是"蝶梦庄周"了。难道设计者是照着王安石诗中的意境来打造这一片田园风光吗?这一路有晴日亦有暖风,夏的序曲已奏响,这初夏的景致着实让人流连。想象着王安石或许就是在这样的风、这样的景中漫步田园,有所见、有所闻、有所思,脱口吟出《初夏即事》的情景,心中竟生出喜悦。古人今人跨越千百年依然可以心意相通,情感共鸣,此当是读古诗的一大妙处吧。

的确,"人生总有一段诗意在等着你"。当人生境遇与诗中情境相契合时,

那些藏于心底的诗句，也就被悄然唤醒，成了流年慰藉。就如此时此刻，此情此景，阳光下，暖风里，草香中，我们自然而然会读起《初夏即事》这首诗："石梁茅屋有弯碕，流水溅溅度两陂。晴日暖风生麦气，绿阴幽草胜花时。"读之，诵之，果真有"其言皆若出于吾之口""其义皆若出于吾之心"之感。写诗人的深情与读诗人的深情自然交融，汇成人间唯美画卷。读诗何用？当孩子们因一节课、一首诗爱上夏天的生机；当同游的数学老师如可爱的小学生般兴味盎然地读着"石梁茅屋有弯碕，流水溅溅度两陂"时，我想起了"无用之用，是为大用"。

因为陈艳执教了王安石的《初夏即事》，让师生们爱上了这首含有理趣的古诗。教学中，她从解析"立夏"开始，引导学生回顾王安石的《梅花》《元日》两首诗，引出《初夏即事》。学生在各种形式的读中赏析诗句意思，想象画面，体会写法特点，理解了本诗"句句有景、句句有法"的表达特色。教师引导学生比较体悟情感，回顾四时之美，进行课堂小练笔，教学环环相扣，循序渐进。课堂上，孩子们读诗词想画面，赏画面悟写法。读思并行，感受到夏日绿阴幽草的生命活力，进而情动辞发，下笔成文，敞开身心去拥抱别样的夏天。

诚如陈艳在课后感中所言：本诗教学在于引导学生了解每个季节都有它独特的美，不乏伤春悲秋之感。秋日的霜叶经风吹霜打而愈加红艳，是顽强不屈的精神之美，立夏的绿阴幽草枝繁叶茂，是蓬勃向上的生长之美。心境不同，感受不同。教师引入"立春、立夏、立秋、立冬"动图，引导学生诵读节气词语，体会"四时各有其美"，从而让学生明白"热爱生活的人，总能以积极向上的乐观精神，从四季万物中，看到独特的美"。我想，正因为教学定位明确，所以教学效果明显，学生笔下生花。

> 生：我要拥抱生意盎然的夏天，"晴日暖风生麦气，绿阴幽草胜花时"。太阳高挂在空中，将光亮无私地洒向大地。暖风调皮地穿梭在麦田间，掀起阵阵麦浪，阵阵清香，沁人心脾。高大茂盛的绿树大如盖，幽草肆意生长，多么生意盎然啊！

生：我要拥抱诗意盎然的夏天，"绿树阴浓夏日长，楼台倒影入池塘"。初夏的暖阳透过繁茂的树叶，洒下星星点点的光芒，隐隐约约的楼台倒映在河面上，傍晚的微风掠过人的脸颊，那么诗意美好，令人神清气爽。

当学生能以个性化的语言表达出夏天的生机与诗意，可见这颗夏的种子已在学生心中生根。

雪萍认为古诗最打动人的莫过于有一种生长的力量，一种关乎文化传承的精神的力量，犹如一粒初生的种子，根植于一片净土之中，悉心浇灌，精心培育，终有一天香远益清，馥郁芬芳。教学中，教师引导学生读诗赏歌，推荐阅读，不断挖掘蕴蓄在古诗文中的育人元素，涵养孩子的诗心诗性，让他们学会用诗意的眼光观察和感受世界，让孩子的心在这美好情愫的浸润下变得柔软，促进精神成长。不能不说，雪萍对这节课的品析是到位的。甲骨文中的"夏"字是一个人的象形，双手摆开的姿势展现出一种强而有力的气魄。立夏，立人，我们引导学生读经典诗词，希望孩子们迎夏而立，向阳生长，长成自己更喜欢的模样。

掬水月在手，弄花香满衣。读诗词的意义在于感受文字中传递出的美感与力量，传承绵延不息的诗教精神。立夏时节，再读这首《初夏即事》，读出的是宋诗的一种理趣。四季轮回，各有其美。时序更替，调整心绪，向美而行，岁月生香。春花凋落，夏日来临，在王安石看来，绿阴幽草胜过春日百花。想来，春花姹紫嫣红，世人各有所爱，不是春花不及夏草，不过是心态的不同，以不伤春悲秋的心去看世间物事，故有"我言秋日胜春朝""霜叶红于二月花""绿阴幽草胜花时"之感。

草木葳蕤，岁月生香。想起林清玄先生说过："看见花开，知道是花的因缘具足了，花朵才得以绽放；看见落叶，知道是落叶的因缘具足了，树叶才会落下来。"原来，一切皆有因缘。且将身心融入自然，静观自在。"晴日暖风生麦气，绿阴幽草胜花时。""芳菲歇去何须恨，夏木阴阴正可人。"读着这样的诗句，听着齐豫演唱的《春有百花》：春有百花秋有月，夏有凉风冬有雪。若无闲事挂心头，便是人间好时节。悠悠禅乐如初夏的风轻轻拂过，于是，至少此刻，一切释然。

芒种，满目葱茏——《六月·芒种》课里课外

芒种，渌沼莲花放。六月芒种，"时可种有芒之谷，过此即失效，故曰芒种。"恰逢芒种，来首占中心小学备课。此时，教学楼前的花儿因为烈日不如春天的花儿有精神了，但玉米和茄子却长势喜人，丰收在望。"风烟绿水青山国，篱落紫茄黄豆家。"紫色的茄子花，在茂密的叶间舒展开来，六个瓣中间的黄色花柱高高凸起，整朵花像吹起的小喇叭。花叶间闪着紫色亮光的茄子正蓬勃地生长着。不由想起《夏天里的成长》中的一段话："生物从小到大，本来是天天长的，不过夏天的长是飞快的长，跳跃的长，活生生的看得见的长。你在豆棚瓜架上看绿蔓，一天可以长出几寸；你到竹子林、高粱地里听声音，在叭叭的声响里，一夜可以多出半节。夏天是万物迅速生长的季节，万物并秀，生机盎然，这便是夏日独有的韵味。

春生夏长，春种秋收。读书会成员在教学历练中，蓬勃生长，让人欣慰。芒种时节，陈姬选了林清玄先生的《季节十二帖》中的《六月·芒种》进行教学。这篇简短的文章文字清新隽永，优美深情，饱含着作者对芒种的赞美之情。教师把自己对林清玄文章的喜爱之情通过课堂教学传递给学生，引导他们珍惜时光，爱上阅读。2024年5月16日，在以"开发节气诗文资源 弘扬中华传统文化"为主题的福州市小学语文专题研讨活动中，陈姬带给大家一节美丽的芒种节气研讨课，而她自己更在耕耘中享受着丰收的喜悦。我为她的成长感到欣喜。这节课，在资源的整合运用上是有心的，我们可以从以下三个方面来品析。

一、依托校本教材，了解节气特点

对于芒种这个节气，学生相对比较陌生，教师借助校本教材《二十四节气》导入教学。通过阅读相关资料，学生获得了有关芒种的信息，"时可种有

芒之谷，过此即失效，故曰芒种。""有芒之谷"指麦子、水稻等果实外壳上长有芒刺的谷类植物。芒种是最适合播种有芒谷类作物的节气，过了这一节气，农作物的成活率就越来越低了。依托校本教材，教师采用图文结合的方法，加上娓娓的解说，芒种的含义在孩子们头脑中清晰起来，对芒种这个节气有了初步了解。

教学中，教师相机链接选入校本教材中有关"芒种"的诗句，引导学生在诵读中体会。从"南岭四邻禾壮日，大江两岸麦收忙"看到农民的忙碌；从"王孙但知闲煮酒，村夫不忘禾豆忙"知道劳动人民的辛苦。芒种，"忙种"，正是忙碌的时节。教师借助校本教材中的谚语加深学生理解。

芒种芒种，连收带种。
芒种前后麦上场，男女老少昼夜忙。
芒种前，忙种田；芒种后，忙种豆。

引导学生在有节奏地诵读中体会农民插的秧苗"每一株都有一串汗水"。体会芒种时节人们的忙碌与辛劳。

二、注重朗读引导，了解表达秘妙

《六月·芒种》文章篇幅不长，语言唯美生动，美文美读，不仅要读出内容之美，还要读出形式之美。教师引导学生自由阅读，说说读完后对这篇文章的印象。学生初步感受到文章语言唯美、情感细腻、修辞手法丰富等特点，在此基础上，教师再引导学生细读批注，找出觉得美的词句，写写自己的感悟。

学生从"稻子的背负是芒种，麦穗的承担是芒种，高粱的波浪是芒种"排比句中读出芒种时丰收的美。从"六月的明亮里，我们能感受到四处流动的光芒。芒种，是为光芒植根。在某些特别的时候，我呼唤着你的名字，就仿佛把光芒种植"句子中的三个"光芒"，体会到"光芒"是一种希望，像阳光一样照到人们心中，只要我们努力去耕耘，未来就有收获。

教师创境引读，让学生体会丰收的美丽，一唱三叹，芒种之美在课堂回荡。

师：作者眼中麦子、稻子、高粱、天人菊都是芒种，连一丝丝落下的阳光也是芒种，多么美啊，让我们轻轻呼唤——
生：芒种，是多么美的名字。
师：此时，万物生机勃勃，让人看到丰收的美，我们喜悦地呼喊——
生：芒种，是多么美的名字。
师：这时，农民在抢收夏粮，播种秋粮，那是劳动的美，我们由衷地赞叹——
生：芒种，是多么美的名字。

芒种是很有诗意和文学味道的节气。在多种形式的诵读中，学生体会到文字的清雅隽永，从字里行间感悟到作者的情感，感受到芒种的意义与美好。教师紧扣文本中最让人感到美的第三自然段，将文章改为诗行，带领孩子感受排比写法之美。抓关键词"背负""承担""波浪"，引导学生领悟表达之美。

三、链接阅读资料，解开成功密码

芒种时节，读林清玄先生的文章，它的意义不仅在于读一篇美文，而在于通过一篇美文的品读，走近作者，更深入地了解"芒种"的意义。于是，读文、读人无缝对接，巧妙融合。

1. 走近作者，获得人生启迪

教学中，教师出示林清玄先生的一些资料，学生在阅读中加深对作者的了解。其中，"他从小学三年级开始规定自己不管刮风下雨，心情好坏，每天写500字；到了中学，每天写1000字的文章；到了大学，每天写2000字的文章；大学毕业，每天写3000字的文章，就这样一直坚持，没有一天落下。"

这些文字让学生明白了作者成功的秘密：从小就立下志向，并且坚持不懈，为之奋斗。

教师适时出示学过的林清玄先生的《和时间赛跑》一文中的最后一句话："如果将来我有什么要教给我的孩子，我会告诉他：假若你一直和时间赛跑，你就可以成功。"在阅读感悟的基础上，教师以这样的话语进行点拨引领：这句话正是林清玄一生的写照，他一生都在和时间赛跑。凭着一腔热血与坚持不懈地辛勤创作，他在30岁前拿遍台湾所有的文学大奖，连续十年被评为台湾十大畅销书作家，一生中出版作品超过百部。林清玄用一生告诉我们，一个平凡的人通过自己的勤奋也能成就伟大。就像千千万万的劳动人民，在芒种这样一个播种希望、收获喜悦的时节，人们坚信洒下辛勤的汗水，就一定能实现五谷丰登的愿望。

教师找到林清玄先生一生与时间赛跑，笔耕不辍，取得卓越成就与芒种的辛勤劳作获得丰收的节气内涵的契合点，引导学生读美文、读节气，更是在读一个人，悟一个道理。于是，学生对芒种这一时节的意蕴有了更为深入的理解。"芒种"节气美在播种，美在收获；《六月·芒种》美在诗意，美在哲理。

教师以"_____是芒种，_____是芒种，_____也是芒种。六月的明亮里，我们能感受到四处流动的光芒。"为任务驱动，让学生选择芒种的习俗、美景或身边人的努力、收获等素材表达自己的感悟。

有的学生这样表达：<u>坚持梦想</u>是芒种，<u>不懈奋斗</u>是芒种，和时间赛跑也是芒种。六月的明亮里，我们能感受到四处流动的光芒。

芒种时节，春已远去，春花已落。但是，春天有春天的艳丽，夏天也有夏天的绚丽，每个季节有每个季节的美好，每个节气也有每个节气的美妙。我们要做的是珍惜每一段光阴，播撒希望，辛勤耕耘，付出艰辛，相信终有一天梦想能成真。

耳畔响起齐豫演唱的《梦田》："一颗呀一颗种子，是我心里的一亩田，用它来种什么，种桃种李种春风。"芒种时节，陈姬引导学生走近林清玄先生的美文，在学生的心田种下了一颗阅读的种子，明白了一分耕耘，一分收获的道理。

林清玄先生说:"六月的明亮里,我们能感受到四处流动的光芒。芒种,是为光芒植根。"愿此时的蓄能,助力来日的盛放。相信一路跋山涉水,终将抵达理想的彼岸。正如演妹所言:夜来南风起,小麦覆陇黄。是"春争日,夏争时"的农忙时节,是田垄村庄,人烟俱忙的时节,满坑满谷的丰收抚慰着曾经的辛劳,而当下的播种又撒下来日丰收的希冀,或许,这便是人生。……麦饭香浓,菱歌声甜,且让我们,在这爱与希望的光阴里,致敬丰足,播撒未来,手执光芒,种下深情。

第四节　秋日抒怀,心沐清辉

立秋,融情于诗——《立秋七月节》课里课外

回眸处,美好一直都在。"万物苏萌山水醒"的立春还在心中,东风吹散梅梢雪,与春风共舞的画面犹在眼前;"一夜薰风带暑来"的立夏还未走远,南风吹来草木香,与暖风共醉的欢歌犹在耳畔。

须臾间,季节的容颜在改变。一霎荷塘过雨,今朝已闻秋声。相约立秋,寻绿而至,归来,为那片绿绿的爬山虎。走过三春,走过盛夏,草木依旧绿意盎然,甚好。

古人根据对大自然的观察,将"立秋"分为三候:一候凉风至,二候白露降,三候寒蝉鸣。风中已有一丝凉意,自然地契合了立秋一候"凉风至"的说法。在汉代完善确立的二十四节气,让我们可以预知冷暖,懂得风雨,不能不佩服老祖宗的智慧。

想起《老祖宗说节令》中作者解读白居易的《三月三日怀微之》一诗时

说到的一句：年华渐老的诗人那未曾褪色的记忆里，永远有着和好朋友上巳共醉的青春酡颜，那是多么美好呀！曲终人不散，默然相伴，寂静欢喜，心相知，情相随，人生如此，夫复何求？

读书会成员就是这样成为彼此的风景，观课赏课，互相汲取力量，温暖前行。一直情系语文，潜心阅读，躬耕课堂的敏容在《语文的色彩》一文中如此深情地表达："2022年北京冬奥会开幕式的倒计时，世界级非物质文化遗产二十四节气，与古诗词、古谚语与充满生机的当代中国影像融为一体，以全新的表达方式，亮相于全球观众的面前。那一刻，中华优秀传统文化之美，令人震撼！那一刻，我无比自豪，因为我们正行走在节气文化的探究之路上。我们循着节气的脚步，读书、读人、读自然，品诗、品词、品经典，将节气文化的内涵植根于课堂，植根于学生的心间。这样的课题研究方式独属于我们。假如课题研究有颜色，那么，我们的课题研究就是紫色的，浪漫高雅的紫色。"敏容这番发自内心的感悟，是让人动容的。我喜欢神秘唯美的紫色，喜欢与志同道合者一起探寻语文教学的诗意与浪漫，一起感受中华优秀传统文化的魅力。敏容执教的《立秋七月节》，正体现了情与思和谐共振，读与写比翼齐飞的特点，让听者感受到节气诗词教学的魅力。

一、引导诵读，展现校本特色

教师紧紧把握学校的校本特色与班级学情，引导学生课前诵读《诗经》，课中联系《诗经》，学生在织女星、牵牛星的图中走进牛郎织女的民间故事。诵读《乞巧》，走进七夕，在环环相扣中理解"天汉成桥鹊，星娥会玉楼"。引导学生诵读积累诗句，了解梧桐意象。

师：一片小小的梧桐树叶，为何会勾起诗人的忧愁？带着思考读读这些诗句，你一定会找到答案。

生：梧桐树，三更雨，不道离情正苦。

生：秋声乍起梧叶落，蛩吟唧唧添萧索。

生：一叶梧桐一声秋，一点芭蕉一点愁。

师：找到答案了吗？谁来说说？

生：梧桐树叶跟思念家乡、思念亲人的愁绪有关。

师：自古文人就有悲秋情结，看到萧萧梧叶就会感叹时光匆匆，忧愁之情总会油然而生。

师：选择其中一句背诵积累。

教学的有效性恰恰体现在重感悟，重积累。还有"秋"字飞花令的运用，学生丰富的诗句积累，让这初秋的课堂显得诗意盎然。

二、引导辨析，培养思维能力

课堂上，教师出示两组写景与写情的秋的诗句，引导学生从读诗句到想象画面，通过思维的碰撞，表达对秋的感悟，明白应以乐观的心态去面对人生。在辨析中，学生的思维能力得以提升。

师：老师为大家带来两组带秋的诗。第一组，男生读。

秋风萧瑟天气凉，草木摇落露为霜。——三国·曹丕《燕歌行》

万里悲秋常作客，百年多病独登台。——唐·杜甫《登高》

萧萧梧叶送寒声，江上秋风动客情。——宋·叶绍翁《夜书所见》

师：第二组，女生读。

江涵秋影雁初飞，与客携壶上翠微。——唐·杜牧《九日齐山登高》

落霞与孤鹜齐飞，秋水共长天一色。——唐·王勃《滕王阁序》

长风万里送秋雁，对此可以酣高楼。——唐·李白《宣州谢朓楼饯别校书叔云》

师：对比这两组诗，你们有哪些新的发现？

生：这些诗句中，都有"秋"字。

生：第一组诗描写的是诗人心中的愁，因为心中有愁，他看到的都是悲凉的景象。第二组诗描写的是诗人欣赏秋天的美景。

师：一切景语皆情语。心情不同，看到的景色就不一样。自由读第二组诗，任选一句诗，说说你看到的画面。

在比较品析与想象画面中，提高了学生的思维能力，深入理解了诗意。

三、引导运用，培养乐观心态

教师引导学生抓住秋天的景物，结合积累的诗句，劝慰诗人以乐观的心态拥抱秋天。学生情动辞发，娓娓劝说。这节课，学生不仅收获了一个诗意浪漫的季节，更收获了一份乐观豁达的情怀。

教师将深情赋予语文教学研究，基于校情和学情进行教学重构的探索。教学中，兼顾表达形式，注重学生思维的训练，强调积累运用，让读写有效地结合；立足学生真实的学情，鼓励独立思考，让学习真实地发生；尊重学生初始的体验，启迪智慧，让经典自然地浸润。

林凤写下这样的听课感言：我们该以怎样的姿态拥抱秋天？对于愁，离人心上秋。看疏枝枯叶，听寒蝉凄切，感肃杀秋夜，涌上心头的是世事无常的悲伤情绪。所以，迟暮之年、背井离乡的杜甫登高远眺，"万里悲秋常作客，百年多病独登台"。而年轻的王勃说，"落霞与孤鹜齐飞，秋水共长天一色"。隔着千百年的时光，那份哀伤与乐观感受依然真切。悲与喜，哀与乐，情与思，同样的秋景，不同的秋情。所以，王国维说，"一切景语皆情语"。鉴赏，是拓展思维深度的一把钥匙。

就像敏容所言，这节课是橙色的，因为它带给学生，也带给同伴温暖。自古文人多悲秋，但有了经典的润泽，有了教师的引领，学生在向着明亮那方前行。且看学生学完诗后的感悟：

"落霞与孤鹜齐飞，秋水共长天一色。"此时，我们何必再去想那凋零的叶子？此时，我们何不登高望远，去赏一赏"江涵秋影雁初飞"的良辰美景，闻一闻"满园花菊郁金黄"的沁人香味，品一品"与客携壶上翠微"的诗意生活呢？只要保持乐观的心态，秋天的美好将向你走来，秋天的忧愁也将化为乌有。

从字里行间，我们读出了学生思想的拔节，精神的成长。怎不为之欣喜呢？

作为教学重构课题的第一节研讨课，敏容的精彩教学给同伴们带来了信心。在恰到好处的资源融合运用之后，学生走进古诗品析、感悟，实现人文性与工具性的和谐统一。教学有效，立人有心。

"岁华过半休惆怅，且对西风贺立秋。"因了与好课的邂逅，这个立秋有了别样意义。立秋至，休惆怅。听秋声，愿君安。书咄咄，且休休。秋水长空，云自悠悠。

白露，逐梦而行——《诗经·蒹葭》课里课外

白露，露沾蔬草白。白露是秋天的第三个节气，这是一个美丽而又有诗意的节气。《月令七十二候集解》中说："白露，八月节。秋属金，金色白，阴气渐重，露凝而白也。"天气开始转凉，夜间水汽凝结在叶子上，清晨时分结成露珠。秋属金，金色白，故以"白"形容秋天的露水。秋高气爽，一行人相约循美而去。车子行于金刚腿一带，只见蓝天上白莲一般的云朵，自在舒卷。晴空蓝得纯粹，云朵白得恬淡，澄澈的蓝与飘逸的云之白相映，让人心旷神怡。这悦人的蓝与这通透的白缀成的画面，让人仿佛置身拉萨。白云升远岫，摇曳入晴空。这样的秋天只生欢喜不生愁。

高天白露秋，渐知秋实美。"蒹葭苍苍，白露为霜。所谓伊人，在水一方。"有《诗经》加持的白露节气，愈发动人。车行至闽江河口湿地公园。四年前，我们曾在此留下同行的足迹。记得当时是12月，诚如若锋所言，"我们携一卷书，逐蒹葭而行，伴着鸥鸣，我们在砥砺亭里读书，择良书而栖，愿心田经春夏历秋冬，长成水草丰美、月下疏枝、蒹葭苍苍，画一圈与书结缘的圆满年轮。……闽江河畔，草木迎风飞舞，浅吟低唱，恰似读书人低头的温柔。耳畔似乎又传来那美丽的歌韵，蒹葭苍苍……白露为霜……伊人宛在……水中央……"

作家张晓风说："我并非不醉心春天的温柔，我并非不向往夏天的炽热，只是生命应该成熟、应该神圣，就像秋天所给我们的一样——只有一片安静纯朴的白色，只有成熟生命的深沉与严肃。"白色在中国文化中有圣洁之意。白露、白云、白苇，素白淡雅的色彩，正是素心人心中所爱，以一颗纯净之心追寻着语文之美。教学如何回归生活，回归自然，找到与生命的联结点，当是我们所要思考的。

每到白露时节，自然会吟诵起：蒹葭苍苍，白露为霜……风里传来《诗经》中那美丽的歌韵。于是，会自然地想起郑芳执教的《蒹葭》，也会自然地想起她的感悟："每个人都有自己要追寻的'伊人'，与学生共鸣共情，在育人的同时，让孩子的情感得以滋润，生命得以成长。"我想，这是一位心中有爱的教师，日复一日，在语文园地深耕不辍。郑芳对于语文教学之美的追求是自觉的，执着的。她始终在引导学生做最好的自己，爱阅读，爱写作。而她自己也一直守着一份静美岁月，做最好的自己。记得2019年读书会元宵节活动中，她表演了一支自编的瑜伽舞《云在青天书在心》，让众人惊艳。而今书香的加持，人淡如菊的她愈发舒展有韵了。

郑芳执教《蒹葭》，引导学生感受《诗经》的音韵美、意境美、情感美，让学生学会发现美、表达美、追寻美。教师以嵌入的方式进行教学重构，把教师游读自然的生活资源带入教学中，让学生产生共鸣，得到情感的熏陶。先引导学生熟读诗歌，把握好语调，读出诗的韵律和节奏；再让学生借助注释初知大意，在师生文白对读的基础上，明白"三章只一意"——溯洄从之，溯游从之。引导学生深入品味感悟，体会诗歌的音韵美、结构美、意境美。通过对"伊人"的多元解读，引导学生感受心怀信念，执着追求的美好。从对孔子一生追求的体会，到教师下水文的引领，学生的小练笔水到渠成。教师与学生分享了自己内心所追寻的"伊人"：

我面对繁忙的生活和工作，
泰然处之，微笑相迎，
向暖而生，逐光而行，

努力去寻找诗和远方，

我追寻的伊人叫"美好"。

教师还在课堂上与学生分享了白露节气游赏闽江湿地公园的视频及发表在"融美悦心"公众号上的一篇文章《携一缕秋意，欣然前行》。学生说："读完郑老师的文章，再细细回味，不由得惊叹她的文笔真是好，优美的文字加上精美的图片，让人仿佛身临其境。我又感叹郑老师的心真细，一根芦苇，一株三角梅，这些我们都不曾注意的小花草，在她的笔下，都别有一番韵味。我感受到了文字带来的美感，这是我前所未有的感受啊！"教师有心引导学生求真、向善、审美，带领学生走向诗与远方，美的老师带出美的学生，师生一起，向美而行，这是一道多么和谐的语文风景！

《蒹葭》一课的成功之处，不仅让学生在课堂上有收获，而且成功地把学生带向课外，在亲近自然中，感受到经典与生活相融的美好。以下为学生写下的所见所感。

《蒹葭》的公开课虽已结束，但追逐蒹葭的脚步还未停止，那一望无际的，随风摇曳的芦苇，一直回荡在我的脑海里……带着对蒹葭之美的憧憬，我来到了闽江河口湿地公园。

公园里成片的芦苇一览无余，它们有的一片绿色，有的已经开出雪白的芦花，美丽动人。繁密的芦苇，成了一片海洋，秋风吹来，芦苇似海浪涌动。这番情景真是令人惊叹啊！

到了观鸟屋，我透过望远镜，看到许许多多的水鸟聚集在滩涂边。看，那只苍鹭此刻正一动不动地等在那儿，活像一座雕塑。一群白鹭掠过天空，精准地衔起一条鱼……我也在努力寻找着"湿地三宝"。那只可能是中华凤头燕鸥，那只嘴巴像琵琶的可能是黑脸琵鹭，嘴巴同勺子般小巧的勺嘴鹬也在捕食呢！

我们一路走，一路闻着芦苇的清香，清凉的秋风吹来，芦苇叶片相互簇拥摇曳，起起伏伏，"沙沙沙，沙沙沙……"演奏起了秋日的赞歌。

这就是大自然最美的旋律吧!

走近些,还会看到护栏旁立着芦苇的名片,原来大面积的芦苇可调节气候,涵养水源,同时也是天鹅、白鹭等野生鸟类栖息的家园,芦苇用处广泛,是"宝藏植物"。

芦苇朴实无华却坚韧顽强,我们也要有一股韧性,在追寻理想的过程中,虽"道阻且长",但要"溯洄从之、溯游从之",哪怕要经历长久的努力,也要执着而又坚定。

在教师的引导下,学生从课内走向课外,亲近自然、拥抱自然。学生学会用美丽的文字表达自己的真情实感,这样的成长无疑是让人欣喜的。

雪芳说:"学生眼里有光,心中有美,能快速沉入诗境,感悟诗歌重章叠句的音韵之美和主人公执着追寻伊人的情感之美。能勾连生活,用规范的文字表达美,极富才思与灵气。教师布置了一项亲子游实践作业,让学生在家长的陪同下到湿地公园走走,去看看芦苇飘荡的情景,用视频、用文字记录美好的感受,将诗歌教学与生活勾连,引导学生怀揣一颗诗心,拥抱美好生活。这是一节红色的课。"

白露三候:一候鸿雁来,二候玄鸟归,三候群鸟养羞。都跟鸟有关,不禁想起生态保护的话题。沧海桑田,如今的闽江河口湿地公园,吸引了众多游客。天蓝地绿水清,人与自然和谐共存,不禁为家乡翻天覆地的变化而自豪。从资料中了解到,闽江河口湿地可观测到的鸟类有313种。其中有"神话之鸟"之称的中华凤头燕鸥,全球总数200只左右,极为罕见。闽江河口湿地,人们称其为千年闽江的深情回眸,江海交融,闽水静流,亘古如初。秋来,几簇芦苇在风中翩翩起舞,自是自然赐给人类的一道美景。我们不禁沉醉于这样天人合一之美。

诗意,正是心中追寻的伊人,"为伊消得人憔悴,衣带渐宽终不悔"。白露三候,群鸟养羞,鸟儿感知到肃杀之气,纷纷储食以备冬,如藏珍馐。秋收冬藏,正是养精蓄锐之时,我们依时游读,亦是静心蓄能。

作家肖复兴说:"白露是整个秋天最好的时辰,在这样的时辰里,秋才有了诗的味道。"白露如诗，时光静美，岁月绵长，我们当珍惜光阴，心怀诗意，向美而行。

第五节　冬日待春，心向明媚

小寒，与梅有约——《卜算子·咏梅》课里课外

小寒，欢鹊垒新巢。小寒是冬天里的第五个节气。《月令七十二候集解》曰："小寒，十二月节。月初寒尚小，故云。月半则大矣。"小时候，时常听到的一句俗语是"小寒大寒，无风也寒"，听着就觉有丝丝寒意，如今却是小寒大暖。小寒，二十四番花信风的起点。"风有常，花有信，以花事次第记载时光，于是岁月含香。"小寒吹来花信风，又觉这个节气的可爱。小寒一候梅花，二候山茶，三候水仙，都是让人喜欢的花，但难免又生出些许感叹"看到梅花又一年"。

"香中别有韵，清极不知寒。"在冬日里绽放的梅花剪雪裁冰，凌寒留香，历来深得文人墨客喜爱。孟浩然冒雪骑驴寻梅，曰："吾诗思在风雪中驴背上。"踏雪寻梅，名士风雅。北宋林逋，隐居杭州孤山，人称"梅妻鹤子"，张岱赞其"高洁韵同秋水，孤清操比寒梅"。南宋范成大咏梅、记梅，写成中国古代第一部有关梅花品种的专题谱录——《梅谱》。陆游一生爱梅，写下："何方可化身千亿？一树梅花一放翁。""高标逸韵君知否？正是层冰积雪时。"放翁平生志趣，坚贞如梅，香飘史册。

2020年，雪芳执教陆游的《卜算子·咏梅》。她从小寒的第一候花信风出发，结合校本教材，引导学生重温《陆游传》，在层层叠叠的朗读和热热闹闹的飞花令中品梅花、品诗人、品节气，给听者留下深刻的印象。2023年，小

寒节气，宇涵带领学生走进陆游的《卜算子·咏梅》。教师根据古诗词的情感基调，以美的音乐、美的画面、美的诵读，把学生带入诗词的情境中，引发情感共鸣。在音画的渲染中，学生展开想象的翅膀，与作者的情感律动相应。教师引导学生诵读有关"雪与梅"的诗句，感受寒梅傲骨之品，扣住问题引发学生思考。结合诗人的背景资料，层层递进地引导学生理解词意。

在品词悟情环节，教师将王丽达演唱的歌曲《梅》引入课堂，学生在歌词与宋词的互文阅读中感悟梅花的坚韧。练笔环节，教师以自己的一篇下水文为支架，引导学生表达，实现"语言运用"与"以文化人"相融的目标。

师：经典永流传，梅花在诗词中绽放，也在歌曲里传唱。请大家静静聆听，画出歌词中与《卜算子·咏梅》对应的词句。

生："谁知你远离那纷纷扰扰"对应"无意苦争春"。

生："形单影孤"对应"寂寞开无主"。

生："最是那雨雪风霜"对应"更著风和雨"。

生："只为留一身洁净俊俏几缕芬芳"对应"只有香如故"。

生："悬崖断墙"对应"驿外断桥边"。

师：面对着雨雪风霜，梅花盛开在悬崖断墙，形单影孤；面对着纷纷扰扰，梅花只想远离，只为留一身洁净俊俏几缕芬芳。"有高山有流水"这句歌词让你想到什么典故？

生：伯牙鼓琴。

师：高山流水，知音难觅，但梅花找到了它的知音，那便是陆游。陆游自言"六十年间万首诗"，他写下的关于梅花的诗词有一百多首。陆游何以如此爱梅？我们从他的生平中寻找答案。

教师引导学生结合假期共读的《一树梅花一放翁》，体会梅花的香气不变，陆游的爱国情怀不变。陆游一生钟爱梅花，曾写下"何方可化身千亿，一树梅花一放翁"。他希望长久与梅花相伴。词中意境与陆游生平何其相似，作者在借梅花表达自己的高洁之志，这是托物言志的写法。在深入品悟的基础上，教师引导学生以"我愿为梅"为题写一段话表达心声。经历读词、听歌、写话的学习过程，纵有风和雨，纵然碾作尘，总是香如故的梅花已在学生心中绽放，梅花的品格与精神已然根植学生心中。且看学生写的课后感：

  我沉浸在这优美的语文课中，梅花的身影时时徘徊在我身边；梅花的歌曲也时时回荡在我耳边。在音乐的熏陶下，我仿佛看见了陆游与梅花相依为伴，相互诉说着自己的遭遇。梅花生于断墙，不与百花争艳，只愿独自开于凛冽的寒风之中，这不正是陆游的高贵品格吗？陆游如此，梅花也如此。走进这首词，我们知道，梅花，不仅开于断壁残垣、陆游心中，还绽放在我们的心中！

  一阕词，一首歌，筑成了学生的精神家园。做一个具有梅花品格的人，将成为学生的人生导向，这便是中华优秀传统文化的魅力。

  陈梅认为这节课教师以下水文《我愿为莲》为例，为学生搭建了练笔支架，学生以"我愿为梅"为题写一首小诗或一段话，他们的表达兴致高涨，妙笔生花，个个都成了习作小达人，所以这节课是红色的。

  一路走来，宇涵从教学《清明》《秋分八月中》《卜算子·咏梅》的一次次磨砺中一点点蜕变，总算是功夫不负有心人吧。

  "莫怪严凝切，春冬正月交。"小寒三候：一候雁北乡，二候鹊始巢，三候雉始鸲。大雁北迁，喜鹊筑巢，雉鸟欢鸣，小寒已透出了春的生机，有灵性的鸟类率先感受到了春的气息。小寒已至，春已不远。花开在眼前，莫负好时光，笑掂梅花嗅。

  有人说："人这辈子，不是活过了多少日子，而是记住了多少日子。每一个被你记住的日子，都将成为生命里不可复制的那一天。"2022年的游读，定格了诸多开怀的瞬间。"阴谷忽然逢造化，小梅枝上见春风。"梅花的花语是坚强、高雅，心中的梅花，有着陆凯笔下"一枝春"的温暖，有着毛滂笔下"玉玲珑"的高洁。我们满怀喜悦赴一场场花的约会，在诗中，在歌中，在山中，在园中。

蒋勋先生说："每一种花都有属于自己的花季，到每一朵花前停留驻足，学习花季更迭的秩序，赞叹开花的华美喜悦，也学习不开花时孤独的静默。"欣于山水间相逢，乐于诗文中安顿。哪怕只是凝望一朵花，只是静听一支曲，都值得。有人这样形容琴曲《梅花三弄》："梅为花之最清，琴为声之最清，以最清之声写最清之物，宜其有凌霜音韵也。"小寒时节，听一曲《梅花三弄》，嗅一缕梅花清芬，让清气充盈内心。愿梅花朵朵绽放课堂，愿梅花清韵长伴流年。

大寒，静待春归——《大寒十二月中》课里课外

大寒，梅柳待阳春。大寒是冬天里的第六个节气，也是二十四节气中最后一个节气。大寒时节，意味着我们要告别农历旧年，拥抱新的一年。

只因沉醉于东来茶苑的茉莉芬芳，高雅格调；钟情于"紫气东来"的文化韵味，吉祥寓意，小雪节气才相聚，大寒节气又邀约。大家再次相聚东来茶苑，以喜乐的仪式迎接大寒的到来。"腊酒自盈樽，金炉兽炭温。"大寒时节最惬意的事情莫过于围炉畅叙。炉火暖暖，诗韵悠悠。众人围炉行飞花令，"来日绮窗前，寒梅著花未。""寒夜客来茶当酒，竹炉汤沸火初红。""造物无言却有情，每于寒尽觉春生。"……寒梅绽香，寒日品茗，寒尽春生。茶香氤氲，诗词润心，言笑晏晏，天寒心不寒。

"世事洞明皆学问""落花水面皆文章"。为人师者，当如叶圣陶先生所言，让学生在生活中"训练一副明澈的眼光"。理所当然，教者首先应是生活的有心人。

大寒时节，秋珠执教《大寒十二月中》，教师带领学生与白居易的《问刘十九》进行互文比渎，感受大寒把酒言欢，围炉夜话的情趣。紧扣"待"字，借助视频营造"梅柳待阳春"的意境，为学生写作搭建平台；拓展阅读《九九消寒图》，体会古人是怎么过冬的。最后，引导学生回归当下现实，规划寒假生活，静待春暖花开。整节课充盈着冬的情趣，春的期待。

这节课让读书会的伙伴们有耳目一新之感，教师善于捕捉诗中"炉"

"炭""温"这些字眼,利用带有鞭炮、春联、梅花等喜庆元素的大寒节气动图,给学生带来视觉上极具冲击力的美感,激起学生对春的期盼之情。于是在小练笔环节,学生眼前便有了"梅柳待阳春"的画面,文字也便跃然纸上了。课堂上,教师用恰到好处的评价语言让学生心里感到暖暖的。

演妹说:"第一次从书上看到古人过冬,画九九消寒图,不尽钦羡向往。给生活一点仪式感,因为每一个平凡的日子都值得我们珍重以待。"是的,把现实和诗意结合,要广阅读还要巧运用。学语文就是学文化、学做人,培养审美鉴赏的能力。这便是我们所追求的"融·悦"理念下的语文教学。

秋珠在课后感言中说:"回想这节课,当我链接白居易的《问刘十九》时,当我引领着学生一遍遍地诵读'晚来天欲雪,能饮一杯无'时,我感觉学生来到了那个雪花纷飞的冬夜,在'绿蚁新醅酒,红泥小火炉'的酒香红光中,热情地发出邀约,每个孩子的眼里都闪着光,学生显然感受到了浓浓的友谊,围炉夜话的冬日情趣。现在回想起这个场景,我想:当学生成年后,会不会也会在寒冷的冬日,邀上几个好友,喝茶,聊天,会不会想起这首诗,想起这堂课?我想,他们一定会记住志同道合的友谊,向往着围炉夜话的小欢乐,这份延续千年的属于中国人的冬日诗意与浪漫如今不是时刻都在身边呈现吗?这样被中国文化滋养的课堂,如同一杯醇酒,酒香,耐人寻味,又久久不忘,就像青色般绝美。"

秋珠在引导学生品诗句,读《九九消寒图》中,感受到古人过冬的悠然与淡雅。课末,留给学生一道作业:认真观察冬日里的万物,发挥想象,写下"万物待春"的画面。教师以一首诗的教学,带给学生一种文化的熏陶,一种生活的态度。有心的教师就是这样自觉地引领学生感受中华优秀传统文化的魅力。"梅柳待阳春。"冬去春来,生生不息,这便是自然的规律,我们所做的,便是以诗意的方式,在学生心中播下希望的种子,静待春归。有学生写下这样的课后感言:"这节课结束了,但是诗里的暖意与美好、坚定与期待一直萦绕在我的心头。我想,不管在什么时候,这都应该成为我们的生活态度。优雅、坚定、快乐的生活。"

同日执教小寒节气课的陈倩在评课中这样说:"秋珠老师的这节课氤氲着

满满的暖意，呈现蓬勃的生机。教师以'待'为中心，以古诗为引子，引导学生品读诗歌，读出新的体会，品出悠然待春的韵味。在教师不露痕迹的引导下，学生由课堂延伸到生活，培养了冬日待春的小情趣。"

后来，陈倩在发于"融美悦心"公众号上的《缘分如桥　情牵语文》一文中提到：在同事的朋友圈看到最能展现"梅柳待阳春"诗意的两张图，如获至宝，在征得同事的同意后将两张图发给了秋珠，她觉得这一份诗配图之美应该由执教大寒节气诗的秋珠来保存。多有意思！只是因为一次偶然的同台展示，就多了一份情谊，不禁为这一份纯真而感动。陈倩说，缘分如桥，因为缘加入读书会，因为读书会认识了许多语文人。我想，一定是共同的语文教学情怀如丝线将这些可爱的语文人牵在了一起，从此共度寒暖，共赴诗意。相信总有一种磁场，可以让同频的人翻山渡水，心手相牵，逐梦前行。

想起秋珠执教的《江南春》获奖时，她写的感言：终于上完这节等待了一年的春分节气课，教学效果比试教的时候好多了，学生的课后感和课上练笔也让我惊讶。那天，看着在台上作讲座的爱校，心里如窗外的阳光一样明亮、清澈、温暖。环顾四周，笑了，这是一场多么美丽的遇见。一位温情的引导者，一节有梦想种子的语文课，一群有情怀的小语人，正因为这样的遇见，才让我们所有人的心中有底气，眼里有星河。感谢这幸福的遇见！的确，这些年，我们始终与节气同行，带着学生感受传统文化的魅力，乐在其中。

蒋勋先生说："回到生命的原点，才能看到美。……我们能做的是许许多多微不足道的小事，一点点像女娲补天一样，把我们的荒凉感弥补起来。"行走于婆娑世间，珍惜每一个当下，遵循时令，认真生活，雕刻时光，见证美好，且与岁月共情长。我想，这就是相约节气的意义吧。作家说："植物开花不是为了炫耀自己，它是为自己开的，无意中把你的眼睛照亮了。"如是，时光葳蕤，四季安然，且在这幅节气画卷中轻轻落款：欢喜与共。

大寒时节，回望这些一起走过的日子，细数光阴里的点点滴滴，心中暖意渐生。蜡梅花飘香，红灯笼摇曳，年味已浓，辞旧迎新，期盼新年胜旧年，进一寸有一寸的欢喜。"爆竹声中一岁除，春风送暖入屠苏。"大寒来了，立春还会远吗？

大寒花信风，一候瑞香，二候兰花，三候山矾。久熏幽兰人自香，我们依时节，伴花香行走于传统文化传承之路，共享芬芳的语文人生。

大寒已至，送上祝福：愿生命中遇见的每一个人，在新的一年里眉目舒展，身心安康！

后记

为有馨香萦心间

春在枝头,鸟鸣啾啾,花香缕缕,又是一年元宵节。读罢《大先生于漪》一书,我被"人民教育家"于漪老师深深的家国情怀所感动。她说:"教好母语,同时也是在教民族的思想和感情。"还说:"华夏数千年文明里面的精华,我们应该珍视它,用它来滋润学生的心灵。"当下,弘扬教育家精神,就应该像于漪老师那样初心纯粹、信念如磐,努力绘就立德树人、以文化人的美丽画卷。

历经十多年的实践积累,两年多的思酌梳理,无数个凌晨的静读琢磨,书稿终于完成,我的心花也随之绽放。记得其中一稿修改完毕是在2024年9月28日,那一刻,只觉今朝风日正好。翻看微信,才发现原来这天是至圣先师孔子诞辰2575年纪念日。心中高兴,许久未发朋友圈的我分享了一篇关于孔子名句的文章,以示纪念。在圣贤之光指引下,我们孜孜矻矻,为语文的诗意与远方,为文化的传承与弘扬砥砺前行。

新年的第一个花好月圆日,"融·悦"教学实践团队成员黄玲玲在"融美悦心"公众号分享了她的美文《立春,花朵会成全一个春》,用诗意笔触再现了我们读诗、读课、读自然的情景。花朵唤醒了春天,文化滋养了心灵。我很喜欢"成全"这个有温度的词,荣膺"2024年度新时代中国杰出教育家"称号的王崧舟老师认为:"从人出发,为了人,成全人,这才是所有教育的目的。"感到欣慰的是,我们团队中教师与教师、教师与学生彼此成全,以传统文化为韵脚,共同书写语文教学的唯美诗篇。语文如繁花次第盛开,课堂的美好风景常在。

心田种花，生命不荒芜

王阳明在《传习录》中说："立志用功，如种树然。……初种根时，只管栽培灌溉，勿作枝想，勿作叶想，勿作花想，勿作实想。悬想何益？但不忘栽培之功，怕没有枝叶花实？"又说"种树者必培其根，种德者必养其心。"育人如种树，关键在于播种培根。我们一心滋兰树蕙，此心不悔，只为在学生心田播下中华优秀传统文化的种子，在岁月中聆听花开的声音，让花香润泽生命，丰盈他们的人生。

安静的夜晚，回味团队成员的课例，那些一起走过的时光又一一浮现于眼前。多情的语文人用心浇灌的语文之花，开在学生心中，也开在我的心里，芬芳飘溢，历久弥香。

本书完稿后，团队成员在"融·悦"教学实践的步履未曾停歇。一组关于花的主题研讨课在区域内分享，得到师生的好评。其中，有古诗词教学课，如高香秀执教李白的《宣城见杜鹃花》，林依妹执教郑燮的《题画兰》，杨依芳执教李清照的《鹧鸪天·桂花》；还有绘本教学课，如陈若锋执教的《茉莉仙子的礼物》，林演妹执教的《迎春花开了》。在主题式教学研讨中，我们通过精心打磨的中华优秀传统文化课例，让文字中蕴含的真挚情感与高洁情操，如花香般弥漫在学生心田，坚定他们的文化自信。教学中，我们一以贯之采用的是"融·悦"理念下的"三融"策略，引领学生抵达素养提升的和谐之境：融汇情思，让学生进入思维发展之境；融入音画，使其步入审美鉴赏之境；融通读写，助其通向语言运用之境。一花一世界，教师引导学生透过语言文字赏花香、解花语、悟花品，由花及人，以花言志，让中华优秀传统文化在学生心中生根发芽。

"春路雨添花，花动一山春色。"我们用红、橙、蓝、绿、紫五色编织属于自己的教育梦，引导孩子们沉醉于中华优秀传统文化，像花儿一般散发生命的馨香。通过经典的滋润、文字的熏染，让孩子们成为知书明理、优雅诗意的翩翩君子。2024年12月，团队核心成员陈若锋申报的《走进〈论语〉读书明志做君子》被评为福建省学科德育精品项目,"融·悦"教学实践培根铸魂,花开正好。紫气东来,喜悦如莲。

花香满径,人生不觉寒

有人说,记录是为了翻阅幸福。我想,书写更是为了感恩遇见,为了重温美好,为了铭记良善。回望来时路,所有的鼓励与支持历历在目,所有的呵护与包容记忆犹新。光阴里的所有故事都值得安静收藏、真诚记得。感恩生命中所有美好的遇见,感恩领导的支持,感恩前辈们的指导,感谢朋友们的陪伴,感谢家人的理解。感谢福建教育出版社林云鹏主任的热心指导。感谢国务院政府特殊津贴专家、国家"万人计划"教学名师刘仁增老师,福建省语文学会小语专委会理事长陈宝铝老师,福州市作家协会副主席、长乐区作家协会主席林秉杰老师等专家前辈的倾情推荐,殷殷之情铭记在心。感谢林苏、陈艳等多年来风雨相伴,感谢陈兰青、陈梅在图标设计、课件制作中热情相助,感谢曹游繁、陈艳、林凤、黄晓丹、潘慧娟、高香秀、林钟钦、陈若锋、林寒冰、陈育贤、黄敏容、黄玲玲、郑琳等读书会成员及劳模工作室成员的跟进实践。值得致谢的人如美丽的紫藤花,一串又一串,虽未一一列出,但都一一记在心上。

所有好心人满怀善意地助力与成全,让我的前行之路花香氤氲,人生温暖。多么庆幸,一路上有这么多的精神支撑与行动支持。这份真情难以回报,唯有祝愿好人一生平安,唯有心怀感恩,传承文化,传递温暖。

恰巧,元宵节的前一周,正月初八,我和林演妹、黄玲玲、马红霞、郑琳等在区作协举办的"蛇年新韵·笔绘春华"新春茶话上展示了小节目《与春天有约》,以诵唱相结合的形式传承中华文化。我们一起诵读杨巨源的《城东早春》,一起演唱秦观的《行香子·树绕村庄》:"小园几许,收尽春光。有桃花红,李花白,菜花黄"……春山含笑,春景入心。我们也在思考:如何更好地立足语文教学,助推中华优秀传统文化的创造性转化。愿携手志同道合之人,以"融"为舟,以"悦"为桨,引领学生走进语文的百花深处,细嗅文化馨香。

千江有水千江月。愿此心澄澈，明月入心。

本书难免有不足之处，敬请茫茫人海中遇见的有缘人批评指正。

陈爱华

2025 年 2 月 12 日　乙巳年元宵节